Kontaktadresse nach EU-Produktsicherheitsverordnung:
produktsicherheit@droemer-knaur.de

Über die Autoren:
Dieter Bindig, geboren 1963, ist seit über dreißig Jahren Polizeibeamter und arbeitet als Kriminalhauptkommissar im K1 – zuständig für Brand-, Sitten- und Tötungsdelikte. Sein Spezialgebiet sind Verhöre, hierfür wurde er in Zusatzausbildungen zu Vernehmungstaktiken und Menschenkenntnis besonders geschult. Dieter Bindig ist verheiratet und Vater von drei Töchtern. Er lebt in Fürstenfeldbruck.
Shirley Michaela Seul ist eine erfolgreiche Belletristik- und Sachbuchautorin. Sie lebt im Fünfseenland bei München.
www.michaelaseul.de

**Dieter Bindig
mit Shirley Michaela Seul**

DER VERHÖRSPEZIALIST

Ein Kommissar verrät seine Strategien

Besuchen Sie uns im Internet:
www.knaur.de

Originalausgabe September 2013
Knaur Taschenbuch
© 2013 Knaur Taschenbuch
Ein Imprint der Verlagsgruppe
Droemer Knaur GmbH & Co. KG, München
Alle Rechte vorbehalten. Das Werk darf – auch teilweise –
nur mit Genehmigung des Verlags wiedergegeben werden.
Die Nutzung unserer Werke für Text- und Data-Mining im
Sinne von § 44b UrhG behalten wir uns explizit vor.
Redaktion: Julia Gschwilm
Umschlaggestaltung: ZERO Werbeagentur, München
Umschlagabbildung: Gettyimages / Peter Muller
Satz: Adobe InDesign im Verlag
Printed in Germany
ISBN 978-3-426-78584-3

5 7 8 6

Für die Kollegen von -S- und -K-

Inhalt

Lüge auf den ersten Blick 11

Auch himmelblaue Augen können lügen 15
Erwischt! 21
Falle Vorurteil 25
Schubladen-Kontrolle 28
Fahndung läuft 31
Blaulicht 32
Protokoll des Scheiterns 33

Der Raub 35
Kriminaldauerdienst 37
Vernehmung Julia Sanders 44
Überlegungen zum Motiv 55
Der Plan 60
Von der netten Lüge zur boshaften Arglist 63
Gehirnjogging –
Lügenerkennung in der Körpersprache 69
Die Nulllinie 80
Die Reid-Methode 81
Blaulicht 83
Schlussbericht 84

Die heiße Spur zum Feuerteufel 86
Brandermittler mit Feuer und Flamme 88
Der Zeuge 101
Dreiecksverhältnisse 108

Der Beschuldigte 115
Die Hürden-Methode 121
Blaulicht 128
Ermittlungsbericht 129

Ein Messer, fünf Männer, eine Frau und eine Brücke 132
Vom Brandler zum Töter 138
Zweite Zeugenvernehmung Sabine Radeck 145
Das rechtsmedizinische Gutachten 163
Zweite Zeugenvernehmung Detlev Sieber 165
Die Vernehmung des Verletzten 169
Die Ekman-Methode 178
Eine heiße Fährte 180
Zielfahnder 183
Ein anonymer Anruf 184
Bruno in Handschellen 188
Brunos Dilemma 190
Schauspieler sind keine Kriminaler,
aber Kriminaler sind auch Schauspieler 194
Der Verrat 198
Erkennungsdienstliche Behandlung 203
Das Motiv 206
Blaulicht 207
Schlussbericht 209

Die Freitagnachmittagsleiche 215
Die Joggerin im Maisfeld 217
Spurensicherung ohne Anzeige 223
Tatbestand Vergewaltigung? 225
Die wollte das so,
schließlich hat sie sich nicht gewehrt 233
Zugriff! 234

Blaulicht 241
Abschlussbericht 242

Das volle Programm 247

Danksagung 251

Lüge auf den ersten Blick

Eigentlich wissen Sie schon alles. Sie wissen nur nicht, dass Sie es wissen.
Jeder Mensch lernt im täglichen Umgang, sein Gegenüber einzuschätzen. Der erste Kontakt, der erste Blick, die ersten Sekunden und Minuten entscheiden über Sympathie oder Antipathie. »Den mochte ich auf Anhieb«, stellen wir fest – oder eben: »Der war mir unsympathisch.« Und dabei bleibt es dann meistens. Die einmal getroffene Einordnung wird nicht mehr überprüft, und schon gar nicht revidiert.
Was aber, wenn wir uns getäuscht haben?
Wenn der Sympathieträger uns gar nicht so wohlgesinnt ist, wie wir annehmen, wenn der vermeintliche »Unsympath« ein selten netter Mensch ist ... auf den zweiten Blick? Was entgeht uns, wenn wir auf diesen zweiten Blick verzichten – und wo fallen wir herein, weil wir den ersten Eindruck nicht überprüfen? Viele Menschen verwechseln Vorurteile mit Menschenkenntnis.

Wie schätzen wir andere ein?
Es geschieht unbewusst. Allein das Ergebnis ist uns bewusst: Anziehung oder Ablehnung. Aufgrund dieser Einteilung beurteilen wir andere. Wer dazu beiträgt, dass andere Menschen ver-urteilt werden – womöglich zu einer Haftstrafe –, muss besonders vorsichtig sein mit seinen Einteilungen. Schon von Berufs wegen ist es seine Aufgabe, die Wahrheit zu finden. Hilfreich dabei: die bestmögliche Menschenkenntnis, um Lügen zu entlarven.

Gelegentlich werde ich gefragt: »Wie schaffen Sie es, Mördern und Kinderschändern gegenüberzusitzen und dabei sachlich zu bleiben?«
»Mit einer professionellen Haltung und meiner jahrzehntelangen Erfahrung als Polizist«, fasse ich zusammen, wovon dieses Buch handelt.

Auf den folgenden Seiten lade ich Sie ein, meinen Alltag als Kriminalhauptkommissar mit mir zu teilen. Gemeinsam werden wir einige Fälle erleben. Wir werden Vernehmungen von Verdächtigen und Zeugen durchführen, und ich werde Sie mit polizeipsychologischen Taktiken vertraut machen, die Sie auch in Ihrem Alltag erfolgreich anwenden können. Manche Vernehmungsprotokolle füllen mehrere Aktenordner – sie haben Stunden und Tage gedauert. Gute Lügner brauchen Kondition, und manche Sachverhalte sind sehr komplex. Sollten Sie zwischendurch mal Hunger haben, können Sie uns gern eine Pizza holen. Aber keine Sorge: Ich werde Sie nur mit den entscheidenden Fakten, den Höhepunkten der Polizeiarbeit »unterhalten«.
Die geschilderten Fälle sind nicht genau so passiert. Doch sie hätten genau so passieren können.

Sie benötigen Ihre Menschenkenntnis bislang hoffentlich nur, um Ihre Nachbarn, Kollegen, Kinder oder Partner besser einzuschätzen. Oder auch mal einen »Wildfremden«. Ein geschulter Polizeiblick ist eine Art Abkürzung – und bewahrt vor so manchem Fehlurteil. Gerne gewähre ich Ihnen Zugang zu den Gedanken, die ich auf meiner kopfeigenen Festplatte speichere. Das wird Ihre Aufmerksamkeit schulen; Sie können Ihre Umgebung aus einem ganz neuen Blickwinkel betrachten und werden einige Überraschungen erleben!

Im Anschluss an die Vernehmungen werden wir die Aussagen gemeinsam auswerten. Das Protokollieren übernehme ich für Sie.

Bei der Polizei werden jüngeren Kollegen sogenannte Bärentreiber zugeteilt, wie die erfahrenen Kollegen im Polizeijargon heißen. Sie begleiten die jungen Kollegen über einen längeren Zeitraum in einer Art Feinabstimmung. Als Bärentreiber kann ich für Sie nicht fungieren. Aber Praktikanten haben wir auch bei der Polizei, intern werden sie Rollierer genannt. Im Rahmen ihrer Ausbildung lernen sie verschiedene Dienststellen kennen.

Die bayerische Kripo ist, ähnlich wie die Polizei in ganz Deutschland, in neun Kommissariate eingeteilt:
K1 Tötungsdelikte, Sittendelikte, Branddelikte
K2 Raubdelikte
K3 Wirtschaftsdelikte
K4 Betäubungsmitteldelikte
K5 Staatsschutz
K6 Besondere Aufgaben
K7 Spurensicherung
K8 Kriminaldauerdienst
K9 Schwerpunktaufgaben
Wir befinden uns in diesem Buch hauptsächlich im K1, wo ich heute tätig bin. Begonnen habe ich meine Laufbahn im Streifendienst. Ich habe in meinem Leben übrigens nur eine einzige Bewerbung geschrieben, denn ich wusste schon als kleiner Junge, was ich mal werden will, wenn ich groß bin. Groß ist die Liebe zu meinem Beruf bis heute geblieben. Polizist ist nach wie vor mein Traumberuf. Seit einigen Jahren bin ich auch als Ausbilder im Fach Vernehmungstakti-

ken/Vernehmungspsychologie tätig; hier spielt die Menschenkenntnis die Hauptrolle. Die ist einem nicht in die Wiege gelegt. Man kann sie lernen und immer besser werden.

Ich selbst bin als junger Beamter bei einer Fahrzeugkontrolle einmal nach allen Regeln der Kunst getäuscht worden. Das spornte mich an, herauszufinden: Woran erkenne ich, ob Menschen lügen? Wie kann ich sie von der Wahrheit überzeugen? Was sind ihre Motive, zu lügen? Und wie kann ich selbst dafür sorgen, dass ich mich nicht hinters Licht führen lasse – ohne andere Menschen vorzuverurteilen? So wurde ich zum Spezialisten. Einen Teil meines Wissens werde ich auf den folgenden Seiten an Sie weitergeben. Auf eine gute Zusammenarbeit!

Auch himmelblaue Augen können lügen

Als Polizeihauptwachtmeister war ich erst seit einigen Wochen auf dieser Inspektion im westlichen Speckgürtel Münchens im Einsatz. Mit meinem Bärentreiber Stefan hatte ich Glück gehabt. Wir waren uns auf Anhieb sympathisch, und ich hatte schon viel von diesem erfahrenen Kollegen gelernt, auch wenn er nur zehn Jahre älter war als ich. In zehn Jahren Schichtdienst auf der Straße erfährt jeder Polizist eine Menge – über sich selbst und andere. Stefan gab mir sein Wissen gerne weiter. Als Neuling amüsierte ich mich noch prächtig über die Wirkung unseres Streifenwagens auf das Verkehrsgeschehen. Es kam mir vor, als könnte ich die Gedanken der Verkehrsteilnehmer lesen. Zuerst einmal bremste unser Erscheinen das Tempo. Sobald man uns entdeckte, leuchteten die Bremslichter auf, sogar wenn die zulässige Höchstgeschwindigkeit nicht erreicht worden war. Ein gewisses Unwohlsein waberte aus den Fahrerkabinen. Mir gefiel das. Einige Monate später würde es mich nerven, denn wenn man zügig vorankommen will, wird man nicht gern ausgebremst von Autofahrern, die alles richtig machen wollen und dabei den Verkehrsfluss blockieren. Auch man selbst steht unter strenger Beobachtung. Falls ein Beamter im Polizeiauto beim Abbiegen nicht blinkt, werden die Gedanken der dahinter Fahrenden förmlich sichtbar: Was bedeutet das? Zwei Möglichkeiten der Reaktion sind typisch. Die einen blinken umso dringlicher, gerade, dass sie das Warnblinklicht nicht einschalten, um zu zeigen, dass sie die besseren Verkehrspolizisten sind, die anderen unterlassen es voller Genugtuung: Wenn die Polizei sich das erlaubt, kann ich das auch!

Fast alle Verkehrsteilnehmer verwandeln sich durch das Auftauchen eines Streifenwagens in Fahrlehrer und überprüfen Tacho, Abstand und Situation im Rückspiegel. In meinem privaten Wagen benehme ich mich genauso, wenn ich Kollegen in Uniform hinter mir entdecke. Diejenigen, die anders reagieren, fallen auf. Hier gibt es wieder zwei Möglichkeiten: Entweder sie haben den Streifenwagen nicht gesehen, oder sie wollen zeigen, dass sie unabhängig sind. Dem können wir ganz schnell einen Riegel vorschieben: Mit der roten Kelle. Wenn die Leute wüssten, wie viele Zivilfahrzeuge darüber hinaus noch unterwegs sind, würden sie staunen. Aber sie fallen ja nicht auf, fließen gut getarnt und angepasst im Verkehr mit und halten sich an die Regeln, bremsen bei Rot und blinken beim Abbiegen, meistens. Von außen sieht keiner das Blaulicht unterm Sitz.

Der Wagen, den Stefan an diesem Vormittag für uns zur Kontrolle aussuchte, war ein unauffälliger Verkehrsteilnehmer: ein roter VW Polo. Das Auto und die Uhrzeit sprachen für eine Hausfrau. Ich möchte jetzt nicht behaupten, dass Polizisten Hausfrauen lieben, aber Tatsache ist, dass eine Hausfrau im Normalfall keine Waffe unter der Zeitung auf dem Beifahrersitz versteckt hält. Will sagen: Eine Hausfrauenkontrolle ist angenehm. Noch wussten wir nicht, wer in dem roten Polo saß, ein Mercedes nahm uns die Sicht.
Fahren ohne Auftrag wird Präventionsstreife genannt. Früher alltäglich, kommt es heute nur noch selten vor. Die Verkehrsdichte ist höher, es gibt im Verhältnis dazu weniger Personal und mehr Einsätze aufgrund von Ruhestörung, Streitigkeiten, Randalierern, Betrunkenen, Verkehrsunfällen, Unterstützung für Krankeneinsätze mit Hubschrauberlandungen, Alarmen und Fehlalarmen und vielem mehr. Es ist einiges ge-

boten auf der Straße, und wer Streife fährt, hat ein abwechslungsreiches Berufsleben.

Hätte es an diesem Tag doch bloß geregnet! Dann hätten wir wahrscheinlich keine Kontrolle durchgeführt oder sie sehr kurz gehalten. ... Aber dann wäre mir auch eine entscheidende Erfahrung entgangen!
Als wir die Fahrerin in dem roten Polo deutlich erkennen konnten, wechselten Stefan und ich gut gelaunt einen Blick. Eine Frau, noch dazu eine hübsche. Bingo! An einer Frau konnte ich gut lernen – dies war schließlich erst meine dritte Kontrolle, die ich mit Stefans Beistand allein durchführen würde. Deshalb war diese Anhaltung für mich auch relativ aufregend. Bei einer Kontrolle spricht man vorher ab, wer kontrolliert und wer sichert. Der Kollege, der sichert, bleibt im Hintergrund. Man weiß ja nie, mit wem man es zu tun hat, man sucht sich meistens ein Auto, keine Person aus. Gut, ein roter Polo am Vormittag sprach für eine Hausfrau und Mutter auf dem Weg zum Einkaufen. Doch darauf kann man sich nicht verlassen. Es könnte auch ein bewaffneter übernervöser Drogenkurier am Steuer sitzen.

Nachdem wir dem Polo eine Weile gefolgt waren bis wir uns einer geeigneten Stelle zum Anhalten näherten, überholte ich ihn. Stefan kurbelte das Fenster runter und hielt die Kelle raus. *Halt! Polizei!* Nach der üblichen Schrecksekunde wurde der Pkw langsamer, blinkte und zuckelte in die Bushaltestelle, wo wir die Kontrolle durchzuführen gedachten. Man braucht einen sicheren Platz für solche Aktionen. Manche Kontrollierten steigen sofort aus dem Wagen, achten, weil sie aufgeregt sind, nicht auf den Verkehr – und könnten von anderen Fahrzeugen erfasst und überfahren werden. Deshalb denken die Kollegen, die ein Fahrzeug anhalten, stets für die Fahrer mit. In jedem Revier gibt es bewährte Anhaltestellen, die sich für eine Kontrolle gut eignen. Aber die muss man erst mal ansteuern. Das bedeutet, dass man dem Fahrzeug eine Weile folgt. Da steigt die Nervosität, nicht nur bei denjenigen, die den Streifenwagen im Rückspiegel entdecken. Auch bei den Kollegen. Die Anhaltesituation ist immer gefährlich. Man weiß nicht, wie der Fahrer/die Fahrerin reagieren wird. Hält er/sie an? Oder drückt er/sie aufs Gaspedal? Nicht jede Hausfrau wird ihrem harmlosen Ruf gerecht.

An der Busstation parkte der Polo hinter dem Polizeiwagen. Ich setzte meine Mütze auf, stieg aus und ging zur Fahrerseite des Pkw. Die Frau kurbelte die Fensterscheibe runter, während Stefan sich an der Beifahrerseite positionierte und das Verhalten der Dame beobachtete.
»Grüß Gott, Polizei. Allgemeine Verkehrskontrolle. Bitte Ihren Führerschein und Fahrzeugschein«, bat ich.
Die Frau griff zu ihrer Handtasche auf dem Beifahrersitz. Brenzlige Situation. Erhöhte Aufmerksamkeit. Ich wechselte einen Blick mit Stefan. Er signalisierte mir: alles okay. Ein großer Beutel. Frauenhandtaschen. Man kennt das. Sie suchte. Und suchte. Und suchte. Und fand nichts. Was mich nicht wunderte. Aber das durfte natürlich nicht sein. Führerschein und Fahrzeugschein hat die Fahrerin auf Verlangen vorzuzeigen. Die Frau war Mitte dreißig, sehr attraktiv und gepflegt, modisch gekleidet. Das Risiko, dass sie plötzlich einen Derringer aus dem Strumpfband ziehen würde, ging gegen null. Ein Vorurteil? Ja, ein Vorurteil. Sie erfüllte nicht das Klischee der Rauschgiftsüchtigen, der Verbrecherin. Ihr Äußeres ließ sie harmlos erscheinen. Eine riskante Einschätzung? Durchaus. Aber so ist es nun mal. Auf den ersten

Blick fiel sie aus meiner Zielgruppe Straftäter. Die Situation entspannte sich für mich.

Endlich fingerte Frau Manzinger, so hieß die Dame, den Fahrzeugschein aus ihrer Tasche. Ich nahm ihn entgegen und wartete auf den Führerschein. Immer neue Abgründe, Höhlen und Schluchten schienen sich in ihrer Handtasche auszubeulen. Während sie weitersuchte, machte auch ich mich auf die Suche: Nach Auffälligkeiten am Fahrzeug. Früher war die Reifengröße ein Thema, man benötigte für Breitreifen eine besondere Betriebserlaubnis. Bei meinem Rundgang checkte ich mit geübtem Blick Kennzeichen, TÜV, Profiltiefe der Reifen, Anbauten, Tuning. Alles in Ordnung. Der Polo befand sich in einwandfreiem Zustand. Ich beendete meinen Rundgang vor dem Fenster der Fahrerin. »Haben Sie den Führerschein mittlerweile gefunden?«
Ein sehr blauer Blick traf mich. Dann ein Lächeln. Höchst charmant. »Ich muss ihn daheim haben. In der anderen Handtasche.«
Noch so ein Monster, grinste ich in mich hinein.
»Ich kann ihn gern vorbeibringen. Ich weiß, wo Ihr Revier ist. Beim Edeka, nicht wahr? Gleich gegenüber bei der Sparkasse wohnt meine Freundin. Die besuche ich zweimal in der Woche. Das wäre nicht mal ein Umweg – und dann sehe ich endlich mal eine Polizei von innen.« Sie intensivierte das blaue Funkeln in ihrem Blick, und ich funkelte wahrscheinlich zurück. Nicht ganz so blau und nicht ganz so leuchtend, aber ein bisschen schon. Und es machte Spaß.
Stefan hielt sich raus. Das war meine Kontrolle. Egal, wie ich vorgehen würde, er würde meine Entscheidungen nicht anfechten. Später würde er mir vielleicht Tipps geben, wie ich manches beim nächsten Mal besser machen könnte. Aber

nicht während der Kontrolle, sondern unter vier Augen. Ich verbrachte einige spritzige Minuten mit der attraktiven Frau Manzinger, die mir so einiges erzählte, worüber ich fast den Grund unseres Zusammentreffens vergaß. Wir hätten uns genauso gut in einer Diskothek begegnen können. Ich beschloss, die sogenannte Kontrollaufforderung nicht auszufüllen. Dabei handelt es sich um einen Durchschreibesatz, auf dem man die Personalien des Fahrzeugführers notiert und ihn anweist, den Führerschein innerhalb einer bestimmten Frist bei einer Polizeidienststelle vorzuzeigen. Was ja in diesem Fall gar nicht nötig war, wo doch die Freundin von der Frau Manzinger, die sie zweimal in der Woche besuchte ...
»Mindestens!«
... über der Sparkasse wohnte, die sich schräg gegenüber vom Edeka befand, und dahinter war unser Revier. Hätte ich die Kontrollaufforderung ausgefüllt, wäre der Durchschlag in einem speziellen Ordner auf der Inspektion gelandet, bis Frau Manzinger den Führerschein vorgelegt hätte. Würde sie das nicht tun, würde ich bei der Führerscheinstelle nachfragen. So war das damals. Heute wäre die Frage mit einem Blick in den Computer geklärt. Solche Daten sind über Funk abrufbar. Damals ging alles den Papierweg. Und der dauerte.
»Also dann bis die Tage«, verabschiedete sich Frau Manzinger von mir, und ich winkte ihr gut gelaunt nach. Ich hegte keinen Zweifel daran, sie demnächst auf dem Revier zu sehen. Sie hatte sich sogar nach meinen Dienstzeiten erkundigt. Auch Stefan schien davon überzeugt, er sagte nichts, wir fuhren weiter.
»Machen wir noch eine«, grinste er. »Aber diesmal kein Hausfrauenauto. Schau mal, da vorne der Audi. Häng dich dran.«
In diesem Moment rief die Einsatzzentrale unseren Wagen über Funk. »Parkplatzrempler beim AEZ. Die Beteiligten warten auf euch.«

Das klang weniger unterhaltsam. Aber immerhin hatte der neue Auftrag die nette Begegnung nicht unterbrochen. Während einer Kontrolle hörten wir per Außenlautsprecher den Funk mit. Ich hatte schnell ein Gehör dafür entwickelt, wann wir gemeint waren: Amper 15/7. Und ich reagierte sofort darauf. Nicht so Frau Manzinger. Sie versetzte mich am nächsten Tag und in der nächsten Schicht. Im alltäglichen Trubel vergaß ich sie. Ich maß dem Ganzen ohnehin keine große Bedeutung zu. Es war eine nette Begegnung und Punkt. Unangenehme Kontrollen prägt man sich ein, die können einem richtig lange nachgehen. Aber so ein Geplänkel, das hat keine Haltbarkeit. Sonst hätte ich vielleicht bei der Führerscheinstelle angerufen, mich mit dem monatlich wechselnden Kennwort als Polizeibeamter identifiziert und nachgehakt. Heute braucht es kein Kennwort mehr, sondern ein Passwort für den Computer. Wenn man sich seinerzeit auf der Straße mal wieder über die lieben Mitbürgerinnen und Mitbürger ärgerte, die einen nicht als Freund und Helfer behandelten, sagte man gern: »Ich bewerb mich für den Job als Kennwortausdenker.« Natürlich gab es keinen Kollegen, der im gemütlichen Büro saß und sich ausschließlich Kennwörter für Landratsämter, Kraftfahrtbundesamt, Einwohnermeldeämter und so weiter ausdachte. Aber man konnte ihn ja trotzdem hin und wieder beneiden.

Erwischt!

Ein halbes Jahr später erhielt ich eine Ladung zu einer Gerichtsverhandlung wegen eines Autounfalls. Polizeibeamte sagen häufig vor Gericht aus, um einen Sachverhalt darzustellen, wenn Zeugen, Geschädigte und Verursacher unterschied-

liche Angaben machen. Die Richter möchten dann von uns Polizisten wissen, wie es denn nun gewesen ist, und zwar mündlich. Schriftliche Darlegungen allein genügen nicht zur Klärung.
Solange ich auch auf die Daten der Ladung starrte – kein Name kam mir bekannt vor. Außerdem hatte ich am benannten Tag keinen Unfall aufgenommen. Hin und wieder wurde man auch zu einem »fremden« Unfall geladen, wie ich von Kollegen erfahren hatte. Ich selbst war als junger Beamter noch nicht allzu oft bei Gericht erschienen und neugierig, was mich erwarten würde.

Als ich Frau Manzinger auf der Anklagebank entdeckte, wurde mir heiß, obwohl mich ihr heute ein wenig wässrig blauer Blick mied. Ich wusste sofort, worum es ging: die Kontrolle! Aber ich wusste nicht, was ich falsch gemacht haben sollte. Konzentriert kramte ich in meiner Erinnerung. Wir hatten sie kontrolliert ... ein roter Polo ... es war alles in Ordnung ... sonst hätten wir ja was unternommen ... oje! Der Führerschein! Hatte sie den auf die Inspektion gebracht? Oder nicht? Eher nicht. Erwischt! Ich bin erwischt worden, weil ich sie nicht erwischt hab. Mist!
»Kennen Sie die Dame?«, wollte der Richter von mir wissen.
»Ja, die habe ich kontrolliert.«
»Wussten Sie, dass sie keinen Führerschein hat?«
»Nein.«
»Gehört das nicht zur Kontrolle, den Führerschein zu prüfen?«
»Doch«, brachte ich mühsam heraus. Meine Stimme klang belegt.
»Die Dame hat keinen Führerschein«, teilte mir der Richter mit. Nun, das war mir mittlerweile auch klar. Röte stieg in

mein Gesicht. Ich räusperte mich und gestand meinen Fehler. »Ich habe die Kontrolle zwar durchgeführt, es jedoch unterlassen, die nötigen Konsequenzen einzuleiten, als Frau Manzinger mir zusicherte, den Führerschein in den nächsten Tagen persönlich vorbeizubringen, äh, vorbeibringen zu wollen.« Ein tiefer Seufzer entfuhr mir. Wo war das nächste Mauseloch? Der Blick des Richters ruhte eine Weile auf mir. Dann schmunzelte er: »Auch himmelblaue Augen können lügen.«

Im Folgenden erfuhr ich, dass einige Tage nach meiner Begegnung mit Frau Manzinger ein Kleinunfall von Kollegen einer angrenzenden Dienststelle aufgenommen worden war. Frau Manzinger war zwar nicht schuld an dem Blechschaden, aber beteiligt, und sie ließ ihre Handtasche diesmal geschlossen. Sie erzählte den Kollegen, sicherlich wiederum sehr charmant, dass sie ihren Führerschein ohnehin zu mir bringen würde. Die Kollegen recherchierten auf der Führerscheinstelle. Schließlich hatten sie eine Unfallanzeige auszufüllen und benötigten dafür die entsprechenden Informationen. So kam doch noch ans Licht, dass Frau Manzinger ohne Führerschein unterwegs war.

Als ich das Gerichtsgebäude in Starnberg verließ, regnete es in Strömen. Das passte zu meiner Stimmung. Irgendwo hörte ich eine Kirchturmuhr zwölf schlagen. Mittagspause. Ich kaufte mir eine Leberkässemmel, obwohl ich keinen Hunger hatte, und es war mir egal, dass mir das Wasser über den Kragen den Buckel hinunterrann. Ich fuhr vom See weg den Hanfelder Berg hoch und parkte an einem Feldweg. Schöner Blick über den Starnberger See. Normalerweise. Heute nicht. Alles grau. Auch die Semmel schmeckte lätschert und der Leberkäs war kalt. Allein der süße Senf tröstete ein bisserl.

Was war da eigentlich passiert? Wieso hatte diese Frau mich derartig eingewickelt? Es war doch alles so nett gewesen, und jetzt stand ich da wie der letzte Depp. Ich war der Polizist. Ich hätte die Situation im Griff haben müssen, stattdessen hatte sie mit mir gespielt wie mit einer Marionette. Nach Strich und Faden vorgeführt fühlte ich mich. Wo war der Punkt, an dem ich hätte argwöhnisch werden müssen? Wo war ich vom Weg der Routine abgewichen und hatte mich im Unterholz verirrt? Von wegen Hausfrauen sind harmlos! In welchem Moment hatte ich den Pfad des Polizisten verlassen?

Wissen Sie es?
War es das Vorurteil: Bei einer Frau verläuft die Kontrolle ohne Komplikationen? Dann wäre ich selbst schuld. War es die Menschenkenntnis von Frau Manzinger, die mich in die Tasche steckte? Und ich hatte es nicht mal gemerkt! Hatte ich mich zu sehr auf meinen Kollegen verlassen, und darauf, dass der schon eingreifen würde, wenn ich einen Fehler machte? Oder spielte alles zusammen?

Ob wir jemandem glauben, hängt davon ab, ob wir ihm vertrauen. Lügen-Profis wissen das und investieren viel Energie, um Vertrauen aufzubauen. Manche Menschen lügen mit Vorsatz, andere fahrlässig und wieder andere merken es gar nicht. Frau Manzinger, da war ich mir sicher, hatte mit Vorsatz gelogen. Es dürfte ihr nicht unbekannt gewesen sein, dass sie keinen Führerschein besaß. Sie hatte mit ihrer flirtenden Gesprächsführung eine Atmosphäre der Behaglichkeit geschaffen. Benahm die sich immer so? Ich kannte ihre Nulllinie nicht, wie wir bei Vernehmungen das Normalverhalten eines Verdächtigen nennen, um sein abweichendes Verhalten herauszufiltern. Wie man mit einer Nulllinie arbeitet, erkläre ich Ihnen bei unserem nächsten Fall.

So etwas, das schwor ich mir, würde mir nie mehr passieren. In den nächsten Jahren befasste ich mich intensiv mit dem Thema Menschenkenntnis. Sie zeichnet den guten Polizisten aus, der ich werden wollte. Und wie es so oft im Leben ist, bin ich heute froh um die Begegnung mit der Dame mit den himmelblauen Augen, weil sie mich anspornte, was mittlerweile sogar dazu geführt hat, dass ich Kollegen im Bereich Menschenkenntnis ausbilde – und Sie und ich gemeinsam ermitteln werden. Zuvor möchte ich Sie allerdings noch kurz einweisen. Schließlich sollen wir uns als Partner aufeinander verlassen können. Ich muss sicher sein, dass Sie keinem Kleinganoven, der das Blaue vom Himmel herunterlügt, auf den Leim gehen. Ich möchte Sie als souveräne Kollegin oder Kollegen neben mir wissen. Deshalb im Folgenden einige wichtige Voraussetzungen für die gute Menschenkenntnis.

Falle Vorurteil

Menschenkenntnis bedeutet, dass man andere Menschen einschätzen und ihr Verhalten voraussehen kann. Für einen Polizisten kann es überlebensnotwendig sein, andere richtig einzuschätzen. Zieht der Verdächtige eine Waffe oder nur den Gürtel hoch? Auch als Privatmensch benötigt jeder Menschenkenntnis, wenn er es vermeiden will, als der Dumme dazustehen. Wer schnell zu einem sicheren Urteil über andere gelangt, gewinnt einen Vorsprung. Je weniger man über einen Menschen weiß, desto schwieriger gestaltet sich dies. Menschenkenntnis ist nicht angeboren, sie wird ständig geschult, in jeder Begegnung mit anderen. Die Frage ist: Ziehen wir die richtigen Schlüsse aus diesen Begegnungen? Leider ist der größte Vorteil in der Einschätzung anderer Menschen – sie schnell beurteilen zu können – zugleich der größte Nachteil. Viele Menschen verwechseln Vorurteile mit Menschenkenntnis. Der Unterschied liegt darin, einen zweiten Blick zu riskieren, oder gar einen dritten und vierten. Unvergessen ist mir bis heute der Mitbürger, der tätowiert bis unter die Zähne bei uns im Revier erschien. Rasierter Schädel, Stiernacken, Stirnband, Sonnenbrille und die üblichen Aufnäher an seiner speckigen Kutte. Ein Rocker, was sonst. Strafregister wahrscheinlich bis zum Mond. Mit zwei Worten: unterste Schublade. Also schnell schließen. Das kennt man. Nein, man kennt es nicht. Der vermeintliche Rocker stellte sich als Doktor der Philosophie und aktiver Buddhist heraus, der jegliche Form von Gewalt strikt ablehnte.

Sind Blondinen mit großem Busen dumm und Porschefahrer über fünfzig Viagrakonsumenten?
Ist der wirklich so drauf, wie es seine Punker-Klamotten vermuten lassen? Oder steht seine Freundin auf den Look? Oder ist das eine Mutprobe?
Hat der wirklich so viel Geld, wie es bei dem Auto und dem Anzug den Anschein erweckt? Oder will er davon ablenken, dass er pleite ist?
Eins ist sicher: Mörder schauen brutal aus. Das weiß man aus dem Fernsehen! Und da auf allen Kanälen ständig Krimis laufen, ist das quasi empirisch. Ich selbst habe den Mörder übrigens noch keinem Mörder angesehen. Eine »Mördervisage« ist mir niemals begegnet, aber ich bin ja auch Polizist, nicht Visagist.

Gute Polizisten lassen sich vom ersten Eindruck nicht blenden, egal wie himmelblau ein Blick sein mag! Für die Wahrheit muss man seine Komfortzone verlassen. Aber Sie wollten ja mal was anderes erleben. Vielleicht sogar ein Abenteuer. Das werden Sie, wenn Sie den Mut haben, Menschen wirklich zu entdecken!

Wer über eine gute Menschenkenntnis verfügt, hat es leichter im Leben – und beim Pokern! Gute Menschenkenntnis macht nicht misstrauisch, sondern ist eine Abkürzung, die uns schneller zu unseren Zielen führt. Passt dieser Chef zu mir? Oder die Frau? Soll ich den Kontakt abbrechen, weil es eh nichts bringt, oder noch mal investieren? Nutzt der mich aus oder bilde ich mir das ein? Meint der, was er sagt, oder will er mich einwickeln? Will die mir absichtlich schaden oder ist sie verstrickt in ihre eigenen Probleme?

Mit guter Menschenkenntnis kann man andere sowohl manipulieren als auch motivieren. Es liegt an Ihnen, wie Sie Ihre Fähigkeiten einsetzen. Wir Polizisten nutzen sie vor allem dazu, die Wahrheit herauszufinden. Stellen Sie sich vor, für einen Polizisten wäre der Fall mit dem ersten Ansehen einer Person klar. Unrasiert, langhaarig, vier Plastiktüten: Kaufhausdieb. Mutter mit drei Kindern: unschuldig. Sicher wären Sie mit dieser Rechtsauffassung nicht einverstanden. Bestimmt gibt es auch in Ihrem Leben einige oder mehrere Details, die Verdacht erwecken könnten? Sie möchten als ganzer Mensch gesehen werden, nicht bloß in Teilaspekten. Dann schauen Sie als erste Maßnahme auch bei anderen genauer hin. Es wird Ihnen helfen, manche privaten und beruflichen Fälle aufzuklären!

Schubladen-Kontrolle

Wenn wir anderen Menschen begegnen, fällen wir unbewusst in wenigen Augenblicken eine Entscheidung, ob wir uns ihnen zuwenden möchten oder nicht. Ob sie für uns interessant sind oder egal oder gefährlich. Entsprechend dieser groben Einteilung verhalten wir uns. Viele Menschen vergessen, dass nicht nur sie die anderen taxieren, sondern dass sie auch taxiert werden. Dies nur mal als kleiner Tipp. Auch wenn es weh tut: Sie sind nicht der Mittelpunkt der Welt, weil das noch ein paar Milliarden andere ebenso für sich in Anspruch nehmen.

Wenn sich zwei Menschen begegnen, findet immer ein gegenseitiges Überprüfen statt. Wer bist du? Stehst du über oder unter mir? Kommunizieren wir auf Augenhöhe? In der Gegenwart eines Uniformträgers sind oben und unten klar. Der Polizist kann den Ausweis verlangen und Fragen stellen, die man einem Passanten nicht gestatten würde. Auch dem Chef wird Auskunft erteilt. Die soziale Position, die jemandem zugeordnet wird, erübrigt die Prüfung. Aber es gibt immer noch genug Spielraum für Statusgerangel. Achten Sie einmal darauf: In jeder menschlichen Begegnung wird als Erstes der Status verhandelt, schweigend und oft unbewusst. Status ist nicht starr. Je nachdem, mit wem wir es in welchem Kontext zu tun haben, sind wir mal oben, mal unten.

Das Einordnen in eine Schublade muss schnell gehen. Wir haben im Alltag keine Zeit, fundiert zu prüfen. Zu viele Menschen begegnen uns, auf zu viele Situationen müssen wir reagieren. Wahrnehmungsfilter helfen uns dabei, die für uns richtigen Entscheidungen zu treffen. Wenn Sie glauben, dass

Sie die Welt so wahrnehmen, wie sie ist, träumen Sie. Tatsache ist: Sie entscheiden sich – wie alle anderen auch – dafür, gewisse Dinge auszublenden, zu vergessen, zu verdrängen. Dies geschieht unbewusst. Das merken Sie zum Beispiel dann, wenn jemand Erinnerungen an ein vergangenes Ereignis hervorkramt, die Sie nicht mal abgespeichert oder schon längst vergessen haben. Jeder blendet andere Dinge aus, und was für den einen unangenehm gewesen sein mag, hat ein anderer vielleicht als überaus amüsant in Erinnerung. Als aufmerksamer Beobachter merken Sie es auch, wenn sich Ihre selektive Wahrnehmung einschaltet. Sie wollen sich einen VW-Bus kaufen und stellen fest: Es fahren fast ausschließlich VW-Busse auf den Straßen herum. Vorher ist Ihnen das noch nie aufgefallen – ja, vorher haben Sie auch nicht danach Ausschau gehalten. Vergessen Sie also niemals: Sie sehen, was Sie sehen wollen, Sie sehen, was in Ihr Weltbild passt. Jeder sieht im Detail etwas anderes. Was für ein Glück, dass wir uns auf manche Konstanten einigen können. Ein Tisch ist ein Tisch, und eine Handschelle ... Fluch oder Segen? So betreten wir den Raum der Interpretation.

In das Weltbild vieler Polizisten scheint das Vorurteil zu passen, dass langhaarige junge Männer öfter Drogen nehmen als andere. Wenn nun langhaarige junge Männer öfter in Bezug auf Drogen kontrolliert werden, wird man logischerweise auch öfter welche finden. Eine Bestätigung des Vorurteils – oder nicht eher dessen Ursprung? Aber schön ist es schon, wenn man mal wieder einen findet. Da bleibt man doch dabei! Gute Polizisten kennen diese Versuchung und machen sich immer wieder bewusst, dass die ausschließlichen Ermittlungen in der Komfortzone fatale Folgen haben können. Gute Polizisten winken auch mal den Manager in der Nobellimousine zur Drogenkontrolle heraus – und freuen sich dann vielleicht über kiloweise Koks im Kofferraum.

Schließen Sie Ihre Schubladen nicht gleich wieder. Lassen Sie sie noch eine Weile offen stehen. Ja, das sieht nicht gut aus und bei denen in Bodennähe besteht die Gefahr, dass man drüber stolpert. Das könnte als Erinnerung dienen: Schau noch mal genau nach. Wer liegt in der Schublade, gehört der wirklich da rein? Das Problem ist nämlich: Wer einmal in einer Schublade steckt, kommt nicht mehr raus, wird vergessen, staubt ein, erstickt womöglich. Und keiner merkt's. Das ist unseren Mitmenschen gegenüber sehr unhöflich. So möchten Sie wahrscheinlich auch nicht behandelt werden. Vielleicht sagen Sie jetzt: Ist mir doch egal, was fremde Leute von mir denken. In einer Strafsache ist das anders. Da geht es um Freispruch oder Gefängnis. Also muss man tiefer blicken. Und noch tiefer. Wenn Sie sich also entschlossen haben, mit einem Menschen in Kontakt zu treten, lassen Sie die Schublade einen Spalt offen.

Leider gibt es bei der Menschenkenntnis keine Paragraphen wie im Strafgesetzbuch, die man auswendig lernen kann. Hier spielt sehr viel Intuition mit – die uns hin und wieder aufs Glatteis führen kann: Ist das jetzt meine Intuition oder bilde ich mir das ein? Ja, es gibt einige Taktiken und Tricks, um Menschen zu durchschauen, die wir in der Vernehmung auch einsetzen. Es gibt zwar keine Methode, die bei allen Menschen gleich wirkt. Aber intuitiv finden wir meistens die richtige. Auch Sie! Wahrscheinlich sind Sie jetzt ein bisschen verwirrt. Das ist normal und volle Absicht. Das machen Kripobeamte gern, um festgefahrene Denkmuster zu durchbrechen oder erfundene Geschichten durcheinanderzuwirbeln. Keine

Sorge: Wir sind hier in keinem Verhör, nur in einer informellen Befragung. Übrigens wird das Wort Verhör bei der Polizei seit vielen Jahren nicht mehr benutzt. Es hat auch noch nie etwas anderes bedeutet als Vernehmung, auch wenn manche Krimiautoren uns das glauben machen wollen. Prinzipiell gibt es zwei Arten von Vernehmungen: Die Zeugenvernehmung und die Beschuldigtenvernehmung. Der Beschuldigte ist derjenige, gegen den ermittelt wird. Der Zeuge kann Hinweise zur Tat geben.

Fahndung läuft

Wer ein guter Polizist werden will, fahndet nach seinen Vorurteilen. Er schlägt seine Schubladen nicht voreilig zu, denn: Wer einmal in einer Schublade steckt, kommt kaum mehr heraus. Man sagt, ein negativer Kontakt braucht sieben positive Kontakte, eher er neutralisiert ist. Davon können gerade Polizistinnen ein Lied singen. Sie müssen meist viel besser sein als ihre männlichen Kollegen, weil sie mit so vielen Vorurteilen konfrontiert sind. Daran sieht man: Auch intern gibt es Vorurteile bei der Polizei. Man unterstellt den Kolleginnen, sie seien zu schwach, könnten die notwendige körperliche Leistung nicht erbringen, die der Beruf erfordere – und wenn sie befördert würden, dann bloß aufgrund ihres Geschlechts. Da muss man schon sehr gut sein, wenn man sich gegen so viele Vorurteile stemmen will!
Bis zum Ende des letzten Jahrtausends war Polizeiarbeit eine hundertprozentige Männerdomäne. Die Frauen haben einen besseren Umgangston mitgebracht. Die klassischen Männerthemen Auto und Frauen wurden halbiert. Jetzt dreht sich alles nur noch um Autos. Und deshalb schalten wir nun auch

das Blaulicht ein. So sehen Sie auf einen Blick übersichtlich alle Anforderungen, die Sie benötigen, um mich zum nächsten Fall zu begleiten. Dazu werden wir die Dienststelle wechseln und unseren Schreibtisch im K2 beim Raub aufstellen. Hier werden Sie noch einmal zusehen, ehe ich Sie nach und nach mit Ermittlungsarbeit aus dem K1 – Tötungsdelikte, Sittendelikte, Branddelikte – betrauen möchte.

Blaulicht

- Beobachten Sie sich selbst wie einen Verdächtigen, den Sie beim Klauen ertappen wollen, und machen Sie Ihre Vorurteile dingfest.
- Achten Sie auf das typische Statusgerangel, wenn Menschen sich begegnen. In welcher Liga spielen Sie wann und wo?
- Überprüfen Sie Ihren Schubladenschrank: Gibt es in manchen Fächern Leichen?
- Versuchen Sie beim nächsten Erstkontakt, Ihre Schubladen noch eine Weile offen zu halten. Stellen Sie sich vor, Sie trügen die Verantwortung eines Polizeibeamten, der entscheiden muss, ob er jemanden festnimmt.
- Verinnerlichen Sie: Das Revidieren eines Urteils ist keine Schwäche, sondern eine Stärke. In der täglichen Polizeiarbeit ist Revidieren dringend erforderlich. Wer auf seinen Erstverdacht beharrt, läuft womöglich in eine Sackgasse.
- Gehen Sie durchs Leben wie ein guter Cop: Geben Sie allen eine Chance und verdächtigen und verhaften Sie die Richtigen!

Protokoll des Scheiterns

Wer protokolliert schon gern sein Versagen? Das erste Protokoll in diesem Buch ist kein Polizeiprotokoll. Ich habe damals ja auch keins geschrieben, nicht mal eine Kontrollaufforderung …

Wenn ich heute, rund 25 Jahre danach, meine Begegnung mit Frau Manzinger Revue passieren lasse, stelle ich fest, dass ihr Verhalten nicht zu der Situation passte. Wer freut sich schon über eine Verkehrskontrolle? Vom ersten Moment an war Frau Manzinger darauf aus, mich einzuwickeln. Sie wusste ja, dass sie ohne Führerschein unterwegs war. Deshalb wollte sie mich von der Kontrolle ablenken und zog mich charmant in ein privates Gespräch. Das hätte mich misstrauisch machen müssen. Nachvollziehbar wäre es gewesen, wenn Frau Manzinger ungehalten, gereizt, aufgeregt gewesen wäre. Aber in Flirtlaune? Und zwar ausschließlich? Anstatt mich damit aufzurütteln, lullte sie mich ein.

Im Grunde genommen hatten wir eine geschäftliche Beziehung. Frau Manzinger vermenschelte sie. Das ist, als würde jemand eine Wohnung mieten, weil er den Makler so sympathisch findet. Oder einen Job annehmen, weil es in der Metzgerei gegenüber so gute Leberkässemmeln gibt. Sehr geschickt setzte Frau Manzinger eine Taktik ein, die wir bei Vernehmungen ebenfalls nutzen, um Tatverdächtige zu ihrem Geständnis zu führen. Sie spielte mir eine Nähe vor, die mich glauben ließ, ich sei Freund statt Feind. Sie schuf eine Situation der Vertrautheit, die sie für ihre Zwecke nutzte: Sie machte mit mir, was sie wollte. So wie viele Verdächtige heute tun, was ich will: Sie erzählen mir am Ende doch die Wahrheit und gestehen.

Der Raub

Sie hatten sich in der neunten Klasse kennengelernt und aus den Augen verloren, als seine Eltern in ein anderes Stadtviertel zogen. Die Nacht, in der sie sich, beide Mitte zwanzig, im Kunstpark Ost wiedertrafen, bezeichneten sie als Schicksal. Sie sahen beide gut aus, er fuhr voll auf Autorennen ab, sie unterhielt eine Reitbeteiligung. Als ihm die Wohnung gekündigt wurde, war das ebenfalls Schicksal. Sie suchten sich eine Dreizimmerwohnung, weil sie sicher waren, für immer zusammenzubleiben, und sich Kinder wünschten. Für ihre Zukunft tauschten sie München-Sendling gegen einen Vorort. Zu teuer die Stadt für ein junges Paar am Berufsstart: er als frischer Meister in einer Autowerkstatt, sie im Marketing. Auf ihrer Housewarmingparty verlobten sie sich. Familie, Freundinnen und Freunde applaudierten begeistert. Selten ein Pärchen gesehen, das so gut zusammenpasste. Bei denen stimmte einfach alles. Die Optik, die Herkunft, das Wesen, und wie lieb der Matthias der Julia in der Küche half. Irgendwie heirateten sie dann aber doch nicht im nächsten Jahr, und auch nicht im übernächsten. Zuerst wollten sie noch sparen, dann lieber in den Urlaub fahren, und dann war ständig was anderes los. Immer öfter gingen sie getrennt aus. Matthias hing mit Kumpels bei Stock-Car-Rennen ab und bastelte in seiner Freizeit an seinem alten Käfer, Julia belegte diverse Seminare zur beruflichen Fortbildung, was Matthias unterstützte, weil er dann zu seinen Kumpels in die Garage konnte. Früher war Julia manchmal mitgekommen und hatte ihm mit loderndem Blick beim Schrauben zugesehen. Als sie ihre Dreizimmerwohnung eingerichtet hatten, bohrte er des-

halb alle Löcher mit nacktem Oberkörper. Sie mussten viele Pausen einlegen. Julia konnte nicht genug kriegen vom Handwerken. Damals. Aber sie hatte sich verändert. Weil er sich verändert hätte, behauptete sie. Er würde zu Hause immer nur vor dem Fernseher rumhängen. Warum las er keine Bücher? Er fand, er hatte in der Meisterschule für den Rest seines Lebens genug gelesen. »Das sind doch keine Bücher«, widersprach sie.
»Ich geh dann mal zum Stöpsel«, sagte er und verzog sich zu seinem Kumpel.

Nach solchen Meinungsverschiedenheiten brachte er Blumen, sie kochte Spaghetti bolognese, und die Wochenenden waren fast wie früher. Sie gingen Essen und ins Kino und versicherten sich gegenseitig, dass ihre Liebe bis in alle Ewigkeit bestehen bliebe. Vom Heiraten redeten sie trotzdem nicht mehr, und in dem geplanten Kinderzimmer stapelten sich Bügelwäsche und Kartons mit Autoersatzteilen. Beide beteuerten, dass ihnen nichts fehle. Sex hatten sie selten. Am Wochenende buk Matthias gern Kuchen. Danach zusammen ein Kreuzworträtsel zu lösen war das pure Glück. Doch das bekam Risse, als Julia eine Zusatzausbildung begann und jedes Wochenende im Seminar war. Oft dauerte der Unterricht bis 21 Uhr. »Ich bin doch nicht mit dir zusammen, um allein daheim rumzuhocken«, beschwerte Matthias sich. »Wieso zieht sich das bis in die Puppen, da ist doch was faul.«
»Du bist ja eifersüchtig!«
»Bin ich nicht!«
Sie lachte. Es verging ihr bald. Auf einmal wollte Matthias ständig wissen, wo sie war. Von wann bis wann, und dann? Wer war dabei?
»Verhörst du mich?«

»Nein, ich interessiere mich für dich.«
»Das klingt aber anders!«
»Ich fahr mal zu Stöpsel.«

Kriminaldauerdienst

Während jeder Kripobeamte früher im Turnus auch den Bereitschaftsdienst übernehmen musste, gibt es mittlerweile das K8, den KDD, Kriminaldauerdienst, ein eigenes Kommissariat, in dem die Kollegen im Schichtdienst eingeteilt sind. So ist gewährleistet, dass auch die Dienststelle der Kripo rund um die Uhr besetzt ist, nicht nur die Polizeiwache. Die Kollegen vom K8 nehmen die Fälle auf, bearbeiten sie zum Teil oder geben sie weiter. Ein schwerkranker Rentner, der im Bett verstorben ist, wird vom KDD »verarztet«. Ein Tötungsdelikt geht an das Fachkommissariat. Entscheidend bei einem Sterbefall ist, in welcher Spalte auf dem Totenschein der Arzt sein Kreuzchen setzt. Hierzu gibt es drei Möglichkeiten. Der *natürliche Tod* wird vom Arzt bescheinigt, wenn die Todesursache klar ist, etwa eine eindeutige medizinische Ursache nach einer Erkrankung, oder Altersschwäche. Die Angehörigen des Verstorbenen verständigen einen Bestatter. Beim *nicht natürlichen Tod* ist ein Mensch durch einen Unfall, Suizid, Mord oder Totschlag ums Leben gekommen. Sofern sie nicht schon vor Ort ist, verständigt der Totenschau haltende Arzt in solchen Fällen die Kriminalpolizei, die dann die Ermittlungen zum Sterbefall übernimmt; zur Bestattung muss der Leichnam von der Staatsanwaltschaft freigegeben werden. Zwischen den beiden Spalten für den natürlichen und nicht natürlichem Tod gibt es eine dritte: die *nicht aufgeklärte Todesursache*. Hier macht der Arzt ein Kreuz, wenn der Patient beispielsweise bei der Reanimation verstarb. Auch um diese Fälle kümmert sich die Kripo.

Im Bereitschaftsdienst gab es nur wenige Nächte, die ruhig verliefen. Deshalb glaubte ich auch nicht, dass dies eine solche Nacht werden würde, als ich mich an einem Dienstag im Juni gegen 23 Uhr ins Bett legte. Bevor ich das Licht ausknipste, vergewisserte ich mich, dass das Bereitschaftshandy funktionierte.
»Schlaf gut«, wünschte mir meine Frau.
»Du auch«, sagte ich, wissend, dass ich nicht gut schlafen würde. Der Schlaf im Bereitschaftsdienst war unruhig, und ich wachte oft auf.
»Hoffentlich is nix«, sagte meine Frau, was sie beim Bereitschaftsdienst immer sagte.
»Hoffentlich«, gab ich wie immer zurück.

Kurz vor zwei Uhr morgens klingelte das Telefon. Ich war sofort hellwach. Hatte ich überhaupt geschlafen?
»Dieter Bindig.« Meine Stimme klang nicht so aktiv, wie ich mich fühlte. Ich schob ein Räuspern nach.
»Hier Einsatzzentrale. Der Ostermaier Albert. Ich hätt was für euch. Fahrts gleich nach Germering. Da hamma an Überfall am S-Bahnhof Harthaus. Fahndung läuft. Die Geschädigte ist mit ihrem Freund auf der Inspektion.«
»Okay.«
»Den Thomas ruf ich auch an.«
»Super«, bedankte ich mich, weil der Albert mir diesen Anruf abnahm. So konnte ich mir gründlich, nicht bloß flüchtig die Zähne putzen, während mein Bereitschaftsdienstpartner verständigt wurde. Man hat immer einen Partner in dieser Schicht, aber keinen festen. Thomas kannte ich schon einige

Jahre und schätzte seine ruhige, besonnene Art. Und seine Süßigkeiten. Wenn es ganz schlimm wurde, zog er Kinderschokolade aus dem Ärmel. Aber ganz schlimm würde es heute wohl nicht werden, hoffte ich.
»Bis wann meinst, dass du dort bist?«, wollte der Ostermaier Albert von mir wissen.
»Zwanzig Minuten.«
»Servus.«

»Musst wohl raus?«, murmelte meine Frau schlaftrunken.
»Überfall.«
Sie gähnte und war gleich wieder eingeschlafen. Ich beneidete sie.

Wie zu erwarten, war um diese Uhrzeit fast kein Auto unterwegs, was mich dazu verleitete, mit dem Dienstwagen recht flott über die B2 zu brausen. Ich kannte die üblichen Kontrollstellen der Kollegen von der Verkehrspolizei. Früher fuhren die Beamten im Bereitschaftsdienst mit dem Dienstwagen nach Hause. Es ist nicht so, dass jeder Beamte sein eigenes Dienstfahrzeug hat, auch wenn Derrick sich von Harry stets im selben Wagen herumchauffieren ließ. Wir nehmen uns ein Auto aus dem Pool der Fahrzeuge. Im Bereitschaftsdienst durften wir ausnahmsweise mit einem Dienstwagen nach Hause fahren.

Unterwegs zur Polizeiinspektion Germering stimmte ich mich gedanklich auf den Überfall ein. Eine Standardsache. Wenn die Geschädigte, also die Zeugin, zur Wache gekommen war, konnte sie nicht schwer verletzt sein. Sie war in Begleitung ihres Freundes – also gut aufgehoben.

Vorsicht! Informationen, die wir von Dritten erhalten, verlocken dazu, eine Schublade schnell zu öffnen und zu schließen. Wenn wir jetzt dann gleich in den Fall hineingehen: Seien Sie wachsam! Halten Sie nicht nur Ihre Augen und Ohren, sondern auch Ihre Schubladen offen!

Über Funk brachte ich mich auf den aktuellen Stand. Die Kollegen von der Wache hatten entschieden, dass dies ein Fall für die Kripo sei, und die Einsatzzentrale informiert. Die Fahndung nach den beiden Tätern verlief bislang ergebnislos. Das war allgemein nicht gut, für mich persönlich vielleicht schon. Wenn wir die Täter bereits festgenommen hätten, würde ich mir die Nacht mit ihrer Vernehmung um die Ohren schlagen. Eine Tätervernehmung dauert oft länger als die Vernehmung einer Geschädigten. Waren die Täter noch auf freiem Fuß, würden sich die Kollegen morgen um den Fall kümmern und das Standardprogramm starten: Spurensuche am Tatort, Stoff- und Faserspuren, DNA, Lichtbildrecherche mit den Geschädigten, Pressearbeit in Bezug auf Öffentlichkeitsfahndung.

Im Warteraum der Wache saß eine Frau Ende zwanzig, Anfang dreißig mit ihrem Freund im selben Alter. Die Frau gepflegt, verheult, sie hatte offenbar einiges durchgemacht, sich aber im Moment im Griff; der Freund erweckte einen beschützenden Eindruck.
Ich begrüßte die beiden. »Grüß Gott. Ich bin von der Kripo. Ich komme gleich zu Ihnen.«
Er nickte, sie weinte. Er legte den Arm um sie.
Im Zimmer des Dienstgruppenleiters der Inspektion schaute ich die wenigen Unterlagen durch, die es zu dem Fall gab. Die Personalien der Geschädigten und ihres Freundes sowie eine

Beschreibung der Täter und ein grober Tathergang. Zwei dunkel gekleidete Männer hatten die Geschädigte am S-Bahnhof Germering-Harthaus bedroht, angerempelt, zu Boden gestoßen und ihr iPhone geraubt. Zwei Streifenwagen und ein Zivilfahrzeug waren zur Nahbereichsfahndung eingesetzt. Die Kollegen schauten sich in der Gegend um, auf der Suche nach den Tätern. Leider war die Beschreibung sehr vage, so ist das oft. Menschen im Schock erinnern sich an wenig. Deshalb bringt die erste Befragung am Tatort in der Regel eher dürftige Ergebnisse. Hinzu kommt, dass die Kollegen, die den Fall »draußen« aufnehmen, anfänglich sehr viel zu tun haben. Zwar ist die Personenbeschreibung ein wichtiger Punkt, doch auch die Fahndung muss organisiert werden, andere Dienststellen werden möglicherweise um Unterstützung gebeten, jemand muss die Fahrzeuge koordinieren, damit flächendeckend gearbeitet wird, gegebenenfalls wird der Tatort abgesperrt, um Spuren zu sichern. Wenn sich die Kriminalpolizei später bei der Vernehmung in Ruhe die Täter beschreiben lässt und die einzelnen Parameter abfragt – Größe, körperliche Erscheinung, geschätztes Gewicht, muskulös, athletisch oder fett –, erhält sie oft recht gute Beschreibungen. Es herrscht eine emotional nicht mehr so angespannte Situation wie am Tatort. Die Opfer, sprich Zeugen, fühlen sich in Sicherheit, und das wiederum beeinflusst ihr Erinnerungsvermögen positiv.

Der vorliegende Fall deutete auf Beschaffungskriminalität. Womöglich hatten die Täter kein Auto und waren mit den öffentlichen Verkehrsmitteln unterwegs, vielleicht mit der nächsten S-Bahn zurück nach München gefahren. Vielleicht aber auch nicht.

... Vielleicht aber auch nicht ... Ein Satz, den Sie nie vergessen sollten. Er dient als Gedankenstütze, die Sie in Ihre Schubladen klemmen sollten, damit Sie nicht zufallen!

Thomas trat ins Zimmer. Wir begrüßten uns mit einem Händedruck. »Bin erst vor zwei Minuten eingetroffen«, sagte ich und signalisierte ihm, dass ich keinen Informationsvorsprung hatte. Wir besprachen unser Vorgehen. Auf der Bereitschaftsdienstliste stand mein Name in dieser Schicht vor dem Namen von Thomas. Das bedeutete, ich würde in dieser Schicht der Chef sein. Wer den Platz vorne auf der Liste hielt, bestimmte das Vorgehen. Beim nächsten Mal würde Thomas an erster Stelle stehen, egal, mit wem er dann Dienst hätte. Wenn zwei unterwegs sind, muss einer das Sagen haben. Sonst läuft man in verschiedene Richtungen. Nicht nur bei der Polizei. Auch beim Bergsteigen. Oder in der Ehe. Dort rollieren die Listenplätze allerdings eher selten ...

Die erste grundlegende Frage, die Thomas und ich zu klären hatten, war jene, ob wir die Geschädigte zu zweit oder sie und ihren Freund parallel vernehmen würden. Der Vorteil der Doppelvernehmung liegt darin, dass einer zuschauen, sich Notizen machen, vergessene Fragen stellen kann. Und das allerwichtigste: Dass er das Verhalten der Kundschaft, wie wir alle nennen – egal ob Opfer oder Täter –, die zu uns kommen, beobachten kann. Der Nachteil der Doppelvernehmung liegt in der Zeit, die diese beansprucht. Die Chance, doch noch eine Mütze Schlaf zu erhaschen, sinkt gegen null. Aber das ist natürlich kein ausschlaggebendes Argument. Trotzdem kann nicht oft genug betont werden: Polizisten sind auch Menschen. Ich beschloss eine Einzelvernehmung, weil der Fall nicht wirklich viel hergab. Was nicht bedeutete, dass wir ihm

geringe Aufmerksamkeit widmen würden. Ich entschied, die Geschädigte zu vernehmen, Thomas würde mit ihrem Freund sprechen. Dabei war mir das Risiko, das ich damit einging, bewusst. Wenn man als Polizeibeamter mit einer Person allein im Vernehmungszimmer sitzt, kann die Person allerhand erfinden: Er hat mich bedrängt, begrabscht, in die Enge getrieben. Naheliegend bei einer Frau und einem Mann nachts ohne Zeugen? So etwas geschieht aber auch bei mancher männlichen Kundschaft, die sich von der Polizei im Stich gelassen fühlt. Wenn zum Beispiel ein Anzeigenerstatter nicht damit zufrieden ist, was die Polizei für rechtens hält. Jemand, der behauptet, sein Nachbar hätte ihm den Grill aus dem Garten gestohlen, kann keinen Durchsuchungsbefehl erwirken. Einer, der sich von dem »Arschloch« eines anderen beleidigt fühlt, wird dennoch keine Verhaftung des Beleidigers erreichen – vor allem, wenn Aussage gegen Aussage steht:
»Ich hab nix gesagt.«
»Ich hab's genau gehört! ›Arschloch‹, hat des Arschloch zu mir gsagt!«

Da kann sich schnell etwas hochschaukeln, und um dem Polizisten zu schaden, über den man sich so sehr geärgert hat, weil er bequem im Büro hockt und nichts unternimmt, gönnt man es ihm, wenn er Stellungnahmen schreiben und sich rechtfertigen muss. *Damit er auch mal was zu tun hat, außer sich im Sessel zu fläzen.* Mit einem Kollegen oder einer Kollegin im Raum fühle ich mich wohler, da man zu zweit auf emotionale Ausbrüche eingehen kann. Ich bin nicht gern allein mit dem Weinkrampf einer Geschädigten oder eines Zeugen. Man weiß vorher nie, wie jemand reagiert. Wer mitten in der Nacht etwas bei der Polizei anzeigt, befindet sich in einem Ausnahmezustand. Deshalb ist es noch schwieriger, die Menschen einzuschätzen und führt noch schneller in die Irre, wenn man sie flugs in eine Schublade steckt. Sobald es um Emotionen geht, kann man kein Verhalten voraussagen. Beim Überbringen von Todesnachrichten habe ich schon Ohrfeigen erhalten, und wildfremde Männer sind mir um den Hals gefallen. Extreme Emotionen entladen sich überraschend.

Vernehmung Julia Sanders

Ich wendete mich an das Paar. »Wir machen jetzt die Vernehmung. Die Geschädigte«, ich nickte der Frau freundlich zu, »also Sie, kommen bitte mit mir. Ihr Freund wird vom Kollegen vernommen. Die Zimmer liegen nebeneinander.«
»Ich möchte meine Verlobte aber nicht allein lassen«, widersprach der Freund.
Ohne weiteres könnte ich einen solchen Wunsch mit einem »Das geht nicht!« abschmettern. Doch das wäre ein völlig falscher Beginn. Es würde sofort eine negative Stimmung entstehen, und es würde sehr viel Energie kosten, die zu neutralisieren. So erläuterte ich:
»Sie dürfen nicht dabei sein. Sie sind für uns ein wichtiger Zeuge. Sie sind der Erste, dem Ihre Verlobte die Tat berichtet hat. Das bedeutet, dass zu diesem Zeitpunkt ihre Erinnerung noch ganz frisch war.«
Der Mann kniff die Augen zusammen.
»Sie schauen so skeptisch?«, sprach ich ihn direkt an.
Er machte einen Rückzieher. »Passt schon.« Dann fragte er seine Verlobte: »Kommst du klar?«
Sie nickte. Sie machte einen gefassten Eindruck. Ein Überfall ist ein einschneidendes Erlebnis. Plötzlich ist man der Willkür Fremder ausgeliefert, ohnmächtig, verletzlich, allein, ab-

solut hilflos. Manche Menschen brauchen Wochen und Monate, ehe sie das verarbeitet haben. Manche schaffen es nie. Viele Verbrechen teilen ein Menschenleben in vor der Tat und nach der Tat. Zum Glück schien ein wirklich schlimmer Fall hier nicht vorzuliegen. Die Geschädigte lächelte mich sogar ein bisschen an.

Wenn Sie schnell mehr erfahren möchten, sollten Sie anderen Menschen in einer Stimmung begegnen, die ihnen entspricht. Wenn jemand mit hängenden Schultern und trauriger Stimme sagt: »Es geht mir nicht gut«, helfen kein joviales Schulterklopfen und keine in lautem Tonfall gesprochenen Kalendersprüche nach dem Motto: Kommt Zeit, kommt Rat. Ihre gute Absicht erreicht Ihr Gegenüber nicht, weil Sie auf dem falschen Kanal senden. Also stellen Sie Ihre Frequenz auf Ihr Gegenüber ein. Immer? Nein, aber immer dann, wenn Sie es für nötig erachten. So wie andere sich hoffentlich auf Sie einstellen, wenn Sie es nötig haben. Bei einem Menschen, der sehr in seinen Emotionen verfangen ist, ist diese Methode unverzichtbar, um ihn überhaupt zu erreichen. Erst wenn Ihnen das gelungen ist, können Sie gute Ratschläge geben. Vorher hört der andere Sie gar nicht. Das ist ein Gesetz, innerhalb und außerhalb eines Polizeigebäudes, in der Vernehmung und im privaten Gespräch.

Im Vernehmungszimmer setzte ich mich an eine Tischecke. Julia Sanders nahm mir gegenüber Platz. Sie war eine zierliche, fesche Person, wenn auch sichtlich mitgenommen, mit rot verweinten Augen. Ich erklärte ihr die Formalitäten. »Wir machen jetzt eine Zeugenvernehmung. Ich nehme alles mit dem Tonband auf. Dann brauchen wir uns nicht mit dem

Computer zu ärgern.« Ich stellte das Diktiergerät auf den Tisch. »Nach den ersten Sätzen haben Sie es eh vergessen, so geht es allen. Würden Sie mir bitte unterschreiben, dass Sie mit der Aufzeichnung einverstanden sind?« Ich schob die Einwilligungserklärung über den Tisch und bat sie, die Belehrung durchzulesen. Unterschreiben brauchte sie erst am Ende der Vernehmung. Als Nächstes fragte ich ihre Personalien ab, obwohl diese auf der Einwilligungserklärung bereits verzeichnet waren; nicht um sie zu überprüfen, sondern zum Warmwerden.
Frau Sanders sagte zu allem »Ja«.
»Wie fühlen Sie sich?«
Ihre Stimme klang leise. »Es geht schon.«
»Sind Sie überhaupt fähig, mit mir über das Thema zu sprechen?«
Sie nickte.
»Wenn wir jetzt die Vernehmung machen, gehen wir auch in die Details. Das kann ich Ihnen leider nicht ersparen. Wenn Ihnen etwas zu unangenehm ist, sagen Sie es mir bitte, dann machen wir eine Pause. Möchten Sie etwas trinken?«
Sie schüttelte den Kopf.
Ich schenkte ihr trotzdem ein Glas Wasser ein. Sie hörte sich so an, als könnte sie das gut brauchen. Viele Menschen leiden im Vernehmungszimmer an einem trockenen Mund.
»Danke«, sagte Frau Sanders.
Die Atmosphäre war freundlich. Ich beschloss, mit der Vernehmung zu beginnen.

Jeder Kollege hat seine eigene Methode. Ich setze auf Freundlichkeit. Andere kommen mit einem barschen Ton zum Ziel. Wichtig ist, dass man hinter dem steht, was man tut. Wenn ich als strenger, ruppiger Polizist auftreten würde, wäre das nicht glaubwürdig. Man würde mir schon nach wenigen Minuten anmerken, dass dieses Verhalten nicht meinem Wesen entspricht. Ich kann schon eine Weile den bösen Bullen mimen, aber wohl fühle ich mich nicht dabei. Ein Auftreten muss zu einer Person passen. Dann erleben wir es als kongruent und stimmig. Passt da etwas nicht, merken wir innerlich auf. ... Eine Täuschung ist dabei, ihre Deckung zu verlieren.

Eine freundliche Gesprächsführung bedeutete für mich vor allem, dass ich mich Frau Sanders' Stil anpassen würde, um mit ihr auf einer Ebene zu sein. Sollte sie sich im Folgenden zurückhaltend geben, würde ich mich auch zurücknehmen. Fragen in kleinen Häppchen stellen, ihr Zeit geben.

Für Sie als Beobachter der Vernehmung bedeutet dies an dieser Stelle noch gar nichts. Ich möchte lediglich, dass Sie sich über Ihren eigenen Stil klarwerden. Was für ein Typ sind Sie? Knapp, freundlich, ruppig, mitfühlend? Wenn Sie es noch nicht so genau wissen und keine Präferenz hegen, rate ich zur sachlichen Höflichkeit. Damit fahren Sie immer gut. Sie können ja mal versuchen, ein paar Minuten einen anderen Typus zu mimen. Vielleicht beim Einkaufen, aber nicht in Ihrem Stammgeschäft, sondern an einem Ort, wo Sie niemand kennt. Geben Sie sich mal harsch oder Süßholz raspelnd, Hauptsache, anders als sonst. Beobachten Sie, wie Sie sich fühlen. Und dann denken Sie darüber nach, ob andere Ihnen dieses Verhalten »abkaufen«. Oder ob Sie damit Verdacht wecken. Irgendwas stimmt mit dem nicht ... Dieser Eindruck mündet in Misstrauen. Und das stört eine Vertrauensbasis. Niemand wird Ihnen glauben, dass Sie die fehlenden 50 Cent für das Brot morgen bringen.

Von Frau Sanders wollte ich, das ist so üblich, als Erstes den Tathergang geschildert bekommen, um mir ein Bild zu machen. Ich hoffte, sie würde mir die Ereignisse am Stück erzählen, das ist mir lieber, als wenn man für jeden Schritt, den jemand getan hat, eine Frage stellen muss. Oder wenn jemand jede Frage wiederholt. Oder mich verzweifelt anschaut: Was soll ich schon sagen? Ich bin überfallen worden!
»Frau Sanders, erzählen Sie einfach mal, was passiert ist«, forderte ich sie freundlich auf.
Ich hatte Glück. Frau Sanders erzählte chronologisch und ohne Pause. Das heißt nicht, dass sie auch sonst so erzählte. Der redegewandteste Mensch, dem das Herz normalerweise auf der Zunge liegt, kann in einer Vernehmung zum Stockfisch werden. Nicht, um den Beamten zu ärgern, sondern weil er nicht anders kann. Das Verhalten eines Menschen in der Ausnahmesituation auf der Polizeidienststelle sagt wenig über die Person aus, die er sonst sein mag. Aber diese Person würde ich identifizieren. Früher oder später.

»An der Treppe bei der S-Bahn haben sich mir plötzlich zwei Männer in den Weg gestellt. Ich hatte gerade meinen Freund angerufen, weil ich eine spätere S-Bahn als verabredet genommen habe. Dass ich jetzt gleich daheim bin, habe ich ihm gesagt. Deshalb habe ich die Typen vielleicht so spät gesehen. Bei den Fahrrädern waren sie auf einmal rechts und links neben mir. Da habe ich das Handy gerade weggesteckt. Das war blöd, glaube ich. Ich hätte weiterreden sollen, als wäre mein Freund noch am Telefon. Aber ich wollte bloß schnell heim. Da hat mich der eine zu dem anderen geschubst. Ich bin gestürzt. Sie haben mich festgehalten und das Handy aus meiner Jackentasche gezogen. Dann habe ich Stimmen gehört. Von der S-Bahn oder von der Straße. Jedenfalls war da wer. Da sind sie abgehauen.«

Frau Sanders nahm einen Schluck Wasser.
Ich nickte ihr freundlich zu. »Sie haben die beiden Männer als 1,80 m groß beschrieben, dunkel gekleidet mit Kapuzenpullis? Sie haben keine Gesichter erkennen können?«
Sie schüttelte den Kopf. »Da ist es ja total dunkel.«
»Und dann? Sind die Menschen, die Sie gehört haben, zu Ihnen gekommen?«
»Nein. Ich habe aber auch nicht gerufen, also glaub ich. Ich war ... fix und fertig. Ich habe ... also ... ich konnte eine Weile gar nicht aufstehen ... dann bin ich ... nach Hause gelaufen.«
»Gerannt oder gelaufen?«
»Äh, also gelaufen. Also schnell. Quasi gerannt.«
»Haben Sie unterwegs jemanden gesehen?«
»Nein. Erst meinen Freund, dann.«
»Dem haben Sie alles gleich erzählt?«
»Das hat er mir schon angesehen. Ich war ja völlig fertig, das war so ... schlimm.« Sie griff nach dem Wasserglas. Es zitterte in ihrer Hand.
»Und dann?«
»Mein Freund wollte gleich raus. Die suchen. Der war total außer sich. Das bringt doch nichts, habe ich gesagt, die sind längst weg. Irgendwie bin ich dann zusammengeklappt. Dann sind wir zur Polizei.«
»Wann dann?«
»Vielleicht nach einer halben Stunde?«
»Was haben Sie in der Zeit gemacht?«
»Mir das Gesicht gewaschen, geheult, was andres angezogen ... einen Schnaps getrunken.«
»Das verstehe ich«, lächelte ich. Frau Sanders lächelte ein bisschen zurück. Gut. Wir konnten tiefer gehen. Nach dem, was bisher bekannt war, hatte Frau Sanders keine DNA-Spu-

ren beim Waschen vernichtet. Heutzutage genügt schon ein Kuss auf die Wange – oder eine gscheite Watschn, wie man sie in Bayern gelegentlich kassiert oder verteilt, für die DNA-Analyse. Die Kleidung von Frau Sanders würde ich später abholen lassen. Gut, dass die Geschädigte sie sofort ausgezogen hatte. So konnten sich im Auto, im Wartebereich der Polizei und bei uns im Büro keine weiteren Fasern auf die Kleidung »mogeln«. Der Beweiswert einer Faserspur hängt von der exakt dokumentierten Spurensicherung ab. Ein Anwalt könnte sonst in einem halben Jahr fragen: »Können Sie ausschließen, dass mein Mandant auf dem gleichen Stuhl vernommen wurde wie die Geschädigte? Es ist doch klar, dass sie dann Fasern von der Hose der Geschädigten an der Jacke meines Mandanten finden.«
Welcher Gendarm weiß nach sechs Monaten noch, wer wann auf welchem Stuhl saß?

»Schildern Sie mir nun bitte, was gestern passiert ist.«
»Aber das habe ich doch gerade.«
»Ich meine gestern überhaupt. Den ganzen Tag. Vor dem Überfall.«
Sie riss die Augen auf. »Vor dem Überfall?«
»Nicht im Detail«, beschwichtigte ich sie. »Mich interessieren die Zeiten. Wann Sie wo waren. Arbeitsbeginn, Arbeitsende.«

Ich bin noch nie gefragt worden, warum ich das wissen will. Die Kundschaft stellt die Fragen der Polizei nicht in Frage. Sie antwortet darauf. Oder eben nicht. Die meisten glauben, es gäbe Gründe für diese Fragen. Sie haben recht. Wenn die Auskünfte für einen Sachverhalt auch nicht von Bedeutung sein mögen, so sind sie doch für mich wichtig, weil ich so einen Bezug zu der Person bekomme. Wie soll ich ein Vertrauensverhältnis aufbauen, wenn ich mit dem Schlimmsten einsteige, was der Person in den letzten Stunden – oder vielleicht sogar in ihrem ganzen Leben – passiert ist und darin herumstochere?

»Es war kein normaler Arbeitstag gestern«, sagte Frau Sanders. »Also zuerst schon. Aber wir haben eineinhalb Stunden früher Schluss gemacht.«
»Wann?«
»Um 16:30 Uhr. Der Chef hat uns eingeladen. Wir haben im letzten Monat zwei sensationelle Abschlüsse gemacht und sehr viel gearbeitet. Das war sein Dankeschön.«
»Wo fand die Feier statt?«
»Im Masters Home.«
»Am Viktualienmarkt?«
»Ja.«
»Dann sind Sie am Isartor in die S-Bahn gestiegen?«
»Ja.«
»Mit wem waren Sie zuletzt zusammen?«
»Äh, wie?«
»Von wem haben Sie sich zuletzt verabschiedet? Hat Sie jemand zur S-Bahn begleitet?«
Sie rutschte auf dem Stuhl herum. Ich registrierte diese Bewegung und speicherte sie wertfrei als Veränderung ab. Frau Sanders legte ihre Hände, die sie vorher im Schoß gefaltet hatte, an die Tischkante. Noch eine Veränderung. Häufig muss man solche gespeicherten Eindrücke später wieder löschen. Aber sie gehören zur Stoffsammlung. Zu Beginn ist alles offen.
»Ein Kollege hat mich zur S-Bahn begleitet.«
»Wie heißt der?«
»Wird der jetzt auch vernommen?«

»Der letzte Kontakt ist für uns wichtig. Ich muss Ihre Angaben überprüfen, insbesondere den zeitlichen Ablauf, weil die Erfahrung zeigt, dass Menschen, die so etwas erlebt haben wie Sie, sich diesbezüglich oft irren. Eine andere Person kann Ihre Angaben bestätigen oder korrigieren.«
»Hartmut Baumann«, sagte sie.
»Herr Baumann hat Sie also vom Lokal zur S-Bahn begleitet?«, fragte ich nicht ohne Hintergedanken: Einige S-Bahnhöfe sind videoüberwacht. Manchmal beobachteten Täter ihr Opfer lange vor dem Überfall.
»Ja.« Gepresste Stimme.
»Erinnern Sie sich an die Uhrzeit?«
»23.58 Uhr.«
»Das ist die Abfahrtszeit der S-Bahn nach Germering?«
»Ja, wohin denn sonst?«
Ich ignorierte den gereizten Tonfall. »Ist Ihnen im S-Bahn-Abteil jemand oder etwas aufgefallen?«
Kopfschütteln.
»Sind Sie allein in Germering-Harthaus ausgestiegen?«
»Nein, da waren noch andere. Aber ich hab mit meinem Handy rumgemacht. Ich bin als Letzte die Treppen runter.«
»Allein?«
»Ja. Da war sonst niemand. Und wie ich unten bin, stehen da diese Typen. Sie haben mich geschubst, und ich bin hingefallen. Am Boden haben sie mich abgegrabscht und mein Handy geklaut. Der eine hat noch gesagt: Schau doch mal nach Kohle. Aber dann sind ja die Leute gekommen. Ich hätte sowieso nur noch zwanzig Euro dabeigehabt. Ich wollte ja eigentlich zur Bank, aber dann war es mir zu spät.«
Julia Sanders schaute auf ihre Schuhe. Das Gespräch war ihr sichtlich unangenehm. Leider waren wir noch lange nicht fertig. Dies war erst der erste Durchlauf.

Was denken Sie an dieser Stelle über den Fall? Sammeln Sie ein paar Details, mit denen Sie Ihre Meinung belegen. Was sagt Ihre Menschenkenntnis, was sagt Ihr gesunder Menschenverstand? Erzählt Frau Sanders uns die Wahrheit? Ein komisches Gefühl reicht nicht aus, um Zweifel zu begründen. Polizeiarbeit stützt sich auf Fakten. Wir müssen Material sammeln, damit der Staatsanwalt Anklage erheben kann. Ein Bauchgefühl ist kein Beweis, der vor irdischen Richtern gilt.

Meine Gedanken sahen folgendermaßen aus:
Da passt was nicht. Was mir die Frau erzählt, ist nicht rund. Was war da nach der Betriebsfeier los? Wieso blockt sie diesbezüglich ab und wird pampig? Auch das mit der S-Bahn ist nicht plausibel. Ganz allein am Bahnhof will sie gewesen sein? Um diese Uhrzeit sind mehr Leute unterwegs. Und dann die zwei dunklen Männer. Von denen habe ich schon oft gehört und sie noch nie gefasst. Zudem die vage Beschreibung. Wenn die rechts und links von ihr standen, hat sie denen doch in die Gesichter geschaut. Das ist mir alles zu knapp. Und wieso wird sie nervös, sobald ich sie nach ihrem Arbeitskollegen frage, und bleibt ruhig, wenn sie mir von der Tat erzählt? Das passt nicht zusammen. Wo ist eigentlich das Handy? Da werde ich mir später mal ihre Jacke geben lassen, womöglich steckt es drin, wär ja nicht das erste Mal, dass jemand einen Diebstahl anzeigt und das Diebesgut am Körper trägt.

Unprofessionell wäre es gewesen, meine Zweifel sofort zu äußern, nach dem Motto: Ich glaube Ihnen nicht. In der Folge wäre das Vertrauen, das ich aufgebaut hatte, unwiderruflich zerstört. Also ließ ich alles Gesagte unkommentiert stehen und fragte: »Wie ist es dann weitergegangen?«

»Ich bin heimgelaufen zu meinem Freund. Also schnell gegangen. Ich hab mich dauernd umgedreht, aber da war niemand.«
»Haben Sie gesehen, welche Richtung die Täter einschlugen?«
Sie zögerte. »Ich weiß nicht. Es war ja so dunkel. Und ich ...«, sie zitterte. »Ich hatte Angst, dass die zurückkommen und mir wer weiß was antun!« Sie schwieg.
Ich schwieg auch. Tief und fest atmete ich aus. »Wie geht es Ihnen jetzt?«, fragte ich eine für mich wichtige Frage. Wenn ihre Geschichte der Wahrheit entsprach, würde ich erwarten, dass es ihr nun besserging. Sie hatte sich schließlich alles von der Seele geredet, vielleicht ausführlicher als zu Hause bei ihrem Freund.
»Schlecht«, sagte sie. Ihre Stimme klang nicht sehr emotional in meinen Ohren. Aber vielleicht war sie einfach kein emotionaler Typ. »Weil ich das alles noch mal erleben musste«, fügte sie leise hinzu.

Eine Stunde und eine Wasserflasche später saßen wir noch immer zusammen. Ich arbeitete meinen Fragenkatalog ab und forderte Details. »Wenn die Männer direkt neben Ihnen standen, haben Sie denen ins Gesicht geschaut. Machen Sie bitte kurz die Augen zu, und versuchen Sie, sich dieses Bild noch mal in die Erinnerung zu holen.«
Sie schloss die Augen und schüttelte den Kopf. »Es war so finster.«
»Waren die beiden eher hell oder dunkel von der Hautfarbe?«
»Keine Ahnung.«
»Im Licht sieht man meistens die Nase, die schaut oft aus dem Schatten raus.«
»Ich weiß nicht.«

»Der Kapuzenpulli, war der wirklich schwarz oder hatte er einen Aufdruck? Viele Cliquen ziehen gleiche Pullis an. Trugen beide den gleichen Pulli?«
»Kann sein.«
»Sie sagen, die zwei seien schwarz gekleidet gewesen. Auch schwarze Schuhe, Straßenschuhe vielleicht?«
»Ja«, sagte sie.
»Denken Sie mal genau nach. Versuchen Sie sich das Bild in die Erinnerung zu holen. Kaum einer trägt heute schwarze Schuhe zum Kapuzenpulli. Die haben doch alle Turnschuhe an. Nike vielleicht?«
»Ja. Jetzt, wo Sie es sagen.«
»Nike?«
»Ja, Nike.«
Dreißig Minuten später hatte sie fast alle meine Angebote angenommen. Sie selbst hatte sich an wenig erinnert. Egal, ob ich nach der Schaukastenbeleuchtung am Bahnhof fragte – war die noch an oder schon aus? – oder den Fahrgästen, die mit ihr im S-Bahn-Abteil saßen. So hatte sich mein Verdacht, dass hier etwas nicht stimmte, erhärtet. Aber warum log Julia Sanders? Nur zu wissen, dass sie log, genügte nicht. Ich musste herausfinden, was dahintersteckte. Sie musste etwas damit bezwecken. Aber was?

Überlegungen zum Motiv

Es gibt verschiedene Gründe, warum Menschen lügen. Aus Angst vor Strafe, Minderwertigkeitskomplexen, Geltungssucht, Habgier, Böswilligkeit, Hass, Eifersucht, Freundlichkeit, Geldnot, Neid, Lebensfreude ... Warum log Frau Sanders?

Um das iPhone konnte es ihr nicht gehen. Das war zwar nicht billig, aber für ein neues Modell würde sie wohl kaum eine solche Geschichte erfinden. Ihr spätes Heimkommen erforderte ebenfalls keinen besonderen Grund, das konnte sie mit der Betriebsfeier erklären. Ihr Freund wusste davon. Betrunken war sie auch nicht. Was also war das Motiv für Julia Sanders, morgens um 4:21 Uhr Katz und Maus mit der Polizei zu spielen? In Gedanken ging ich meine gespeicherten Eindrücke durch. ... Da war doch was mit dem Arbeitskollegen ... Bei diesem Baumann, da hatte ich den stärksten Widerstand gespürt. Widerstand kann ein Zeichen für eine Lüge sein. Bei der Frage nach dem Arbeitskollegen hatten sich die Grenzen der Geschädigten merklich verschoben, da war sie nicht so offen wie sonst im Gespräch.

»Wie ist eigentlich das Verhältnis zu Ihrem Freund?«, fragte ich.
Julia Sanders starrte mich an. »Was hat das damit zu tun? Mein Freund kann doch nichts dafür, dass ich überfallen worden bin.«
»Und wie ist das Verhältnis?«
»Das geht Sie nichts an.«
»Also schlecht.«
Schweigen.

Eigentlich war ich mit der Vernehmung fertig. Aber mit meiner letzten Frage hatte ich wohl einen wunden Punkt getroffen. Kurz überlegte ich, ob ich den Finger in die Wunde legen sollte, wie man so schön sagt. Normalerweise würde ich morgen einen zweiten Versuch starten, in einer Nachvernehmung, zu der ich Frau Sanders einbestellen würde. Aber die Geschichte hatte mich gepackt. Ich hatte das Gefühl, ganz nah dran zu sein, wenn ich auch keine Ahnung hatte, woran. Es wäre schade, jetzt aufzugeben. Jeder Polizist kennt dieses Gefühl kurz vor dem Durchbruch. Man kann es sich wie Jagdfieber vorstellen. Ich beschloss, weiterzumachen. Jetzt. Nicht morgen. Vielleicht merkte Frau Sanders, dass ich Verdacht geschöpft hatte, und würde am nächsten Tag bestens vorbereitet zur Nachvernehmung erscheinen. Nicht, dass ich glaubte, sie würde damit durchkommen. Aber ich witterte meine Chance jetzt, in dieser Nacht. Bisher hatte die Geschädigte eine Schmeichelvernehmung erlebt. Nun würde ich ihr zeigen, dass es auch unangenehm werden konnte.

»Fangen wir noch mal von vorne an«, verlangte ich.
Entgeistert starrte sie mich an. »Von vorne?«
»Ich sage Ihnen jetzt ganz offen, was mir an Ihrer Schilderung nicht gefällt.«
Sie lehnte sich zurück und drehte sich leicht weg von mir, die rechte Schulter kaum merklich nach vorne.
»Da ist doch was mit Ihrem Arbeitskollegen. Das spür ich. Das mit der S-Bahn, dass da niemand ist, das glaubt Ihnen auch keiner. Germering ist zwar keine Großstadt, aber um die Uhrzeit …« Ich schüttelte den Kopf. »Sie behaupten, Sie könnten sich an nichts erinnern, obwohl Ihnen das Schlimmste in Ihrem Leben widerfahren ist, so haben Sie das vorhin selbst formuliert.«
Frau Sanders schaute zum Fenster. Da sah man nichts. Nur die Schwärze der Nacht. Und endlich einen schmalen Streifen Morgendämmerung.
»Ich habe Ihnen auf alle erdenklichen Arten geholfen, sich zu erinnern«, fuhr ich fort. »Aber erst, wenn wir in der Sackgasse gelandet sind, nehmen Sie mein Angebot an und sagen, ja, so war es. Ich habe nicht das Gefühl, dass es wirklich so war.

Ich habe nicht den Eindruck, Sie erinnern sich. Ich habe den Verdacht, es gibt gar nichts, woran Sie sich erinnern können. Für mein Empfinden geht es Ihnen auch zu gut. Sie sind beraubt und gedemütigt worden. Man hat Sie zu Boden gestoßen. Und da sitzen Sie ruhig und gelassen vor mir und beantworten in fast stoischer Ruhe meine Fragen, beziehungsweise geben mir die Antworten, die ich Ihnen vorschlage? Das passt doch nicht zusammen! Ich glaube, dass Sie ein Problem haben.«

Während meiner letzten Sätze war Frau Sanders immer tiefer in sich zusammengesunken. Ihr Blick klebte förmlich am Boden, und sie knibbelte an ihren Fingerkuppen herum. Eine neue Geste. Ich war auf dem richtigen Weg. Das Gefühl war mir vertraut. Ich liebe es, wenn sich diese Ruhe ausbreitet nach einer durchaus mal hektischen Vernehmung. Wenn sich alles zu ordnen scheint, zusammenfließt zu einem Strom, und der strömt ruhig und gleichmäßig in eine Richtung. Auch meine Stimme wurde sehr ruhig. Ich nahm Platz am Flussufer, warf die Angel aus und spürte es sehr schnell ruckeln. Ich hatte sie am Haken. Und zog kräftig an:

»Sie haben Probleme mit Ihrem Freund«, gab ich vor zu wissen. »Sie wollen mir nicht mal sagen, wie Sie sich mit ihm verstehen. Ich möchte Ihnen helfen. Glauben Sie mir, eine Lüge ist das schlechteste, was in so einer Situation eine Beziehung rettet. Heute nimmt er sie in den Arm, morgen wird auch Ihr Freund merken, dass da was nicht stimmt.«

»Was soll denn da nicht stimmen?« Fast schrie sie mich an. »Das ist doch ganz normal, dass man auch mal was einzeln unternimmt, wenn man länger zusammen ist. Das sagt doch nichts darüber aus, ob man sich liebt.«

»Ihr Freund wird auch gerade vernommen«, behauptete ich, obwohl ich, seitdem ich eine zweite Flasche Wasser für Frau

Sanders geholt hatte, wusste, dass Thomas seine Vernehmung mittlerweile beendet hatte. »Mein Kollege wird ebenso wie ich merken, dass Ihre Beziehung nicht zum Besten steht.«
»Hören Sie! Mir ist ein Handy geklaut worden!«
Ich schwieg eine Weile und gab dann zu bedenken: »Wenn mal der Wurm in einer Beziehung drin ist, kann man den nicht ignorieren. Da baut man auf Sand.«
Ich schenkte ihr noch mal Wasser ein. Schweigen.
»Wenn Sie während der Vernehmung, in der wir uns momentan befinden, Ihre Aussage revidieren, dann weiß jeder, auch der Staatsanwalt, dass das von Ihnen kommt. Dass Sie verstanden haben, worum es geht. Wenn wir allerdings weiter ermitteln, wird es für den Richter schwierig, Ihnen zu helfen. Denn dann sind diverse Untersuchungen gelaufen, Kosten entstanden. Da wird es immer aussichtsloser für Sie. Jetzt ist Ihre Chance, mit einem blauen Auge davonzukommen.«
»Wie blau?«, fragte sie. Zum ersten Mal zeigte sie Humor.
Ich konnte mir ein Grinsen nicht verkneifen, wurde jedoch sofort wieder ernst, als ich sah, wie ihre Unterlippe zitterte. Ich sprach in das Mikrofon des Diktiergerätes »Kurze Unterbrechung der Vernehmung. Die Geschädigte wird ausführlich belehrt.«
Dann schaltete ich das Band aus.
»Und nun?«, fragte sie.
»Reden wir offen, okay?«
Sie nickte.
»Sie stehen die Story nicht durch. Sie sind jetzt schon am Ende. Aber nicht wegen des Überfalls, sondern weil ich Ihnen unangenehme Fragen zu Ihrem Leben stelle.«
Sie zögerte. »Wenn ich vorhin nicht die Wahrheit gesagt hätte, was käme auf mich zu?«
»Ein Strafverfahren wird eingeleitet. Wenn es gutgeht, wieder

eingestellt. Schlimmstenfalls kommt es zu einer Geldstrafe, die sich nach Ihrem Gehalt bemisst. Da wird einem nicht der Kopf abgerissen. Die Sache führt weder zu einer Gerichtsverhandlung noch findet sie Erwähnung in einem polizeilichen Führungszeugnis.«
»Also quasi ein Sonderangebot«, grinste sie schief. Aber dann brach das Lächeln ein und sie fing ganz fürchterlich an zu weinen.
Damit hatte ich nicht gerechnet. Ich hatte vermutet, wir wären jetzt fertig. Nein, waren wir nicht. In Wirklichkeit fing es jetzt erst richtig an – diesmal mit der Wahrheit.

Der Plan

Der neue Kollege war so ganz anders als Matthias. Wenn sein Auto kaputt war, ließ er es in einer Fachwerkstatt reparieren. Als er umgezogen war, hatte er eine Malerfirma beauftragt. So was machte man doch selbst. Nein, Hartmut Baumann ließ machen. Ich hab zwei linke Hände, gab er offen zu und schämte sich kein bisschen dafür. Am Computer war er ein Crack, und er las mehrere Bücher pro Woche. Montag- und Mittwochabend trainierte er den Nachwuchs in einem Schwimmverein. Hartmut Baumann war anders als alle Männer, denen Julia Sanders bislang begegnet war. Er machte keine anzüglichen Bemerkungen über Kolleginnen, behandelte die Asiaten in der Poststelle als Einziger in der Firma wie Gleichgestellte, und seine Augen glänzten hellbraun wie Haselnüsse in der Septembersonne. Niemals ließ er auch nur den geringsten Verdacht keimen, er könnte in Julia etwas anderes sehen als eine geschätzte Kollegin.
Was sie rasend machte. Behauptete sie. »Nein, ich bin nicht in

ihn verliebt«, sagte sie zu ihrer besten Freundin. »Es geht hier ums Prinzip. So wie der kann man doch nicht sein. Er trinkt auch keinen Alkohol. Oder ist er schwul?«
Nein, Hartmut Baumann war nicht schwul. Hartmut Baumann war bis über beide Ohren in Julia Sanders verliebt. Aber die war verlobt. Und sie ließ keinen Zweifel daran, dass so etwas für sie galt. Nie im Leben, erklärte Julia, würde sie fremdgehen. Nie, nie, nie. Sie war doch keine Schlampe.
Auf dem Betriebsfest im Masters Home setzte sich Hartmut Baumann zwischen Vorspeise und Hauptgang an den Flügel. Er spielte Julias Lieblingssong und schaute dabei nur sie an, wenigstens hatte sie den Eindruck. Ein goldener Schimmer flirrte um ihn. Julia schmolz wie Wachs in der Sauna, und all ihre Vorsätze, Werte, alles ging den Bach runter. Als sie Hartmut im Vorraum zu den Toiletten traf, wo sie sich wie durch Zauberei verabredet zu haben schienen, war Julia Sanders eine andere. Sie verließen das Masters Home nacheinander und trafen sich am Viktualienmarkt. Hartmut hatte schon alles klargemacht. Sein Kumpel in der Westenriederstraße hatte den Schlüssel unter die Treppe im Hof gelegt. Auf dem Weg in die Wohnung redeten sie kein Wort. Und doch redeten sie unentwegt. Julia Sanders war nicht mehr Julia Sanders. Eine faszinierende Macht hatte Besitz von ihr ergriffen. In der fremden Wohnung erlebte Julia all das, was sie sonst nur aus dem Fernsehen kannte, und noch mehr. Irgendwann dachte sie: Aha. Das gibt es also auch in echt.
Erst später fiel ihr ein, dass Matthias um halb elf an der S-Bahn in Harthaus auf sie wartete. Weil er dienstags um diese Uhrzeit nach dem Fußballtraining ohnehin dort vorbeifuhr. So war es abgesprochen.
»Ruf ihn an«, sagte Hartmut.
Julia schüttelte den Kopf. Matthias würde es sofort hören. Ihre

Stimme klang nach Küssen und Bartstoppeln. Im Badezimmerspiegel sah sie, dass der Betrug unübersehbar in ihrem Gesicht prangte. Sosehr sie sich auch anstrengte, sie konnte das Leuchten in ihren Augen nicht löschen. Das machte ihr angst. Diese neue Julia machte ihr angst. Und sie wollte sie nie wieder hergeben. Aber je länger sie kaltes Wasser in ihr Gesicht schöpfte, um einen klaren Kopf zu bekommen, desto mehr schämte sie sich. Sie fürchtete Matthias' Reaktion. Im letzten Monat hatte er sie einmal grob geschubst, als sie vom Seminar spät nach Hause gekommen war. Wie sollte sie ihm das alles erklären? Er würde doch sofort merken, dass sie eine andere war. Ja. Eine andere. Oder hatte Hartmut nur die in ihr geweckt, die sie schon immer war? In der S-Bahn nach Germering nahm ihr Plan Gestalt an. Julia war in der Tat eine andere. Eine Überfallene.

»Und wer sagt es Ihrem Verlobten?«, fragte ich Frau Sanders beim Abschied, als sie blass, aber erleichtert neben der Tür stand. »Soll ich das machen?«
»Also ... ich ... Das würden Sie echt tun?«
»Ja, das würde ich echt tun. Ich hab da nämlich, man könnte sagen, eine gewisse Erfahrung.«
»Danke«, sagte sie und schaute mir lange in die Augen.
»Ich weiß jetzt, was richtig ist.« Es klang nicht so, als meine sie damit lediglich das Strafgesetzbuch.

Von der netten Lüge zur boshaften Arglist

Frau Sanders log nicht aus Arglist oder Boshaftigkeit, sondern aus der Not heraus. Ist das wirklich eine Lüge? Was ist überhaupt eine Lüge? An welchen Zeichen erkennen wir, ob eine Lüge eine Notlüge ist? Können Menschen auch arglistig lügen und behaupten, sie hätten den Betrug an einem anderen aus der eigenen Not heraus begangen?
Meine Erfahrung ist: Menschen behaupten alles. Manche lügen, dass sich die Balken biegen. Und wenn's sein muss, lügen sie sich auch noch eine Notlüge herbei. Das ist manchmal schwer auszuhalten: Wenn einer einem anderen etwas Entsetzliches angetan hat und dann um Verständnis für seine Tat wirbt. Ihn müsse man bemitleiden, nicht sein Opfer; das wahre Opfer, das sei er. Gelegentlich nutzen wir das Selbstmitleid eines Täters auch aus. Bei der Vernehmung heiligt der Zweck die schauspielerischen Mittel, und der Zweck ist immer das Geständnis. Nicht umsonst wird vielen Kriminalern nachgesagt, sie hätten auch Karriere beim Film machen können.

Die Notlüge

Sie lässt viel Spielraum für Interpretationen. Wir erkennen sie lediglich am Sachverhalt, wenn wir über Sinn und Zweck Bescheid wissen. Welche Not hat zu welcher Lüge geführt? Da Not subjektiv erlebt wird, können auch viele Lügen als Notlügen gedeutet werden, die eigentlich keine zu sein scheinen. Bei der Unterscheidung hilft der gesunde Menschenverstand.
Die Notlüge soll vor etwas Unangenehmem schützen. Kinder lügen aus Angst vor Strafe, Erwachsene ebenfalls, wenn sie gewissen Konsequenzen aus dem Weg gehen wollen. Der klassische Notlügner steht sinnbildlich vor einem Berg. Er

hat keine Kraft, den zu besteigen. Alles türmt sich wie ein Ungetüm vor ihm auf. Das macht ihm vielleicht auch Angst, und er wählt den Weg außen herum: die Notlüge. Sie ist häufig ein Hilfeschrei. Wer ihn hört, möchte den Betroffenen vielleicht auf den Weg der Wahrheit lotsen. Hierzu braucht es Einfühlungsvermögen. Jedes Gespräch, bei dem es ans Eingemachte geht, ist auch eine kleine Vernehmung. Einer leitet das Gespräch, der andere folgt. In einer guten Atmosphäre, in der Sie Ihr Gegenüber nicht bedrängen, finden Sie heraus, worin das Motiv liegt, woran es dem Lügner mangelt. Fehlt es an Selbstbewusstsein, an positiven Erfahrungen oder – wenn es sich um ein Familienmitglied handelt: Spielen Sie in dem Notlügengebilde selbst eine Rolle? Fürchtet Ihr Partner sich davor, Ihnen zu sagen, dass er arbeitslos geworden oder fremdgegangen ist, will die Schwester eine Krebsdiagnose für sich behalten, und wer hat eigentlich die Beule in den Kotflügel gefahren? War die wirklich einfach so da? Ein Kind, das aus Angst vor Schlägen lügt, hat Eltern, die es schlagen.

Leider freuen sich die Menschen, denen man aus ihren Notlügen heraushelfen will, meistens eher nicht. Sie fühlen sich ertappt. Manche schieben die nächste Lüge nach, um die erste als wahr zu untermauern. Bis sie mit dem Rücken zur Wand stehen. Sehr unangenehm! Und so befreiend man ihnen den Aufstieg auf den Berg auch beschreibt: Sie wollen da nicht hoch, sondern lieber rechts oder links dran vorbei. Zur Not mit weiteren Lügen. Eine gute Menschenkenntnis hilft bei der Motivation der Kletterfaulen! Außerdem gibt es ein unschlagbares Argument gegen die Notlüge: Ihre Wirkung ist zeitlich eng begrenzt. Die Lüge hilft niemals auf Dauer. Sie hat kurze Beine. Deshalb kommen Sie mit ihr auch nicht über den Berg.

Manche Lügen sind harmlos, andere ruinieren Existenzen und treiben Menschen in den Selbstmord. Viele sind nett gemeint: Toll siehst du aus. Nein, du hast doch nicht zugenommen. Das Kleid steht dir. Ich begehre dich noch immer wie am ersten Tag. Ob wir deswegen manchmal so große Probleme haben, Komplimente anzunehmen, weil wir befürchten, es könnte eine Lüge dahinterstecken?

Krankhaftes Lügen

Die Fachbezeichnung lautet *Pseudologia phantastica*. Der Drang zum krankhaften Lügen ist eine Persönlichkeitsstörung und gilt vor dem Gesetz als psychische Erkrankung. Krankhafte Lügner fallen überall schnell auf, da sie sich keine Gedanken machen, ob das, was sie behaupten, überprüfbar ist. Es interessiert sie nicht, wenn sie ertappt werden. Der krankhafte Lügner bleibt trotzdem dabei: So war es. Genau so! Krankhafte Lügner werden, wenn sie mit dem Gesetz in Konflikt geraten, psychiatrisch durch einen Landgerichtsarzt auf ihre Schuldfähigkeit untersucht.

Täuschung

Im Strafgesetzbuch wird die Lüge als Täuschung bezeichnet. Es muss also jemand getäuscht worden sein. Die blanke Lüge allein ist natürlich nicht strafbar. Sonst würde die Polizei ja gar nicht mehr zum Brotzeitmachen kommen, wenn jede Lüge eine Straftat darstellte! Lügen wird im Gesetzestext umschrieben als »unwahre Angaben machen«. Alles, was nicht wahr ist, ist gelogen. Auch »wider besseres Wissen« umschreibt die Handlung des Lügens. Eine Täuschung ist immer eine bewusste Handlung, um etwas zu erreichen. Betrugsdelikten liegen typischerweise Täuschungen zugrunde. Täuschen heißt aber nicht nur aktiv lügen, auch ein Verschweigen oder Weglassen gilt als Täuschung. Der Autoverkäufer, der vergisst, dass der Wagen einen Austauschmotor mit 50 000 km mehr auf der Kurbelwelle hat als der Tacho zeigt, betrügt den Käufer. Deshalb wird das Weglassen in der Zeugenbelehrung extra erwähnt. Es gibt zwar ein Formblatt mit dem Gesetzestext zur Zeugenbelehrung, doch jeder Beamte spricht die Belehrung so, wie sie ihm liegt, fügt mal ein *und* oder *also* ein, setzt einen Punkt oder ein Komma. Bei mir klingt die Belehrung in etwa so: »Ich muss Sie darüber belehren, dass Sie heute von mir als Zeuge vernommen werden. Als Zeuge müssen Sie vollständige und wahrheitsgemäße Angaben machen, dürfen nichts Wesentliches weglassen. Ich muss Sie auch darüber belehren, dass Sie weder sich selbst noch Familienangehörige belasten müssen. Und dass Sie im Falle einer Falschaussage, wenn Sie jemanden zu Unrecht be- oder entlasten, sich selbst in die Gefahr der Strafverfolgung begeben. Das heißt, es würde dann unabhängig vom jetzigen Strafverfahren gegen Sie ermittelt werden.«

Arglistige Täuschung
Lügen in schlimmster Form. Pfui Teufel.
Wer davon betroffen ist, knabbert lang dran. Oft hinterlässt eine solche Lüge unheilbaren Schaden. Wer einem Heiratsschwindler sein Vertrauen und seine Zuneigung geschenkt hat, ist tief verletzt und womöglich lange Zeit nicht mehr in der Lage, ohne Misstrauen auf andere Menschen zuzugehen. Wer sein Geld für den Ruhestand einem Finanzmakler anvertraut hat, der damit ein flottes Leben feierte, hat vielleicht keine Möglichkeit mehr, es noch mal zu verdienen. Erbtante Elsbeth stirbt nur einmal, und das hat sie bereits getan.

Flunkern

Das Wort allein klingt nett, auf jeden Fall harmlos. Auch im Schwindeln ist ein kleines Augenzwinkern enthalten. Geflunkert und gelogen wird im gesellschaftlichen Miteinander pausenlos. Schwindeln schmiert die Kommunikation. Ein kleines Bakschisch hier und dort. Alle machen es. Bestimmt auch Sie! Oder wollen Sie das jetzt etwa leugnen?
Das Essen schmeckt gut.
Ich habe mich prima erholt im Urlaub.
Nein, das macht mir nichts aus.
Super schaust du aus.
Mir geht es gut.
… Man will ja niemanden belästigen mit seinen Unpässlichkeiten, und der Chef soll nicht erfahren, dass man eine Woche kein Auge zugetan hat, weil im Nebenzimmer an der Costa del Sol eine Schnarchmaschine untergebracht war. Und ob das Essen schmeckt – das ist keine Lüge, sondern Geschmackssache. Oder eine Notlüge? Wenn man beim Chef eingeladen ist? Da muss es doch schmecken, oder?
Alles noch im grünen Flunker-Bereich. Unser Gegenüber weiß vielleicht sogar, dass wir lügen, und ist dankbar dafür. Denn er will die negativen Dinge gar nicht so genau wissen – und verschont andere wiederum mit seinen eigenen Wehwehchen.
Menschen, die wir gut kennen und die uns gut kennen, lassen sich mit solchen Flunkereien nicht abspeisen, und wir sollten sie ihnen auch nicht auftischen. Selbst wenn man die anderen nicht belasten möchte, selbst wenn eine kleine Flunkerei gut gemeint ist. Denn wenn man dabei ertappt wird, kann das unangenehme Folgen haben. Wieso lügst ausgerechnet du mich an!
Gerade in der Freundschaft ist Wahrheit ein hoher Wert. Wer sonst, wenn nicht der Freund, die Freundin, sagt einem die Wahrheit, auch wenn sie unangenehm ist? Auf wen kann man

sich verlassen wie auf einen Freund? Und wer stellt einen immer wieder vor die Herausforderung, dann positiv mit Kritik umzugehen. Danke für deinen Mut zur Wahrheit, danke, dass du mir das gesagt hast!

Scherz
Auch der kann als Lüge daherkommen – aber alle wissen, dass gelogen wird. Man behauptet etwas, das offensichtlich eine Lüge ist: Der Blechschadenverursacher auf die Frage, wie es ihm geht: Mir ging es noch nie so gut wie jetzt gerade. Solche Scherze helfen oft dabei, eine bedrückende Situation oder schlechte Stimmung aufzulockern.

Blühende Fantasie
Manche Leute schwindeln, weil sie andere gut unterhalten wollen. Da war der zähflüssige Verkehr auf der Autobahn der Stau des Monats, der Fuß in der Pfütze eine große Sache, auf dem Eis eingebrochen bis zum Knie ... bei Kindern spricht man von einer blühenden Fantasie, und bei manchen Erwachsenen blüht sie lebenslänglich farbenprächtig. Wenn die noch dazu gut erzählen können, macht es richtig Spaß, ihnen zuzuhören. Ihr enger Umkreis wird wissen, dass man bei solchen Geschichtenerzählern mindestens die Hälfte abzieht, um einen ungefähren Eindruck der Wahrheit zu erhalten. Eine Straftat stellt die blühende Fantasie erst mal nicht dar. Die Gedanken sind frei!

Bei anderen liegt die Motivation zu lügen darin, sich selbst aufzuwerten, Eindruck zu schinden. Das kommt im Umfeld nicht so gut an, denn um sich selbst zu erhöhen, werden andere oft schlechtgemacht. Hier könnte es schon eher zu einer Straftat kommen: Beleidigung, üble Nachrede.

Man sollte nie vergessen, dass ein Lügner im Moment der Lüge nicht überblicken kann, welche Folgen diese Lüge nach sich zieht. Eine harmlose Bemerkung kann sich vom Schneeball zur Lawine entwickeln.

Leider kann man den vorgenannten Lügen keine körperlichen Merkmale zuordnen. Das wäre für uns Polizisten das Paradies: Der arglistige Täuscher zwinkert mit dem linken, der Notlügner mit dem rechten Auge. Schön wär's!

Gehirnjogging – Lügenerkennung in der Körpersprache

Körperliche Reaktionen sind keine Anzeichen für eine Lüge, sondern für Stress. Aber wer lügt, hat Stress! So kommt es zu der Meinung, man könne Lügen erkennen. In Wirklichkeit kann man nur den Stress erkennen. Genau den misst auch der berühmt-berüchtigte Lügendetektor. Das Gerät zeichnet kontinuierlich den Verlauf von verschiedenen körperlichen Parametern wie Atmung, Blutdruck, Puls und elektrische Leitfähigkeit der Haut einer Person während der Befragung auf.

Wer lügt, muss sich mehr konzentrieren als beim Erzählen einer erlebten Geschichte. Die erlebte Geschichte ist abgespeichert und kann leicht abgerufen werden. Je intensiver ein Erlebnis war, desto tiefere Spuren hinterlässt es auf der Festplatte Gehirn. Ausnahme: traumatische Erfahrungen. Die werden, um ein Weiterleben überhaupt zu ermöglichen, ausgeblendet.

Ein Lügner muss seine Lüge systematisch aufbauen und sein System durchhalten. Das klappt nur, wenn er sich nicht verzettelt, wozu er am besten ein einfaches Lügengeflecht wählt. Eine komplizierte Struktur im Lügengebilde lässt sich auf Dauer nicht durchhalten, da muss man sich zu viel merken. Die Polizei fragt nicht nur einmal. Sie kann in der nächsten Woche schon wieder klingeln und die Story noch mal hören wollen. Je weniger man sich als Lügner merken muss, desto besser. Die Polizei muss sich nichts merken, sie hat die Aussage protokolliert und kann nachlesen und vergleichen, und so treten die ersten Widersprüche ans Licht: »Letzte Woche haben Sie ausgesagt, dass ...«
»Ja, aber da habe ich im Eifer des Gefechts vergessen, dass ...«
Eine neue Lüge wird eingeflochten. Die zieht wiederum andere Entwicklungen nach sich ... Lügen ist Gehirnjogging!

Der Lügner muss, bevor er etwas sagt, sehr viel denken. Und er hat wenig Zeit. Eher gar keine Zeit. Das stresst ihn. Alles muss rasend schnell gehen. Und das Wichtigste: Es darf nicht auffallen, dass er sich das ausdenkt und dass ihn das stresst. Was ihn noch mehr stresst. Und außerdem fällt es doch auf. Allerdings nicht so, wie viele Leute glauben. Man erkennt die Anzeichen auch nur mit einem geschulten Blick. Deshalb geht es nun darum, dass Sie in der Lügenerkennung fit werden. Vergessen Sie jedoch niemals, dass die genannten Anzeichen immer auch andere Ursachen haben können. Wie gesagt, Sie erkennen Stress, keine Lüge. Berücksichtigen Sie allzeit, dass jemand aus Gründen gestresst sein kann, die Ihnen unbekannt sind und die er Ihnen auch nicht auf die Nase binden wird. Weil er nicht zu spät nach Hause kommen will, wo jemand auf ihn wartet, weil gerade bei *eBay* die letzten Minuten laufen ... Halten Sie auch hier Ihre Schubladen offen – und stärken Sie Ihre Intuition, die Sie mit zunehmender Übung eine Lüge förmlich wittern lassen wird! Nicht umsonst unterstellt man treffsicheren Polizisten eine gute Spürnase!

Schwitzen

Erhöhte Geistestätigkeit ist eine körperliche Anstrengung. Der Gestresste/Lügner schwitzt, auch wenn er sich nicht bewegt.

Schweiß zeigt sich nicht nur auf der Stirn oder an den Deo-Stellen. Vorher hat man meistens schon feuchte Hände und wischt sich diese oft unbewusst ab. Vielleicht bereits bei der Begrüßung. Ein feuchter Händedruck ist unhöflich. Also wird kurz über Hose/Rock gewischt. Aber aufgepasst: Schwitzen zeigt Stress, Stress ist jedoch nicht gleich Lüge.

Erröten

Wer dazu veranlagt ist, errötet unter Stress/beim Lügen. Erröten ist willentlich nicht steuerbar. Es ist Folge einer Reaktion des Gehirns (limbisches System). Auch hierfür sind die Ursachen individuell und vielfältig. Lügen gehört dazu. Bei der geplanten, ausgedachten Lüge ist der Stressfaktor eher gering. Anders beim »ertappt werden«, bei der sofortigen Konfrontation mit einer Lüge – beim direkten Vorhalt, gelogen zu haben, kann einem durchaus Röte ins Gesicht steigen.

Erblassen

Auch dies ist eine unwillkürliche körperliche Reaktion. Man kennt das fahle Gesicht bei einem Schock. Dies rührt daher, dass sich das Blut zurückzieht, um die Versorgung der wichtigsten Organe zu gewährleisten. Es geht schließlich um die Vorbereitung einer lebenswichtigen Entscheidung: Flucht oder Angriff.

Der Zusammenbruch eines ausgeklügelten Lügengebildes und die Erkenntnis *Ich habe verloren* kann zu einem schockähnlichen Zustand führen und somit ein blasses Gesicht erklären.

Trockener Mund

Stress/Lügen kann zu Trockenheitsgefühl im Mund führen. Das wiederum veranlasst häufiges Schlucken. Bei Männern deutlich sichtbar am hüpfenden Adamsapfel.

Stimme

Durch die Konzentration auf den Inhalt des Gesagten verliert die Stimme an Emotion. Dies ist ein wichtiges Indiz dafür, dass etwas anders ist. Werden Sie hellhörig, wenn Ihrem Gegenüber die Stimme »bricht«.

Emotionen

Auch wenn eine zuvor lebendige Schilderung plötzlich monoton wird, kann das ein Zeichen dafür sein, dass der Sprecher seine gesamte Energie für die Erfindung benötigt und keine Kapazitäten mehr frei hat, um Emotionen auszudrücken.

Aber auch starke Emotionen wie Weinen, Schreien etc. können Anzeichen von Stress/Lügen sein. Das große Heulen kommt beim Lügner oft XXL daher. Es ist bewusst gesteuert und gehört zu einer geplanten Lüge. Der Lügner passt sein Verhalten dem an, was er glaubt, dass von einem Menschen in einer Situation, wie er sie zu durchleben vorgibt, erwartet wird.

Augenkontakt

Der Augenkontakt wird in Krimis oft als entscheidendes Merkmal dargestellt. Sobald der Verdächtige den Blickkontakt abbricht, weiß der Kommissar: Der war's.
Fehler. Der war's wahrscheinlich nicht.
Beobachten Sie einmal Unverdächtige – und auch sich selbst, sofern Sie sich zum Kreis der Unverdächtigen zählen können. Wie oft schauen Sie im Gespräch zu Boden? Wie oft schweift Ihr Blick am Gesicht des Gegenübers vorbei? Wir starren anderen nicht ständig in die Augen, um unsere Charakterstärke zu demonstrieren. Das würden andere nämlich als bedrohlich empfinden. Es ist also kein Anzeichen für die Wahrheit, wenn man Augenkontakt hält. Genau dies glauben aber viele Lügner und starren ihre Gegenüber an – um zu beweisen, dass sie die Wahrheit sprechen, womit sie Anlass geben, das Gegenteil zu vermuten.

Wer mir auffällig in die Augen starrt, macht sich verdächtig. Besonders wenn es plötzlich geschieht. In der Vernehmung unterbricht der Zeuge den Augenkontakt mit mir immer mal wieder, schaut nach rechts, nach links, zu Boden und zur Decke – und plötzlich starrt er mich an und schaut nicht mehr weg. Da passe ich doch besonders gut auf, was er mir jetzt erzählt. Es könnte sein, dass er in diesem Moment zu lügen beginnt.

Mimik

Die Mimik eines Menschen ist sehr schwer zu beurteilen. Zum einen geschieht hier vieles gleichzeitig, zum anderen gibt es von Person zu Person Verhaltensunterschiede. Und natürlich bleibt stets die Frage: Ist das bloß Stress oder könnte hinter dem Stress eine Lüge stecken?

Je besser wir das Gesicht eines Menschen kennen, umso vertrauter ist es uns in seinen verschiedenen Ausdrucksformen. Da braucht der Chef nach dem Guten Morgen kein weiteres Wort zu sagen, an seinem Gesicht lesen die Mitarbeiter ab, dass es heute zu der einen oder anderen Rüge kommen kann. Der Chef ist grantig. Und auch, wenn die Partnerin sagt: »Ich hab nichts«, ihr vertrautes Gesicht verrät etwas anderes. Sie wirkt bedrückt. Wenn man dann noch mal fragt, kann sich das sogar verstärken, und dann ist sie auch noch grantig. Wär man an einem Tag wie diesem doch im Bett geblieben!

Ein wichtiger Indikator bei der Mimik ist es, ob der Inhalt des Gesprochenen zum Gesichtsausdruck passt. Stellt man hier eine Unstimmigkeit fest, sollte man dranbleiben und sie aufklären.

Besonders bei Männern fällt der Kaumuskel auf. Als Stressreaktion werden häufig die Zähne zusammengebissen. Dies ist an den Wangen, wo sich der Kaumuskel abzeichnet, deutlich zu erkennen. Die meisten Menschen merken nicht, dass sie ihn betätigen. Manche wundern sich nach einer Autobahnraserei mit 180 km/h, dass sie einen Muskelkater in den Backen haben. Tja, wenn man die Strecke mit dem Kaumuskel zurücklegt …
Auch wenn man etwas nicht sagen möchte, beißt man auf die Zähne. Und wenn man nachdenkt, was man sagen könnte. Und überhaupt: Wenn man durchhalten will.

Ich werde später noch einmal auf die Mimik beim Lügen zurückkommen, wenn ich Ihnen die Paul-Ekman-Methode vorstelle, möchte es an dieser Stelle jedoch bei vorstehenden Informationen belassen. Besser ist es, Sie gewinnen erst mal eigene Erkenntnisse.

Hände

Häufig untermalen Menschen ihre Rede mit den Händen. Das tun nicht alle. Deshalb muss man die Körpersprache eines Gegenübers kennen, um die Abweichungen festzustellen, die auf Stress/Lügen verweisen können. Nicht jeder, der viel gestikuliert, lügt. Es ist eher andersherum. Doch viele Menschen glauben, Lügner würden ständig nervös herumfuchteln. Deshalb strengen sie sich an, ihre Hände beim Lügen ruhig zu halten. Was sie stresst. Weil sie ja ständig dran denken müssen: Hände nicht bewegen.

Jemand erzählt gestenreich, und plötzlich legt er die Hände auf den Tisch und bewegt sie nicht mehr. Das ist eine typische Reaktion des Lügners, dem eingefallen ist: Vorsicht! Hände beim Lügen nicht bewegen, sonst fliege ich auf! Manche setzen sich auch auf ihre Hände, um sie ruhig zu halten. Natürlich heißt das nicht immer, dass jemand lügt. Aber es weist in die Richtung. Wenn also jemand auf eine bestimmte Frage hin in seiner Handgestik plötzlich erstarrt … bleiben Sie wachsam!
Auch die Arme zu verschränken, kann ein Versuch sein, die Hände am Flattern zu hindern, allerdings interpretiert das fast jeder als Abwehrhaltung, und es wird nur selten benutzt von Profis, die vieles unter Kontrolle haben. Aber eben nicht alles.

Aus vorgenannten Gründen wählen wir bei der Vernehmung stets eine offene Sitzhaltung. Die aus dem Fernsehen bekannte konfrontative Sitzposition ist nicht zielführend. Ich will keinen Tisch zwischen mir und demjenigen haben, den ich vernehme. Ich will sehen, wie er sich wann bewegt. Der Tisch mit den Unterlagen und dem Diktiergerät steht bei meinen

Vernehmungen seitlich. Es gibt keine Barriere zwischen mir und meinem Gesprächspartner.

Gesten

Jedem ist klar, dass er die Bewegung seiner Hände leicht kontrollieren kann. Vielleicht lassen wir ihnen aber gerade deshalb in manchen Situationen freien Lauf. Gestenreiche Erklärungen sind selten kontrollierte Bewegungen. Wer denkt beim Sprechen »... und jetzt die Hände öffnen«? Die Hände tun es einfach, weil sie es in dieser Situation immer tun. Und nicht nur die Hände.

Sie erklären etwas, und Ihr Gegenüber schüttelt ganz leicht, kaum merklich den Kopf oder kneift die Augen minimal zusammen, runzelt die Stirn, neigt den Kopf zur Seite oder beugt den Oberkörper zurück. Es fällt Ihnen schwer, weiterzusprechen, vielleicht halten Sie inne und fragen nach, was nicht stimmen soll. Denn das haben Sie den Reaktionen Ihres Gegenübers entnommen. Manchmal haben Sie das an einer Geste bewusst erkannt, manchmal aber auch nicht. Wir nehmen diese kleine Gesten unbewusst wahr, wissen oft nicht, warum wir uns plötzlich im Gespräch unwohl fühlen. Doch die Zeichen waren da.

Und hier liegt eine Chance, Lügen zu erkennen. Der Körper tut das, was wir denken, und nicht immer das, was wir sagen. Das Gehirn konzentriert sich auf die gesprochene Lüge, die Hände begleiten den Gedanken, vielleicht die Wahrheit.
Vergleichen Sie die Gestik mit dem gesprochenen Wort. Sagt der Mund nein und spricht der Körper ja?
Oder nickt Ihnen der Kopf zu, wenn Sie eine Theorie erläutern und die Antwort lautet nein?

Dieses unstimmige Verhalten wird häufig als »Bauchgefühl«. Da passt etwas nicht. Auch wenn wir nicht wissen, was. Achten Sie auf solche Meldungen aus dem Unterbewusstsein, und beobachten Sie in der nächsten Runde, wenn das gleiche Thema noch mal zur Sprache kommt, nicht nur den Inhalt, sondern gezielt auch die Gestik.

Viele Lügner beruhigen sich mit Gesten:
Nase reiben, Ohrläppchen massieren, Hand vor den Mund halten, Hand an den Hals legen, mit einer imaginären Kette spielen, den Nacken massieren, Haare drehen, an die Stirn fassen und viele weitere Gesten gelten als Anzeichen für eine Lüge, denn diese Bewegungen sollen helfen, sich selbst zu beruhigen, Stress zu bewältigen. Und wann sind wir gestresst? Beim Lügen. Aber das ist wie gesagt nicht der einzige Stress, den wir haben können. Deshalb vergessen Sie bitte nie: All diese Gesten sind keine sicheren Anzeichen für eine Lüge, können aber Indikatoren dafür sein. Wenn sich in verschiedenen Situationen mit und ohne Stress im Verlauf einer Vernehmung oder eines Gesprächs zu verschiedenen Zeitpunkten zum gleichen Thema die gleichen Gesten einstellen, kann das Lüge bedeuten. Kann. Befragen Sie Ihr Bauchgefühl und bleiben Sie dran!

Füße

Was für die Hände gilt, gilt genauso für die Füße. Auch sie bewegen sich, und man kann sie noch schlechter kontrollieren, weil man es im Normalfall nicht gewohnt ist, Aufmerksamkeit nach so weit unten zu richten. Wer seine Füße um ein Stuhlbein wickelt, kann sie ruhigstellen wollen, in der Sorge, sie könnten im Stress unkontrolliert zucken. Auch auf den Absätzen wippen oder ständiges Beinüberkreuzen, die Waden kneten oder die Zehen tanzen lassen – das sieht man allerdings nur im Sommer in Sandalen –, können Stressreaktionen sein, die durch Lügen motiviert sind.

Zugegeben, auch ich würde es als unhöflich empfinden, wenn Sie bei einem Gespräch vor mir auf den Boden starrten und meine Füße beobachteten. Aber Sie sind ja nicht immer in der Position eines Gesprächspartners. Als Beobachter/Beobachterin haben Sie freie Bahn: Beobachten Sie andere im Gespräch, in der U-Bahn, auf der Straße, im Büro. Sie werden staunen, denn an den Füßen können Sie erkennen, wie die Personen zueinander »stehen«. Entspannt gegenüber, vielleicht die Beine über Kreuz, oder die Füße weggedreht, von einem Fuß auf den anderen tretend, vielleicht sogar einen Schritt zur Seite »ausweichend«.

An der Fußstellung ist deutlich abzulesen, ob ein Gespräch als angenehm oder unangenehm empfunden wird. Jeder kann das. Wir müssen bloß genau hinschauen.

Auch bei der Vernehmung gilt: Wer seine Füße Richtung Ausgang richtet, vielleicht sogar den ganzen Stuhl dorthin dreht, der will weg. Zumindest aus der momentanen Situation.

Wenn Sie, wie wir bei Vernehmungen, die offene Sitzposition wählen, also zwei Stühle gegenüber, ohne Tisch oder sonstige Barrieren, behalten Sie die Füße im Blick, ohne sie auffällig anstarren zu müssen.

Manchmal wird in der Literatur den einzelnen Positionen der Füße und Beine jeweils eine eigene Bedeutung zugemessen. Mit solchen feinen Nuancen zu arbeiten erfordert sehr viel Praxis. Davon ausgehend, dass Sie kaum von einer Vernehmung zur nächsten jagen werden, empfehle ich Ihnen, sich schlicht auf die Veränderung der Stellung der Füße zu konzentrieren. Damit kommen Sie schon sehr weit. Die Dauerzapplerin, die plötzlich still sitzt, der Coole, dessen überkreuztes Bein plötzlich anfängt zu schwingen wie der nervöse Zeiger eines sensiblen Messinstrumentes. ... Da schlägt Ihr Pendel doch auch deutlich aus, oder? Denn diese Zeichen sprechen eine klare Sprache: Stress, Anspannung, Nervosität in genau dieser Situation bei genau diesem Thema, bei genau dieser Frage oder der Antwort darauf.

Körperhaltung

Wenn jemand Fragen gestellt bekommt, auf die er lügen muss, weil er die Konsequenzen der Wahrheit nicht tragen will, fühlt er sich zunächst in die Enge getrieben. Er muss sich etwas Neues ausdenken. Deshalb kann er den Fragesteller in dem Moment auch nicht besonders gut leiden. Der bringt ihn in diese unangenehme Situation – und das verrät er ihm, indem sich seine Körperhaltung verändert. Vielleicht dreht er sich ein bisschen zur Seite, rutscht mit dem Stuhl zurück, zeigt die kalte Schulter oder verschränkt die Arme, neigt den Kopf nach hinten. Unbewusst sucht er Abstand. Das offene Gegenübersitzen taugt ihm nicht mehr, so wohl er sich zuvor gefühlt haben mag. Lügen fühlt sich nicht toll an, höchstens danach, wenn man prahlt, wem man welchen Bären aufgebunden hat. Seien Sie besonders wachsam, wenn jemand den Abstand erweitert. Dies kann ein Zeichen für eine Lüge sein, weil es ein Zeichen für Stress ist. Kann, muss aber nicht! Übrigens hat nicht nur derjenige, der lügt, Stress, sondern auch der Kriminaler. Denn er soll ja all diese Zeichen, die vielleicht doch keine sind, erkennen!

Eine wissenschaftliche Untersuchung (nach Hermanutz, M. Litzke, S. M. & Kroll, O., 2005) in Bezug auf die Nachweisbarkeit von Lügen nennt nur fünf »sichere« Anzeichen:

- Pupillenweitung
- Abnahme der Illustration – unterstreichende Gesten
- Zunahme der Adaptoren – unbewusste kleine Gesten
- mehr vorgetäuschtes Lächeln – die Augen lachen nicht mit
- mehr Spannung in der Stimme, höhere Stimmlage

Diese Signale sind nicht interpretierbar, wenn sie bei einer Veränderung der Vernehmungssituation auftreten, sondern lediglich bei gleichbleibenden Umständen.

Mein Tipp: Konzentrieren Sie sich am Anfang auf diese Punkte, aber lassen Sie die Pupillenweitung weg. Das ist ein Anzeichen für Laborbedingungen mit Videoüberwachung. Im normalen Gespräch zu aufwendig – und eher eine Ablenkung von den anderen Zeichen, die Sie deutlich besser wahrnehmen können.

Die Nulllinie

Ich habe bereits einige Male erwähnt, dass wir ein auffälliges Verhalten nur erkennen können, wenn uns das normale Verhalten unseres Gegenübers geläufig ist. Die Fährte, die wir verfolgen, beginnt stets mit dem abweichenden Verhalten, und das setzt ein, wenn Stress ausbricht. Nun muss man allerdings einräumen, dass für viele Menschen allein der Kontakt mit der Polizei Stress bedeutet, auch wenn sie lediglich als Zeugen befragt werden. Polizei – da fühlen sich manche sofort schuldig. Also muss man von einem gewissen Stresspegel im Normalverhalten ausgehen und darf den nicht überbewerten. Je öfter Sie Ihre Wahrnehmung in der Unterscheidung zwischen Normalverhalten und abweichendem Verhalten trainieren, desto sicherer werden Sie mit der Zeit. Als Probanden können Sie hierzu alle Menschen in Ihrem Umfeld beobachten: Wie verhält sich der Kollege, wenn er entspannt, und wie, wenn er gestresst arbeitet? Wie verhalten sich die Partnerin, der Partner, die Kinder? Sie werden staunen, wie viel Sie entdecken, wenn Sie Ihr Augenmerk auf diese Unterschiede richten!

Aber wie gesagt: Zuerst einmal müssen wir das Normalverhalten verifizieren. Aus diesem Grund ist es so wichtig, dass wir vor einer Vernehmung, einem Mitarbeiter- oder Konfliktgespräch ein wenig Smalltalk machen, damit sich unsere Gesprächspartner entspannen und uns die Gelegenheit geben, eine Nulllinie zu erkennen, wie wir das Normalverhalten nennen. Aber bedenken Sie: Das Normalverhalten bei einem Vorstellungsgespräch sieht anders aus als das Normalverhalten daheim am Frühstückstisch. Es ist kontextabhängig.
Ich frage meine Kundschaft gerne: Haben Sie gleich hergefunden? Gab es einen Parkplatz vor dem Haus? Mussten Sie lange warten? Möchten Sie etwas trinken? Und schließlich frage ich die bereits bekannten Personalien ab.
Was für das Gegenüber entspannend sein mag, ist für den Kripobeamten der pure Stress, denn er muss alles mitkriegen. Je besser er die Person einschätzen kann, desto leichter fällt es ihm später, Abweichungen von ihrem Normalverhalten wahrzunehmen.

Die Reid-Methode

Bei der Polizei wird eine Vernehmungstaktik gelehrt, die auf der Reid-Methode basiert. Sie wurde im Jahr 1948 von John E. Reid, einem Polizeibeamten aus Chicago entwickelt. Die Reid-Methode ist sehr umfangreich und erfordert viel Übung, um sie anwenden zu können. Man muss sich lange auf jede Vernehmung vorbereiten. Das disqualifiziert sie für den täglichen Gebrauch in der Polizeiarbeit, wo es oft schnell gehen muss und sich die Fälle manchmal die Klinke in die Hand geben. Allerdings kann man verschiedene Elemente aus der Reid-Methode in Vernehmungen einfließen lassen. Komplett angewendet bietet sie eine gute Chance, Wahrheit und Lüge bereits in einem sehr frühen Stadium voneinander zu unterscheiden – und die weitere Vernehmung daraufhin abzustimmen.

Ein Beispiel: Es ist klar, dass jemand etwas gestohlen hat. Es gibt Indizien, doch für ein Strafverfahren genügen sie noch nicht. Wenn ich mir sicher bin, dass der Täter in der Leugnung des Diebstahls die Unwahrheit sagt, verzichte ich darauf, ihn mit Details zu konfrontieren und abzufragen, wann er was getan hat. Ich stelle einfach fest: »Sie sind der Täter.« Dann lege ich ihm in einem langen Monolog dar, welche Möglichkeiten er nun hat. So begreift er – je intelligenter, desto schneller –, dass es das Beste für ihn ist, zu gestehen. Man muss davon ausgehen, dass ein Täter, der seine Tat ja normalerweise nicht zugeben möchte, ein Lügengebilde aufgebaut hat, wie er was erklären kann. Und da kann es durchaus passieren, dass ein Täter besser lügt, als ein Kriminaler entlarvt. So entsteht eine Pattsituation, die mit dieser Verhörtaktik gar nicht erst aufkommen kann, weil man sich nicht in das Lügengebilde begibt.

Im Grunde genommen wird die Reid-Methode auch von vielen Eltern angewendet: »Ich weiß, dass du die Schokolade genommen hast ...«

Wenn es ans Eingemachte geht, wenn viel auf dem Spiel steht und von einer bestimmten Vernehmung sehr viel abhängt, entschließt sich mancher Kripobeamte dazu, die Reid-Methode in Reinform anzuwenden. Dies benötigt allerdings sehr lange Vorbereitungszeit, denn hierzu muss der Kriminaler die Gelegenheit haben, die Nulllinie des Verdächtigen fundiert zu beobachten, sie abzuspeichern, kurz: sich im Normalverhalten des Gegenübers bestens auskennen. Zudem muss er sich inhaltlich jedes Detail des Falles einprägen, weil dem Verdächtigen damit später Brücken gebaut werden können, die zum Geständnis führen. Der Beamte muss sich auf vieles gleichzeitig konzentrieren – und hat letztlich doch keine Garantie, dass die Methode zum Erfolg führt. Aber immerhin bietet sie eine hohe Wahrscheinlichkeit. Und das ist bei manchen schwierigen Fällen ja auch schon mal was!

Blaulicht

- Jeder Mensch hat seine eigene Wahrnehmung. Prüfen Sie die Angaben, die Sie von Dritten erhalten. Es besteht die Gefahr einer falschen Einschätzung.
- Machen Sie sich ein Bild von der Person in der jetzigen Situation. Speichern Sie das Basisverhalten, die Nulllinie.
- Nehmen Sie alle Stressfaktoren aus einer Situation heraus.
- Erklären Sie so viel wie möglich. Alles, was unbekannt ist, erzeugt Stress. Den verkleinern Sie, wenn Sie die Vorgehensweise erklären. Während einer Vernehmung sind das

Punkte wie Zweck, Dauer, Ablauf etc. Versuchen Sie alles, damit sich Ihr Gegenüber so wohl wie möglich fühlt – dadurch schaffen Sie beste Voraussetzungen für ein erfolgreiches Gespräch aus Ihrer Sicht.
- Achten Sie auf abweichendes Verhalten. Speichern Sie Verhalten und Aussage im Zusammenhang ab.
- Kommen Sie später noch einmal auf Themen zurück, die Ihre Aufmerksamkeit geweckt haben, und prüfen Sie, ob sich das Verhalten geändert hat.
- Beachten Sie immer, dass es viele Gründe für abweichendes Verhalten gibt. Aber eben auch die Lüge.
- Vergessen Sie vor lauter Beobachten nicht, den Inhalt eines Gesprächs zu bewerten. Kann das wirklich alles so gewesen sein?
- Bedenken Sie: Ein Lügner bleibt so lange wie möglich bei der Wahrheit. Das spart Energie. Der Wechsel zur Lüge bedingt häufig den Wechsel im Verhalten.
- Nehmen Sie sich nicht zu viel auf einmal vor. Beginnen Sie gezielt mit der Beobachtung eines einzelnen Merkmals, zum Beispiel der Hände.
- Beobachten Sie sich zu Trainingszwecken selbst – Sie wissen am besten, wann Sie lügen. Schauen Sie sich selbst aus der Sicht Ihres Gegenübers zu. Sie werden überrascht sein, wie auffällig Sie sich bei bewussten Lügen verhalten!
- Gehen Sie durchs Leben wie ein guter Cop: Geben Sie allen eine Chance und verdächtigen und verhaften Sie die Richtigen!

Schlussbericht

Nachdem die angezeigte Straftat, der Raub, so nicht stattgefunden hat, wird in diesem Fall statt einer Strafanzeige eine Ereignismeldung an die Staatsanwaltschaft übersandt. Der Inhalt der Akte besteht aus allen durchgeführten Ermittlungen, die abschließend in einem Bericht zusammengefasst werden:

Kurzer Sachverhalt:
Zum angegebenen Zeitpunkt erschien Frau Julia Sanders zusammen mit ihrem Lebensgefährten bei der PI Germering und erstattete Anzeige wegen eines Raubes. Ihr sei in unmittelbarer Nähe des S-Bahnhofs Harthaus von zwei unbekannten Tätern das Handy mit Gewalt weggenommen worden. Außerdem hätten die Täter versucht, ihr den Geldbeutel zu entwenden. Nachdem andere Personen kamen, ließen sie von ihr ab und flüchteten.
Frau Sanders wurde nicht verletzt.

Anlass und Ergebnis der Ermittlungen:
Aus den durchgeführten Ermittlungen und den ausführlichen Vernehmungen ergibt sich folgender Ablauf.
Frau Sanders nahm am Vorabend an einer Betriebsfeier teil. Während des gemeinschaftlichen Abendessens in München kamen sich Frau Sanders und ihr Arbeitskollege, Herr Baumann, näher. Letztendlich verabredeten sich beide im Anschluss an die Feier, und es kam zum gewollten sexuellen Kontakt.

Aus Angst, dass ihr Lebensgefährte ihr etwas anmerken könnte, erfand Frau Sanders die Geschichte vom Überfall, um ihre emotionale Situation erklären zu können. Frau Sanders wollte den Vorfall ursprünglich nicht bei der Polizei zur Anzeige bringen. Erst auf Drängen ihres Lebensgefährten fuhr sie mit zur Polizeiinspektion.

In ihrer Zeugenvernehmung als Geschädigte schilderte sie den Überfall wie oben dargestellt. Bei konkreten Rückfragen verwickelte sich Frau Sanders in Widersprüche. Nach nochmaliger ausführlicher Belehrung über die strafrechtlichen Folgen einer Falschaussage gestand Frau Sanders ein, dass der Überfall nur vorgetäuscht war. Herr Baumann bestätigte in seiner Vernehmung nach einigem Zögern den sexuellen Kontakt mit Frau Sanders.

Auf eine Vernehmung des Arbeitgebers zu den Zeiten und dem Verhalten der beiden auf der Feier wurde vorläufig verzichtet. Die Personalien liegen bei.

Das Ermittlungsverfahren wegen Vortäuschens einer Straftat gegen Frau Sanders wird gesondert vorgelegt.

Die Ermittlungen sind abgeschlossen.
Sachbearbeiter:
Bindig, KI IK

Die heiße Spur zum Feuerteufel

01:32 Uhr
In einer Kleinstadt westlich von München wird Alarm ausgelöst. Fünfunddreißig Piepser von Feuerwehrleuten schrillen auf. Höchste Eile. Keiner weiß, wo es brennt und was. Maximal drei Minuten Zeit bis zum Feuerwehrhaus, so die interne Vorgabe. Wer länger braucht, zahlt ein Bier. Jede Sekunde zählt. Egal, ob im Schlaf- oder Trainingsanzug. Im Feuerwehrhaus liegen die Uniformen über den Stiefeln zum Schlüpfen bereit, so dass die Männer beides in einem Schwung anziehen können. Sieben Minuten nach dem Alarm rückt das erste Fahrzeug aus in Richtung Industriegebiet, wo ein großer Container brennt. Laut Mitteilung der Einsatzzentrale der Polizei steht der Container sehr nah am Firmengebäude und ist voll mit Kartonagen. Adrenalin pulsiert in den Adern der Feuerwehrleute. Neun Minuten nach dem Alarm trifft das erste Fahrzeug am Brandort ein, nach elf Minuten das zweite, kurz darauf das dritte. Der brennende Container ist sehr groß, das Gebäude sehr nah. Gasflaschen befinden sich in einer Gitterbox zwischen Halle und Container. Der Kommandant entschließt sich, die Feuerwehr aus dem Nachbarort zur Unterstützung zu rufen, da die Flammen bereits gegen den Dachstuhl des Gebäudes schlagen. Diese trifft nach sechzehn Minuten ein.

Der Einsatz läuft planmäßig, es gelingt, den Brand zu löschen und neue Brände zu verhindern. Nach einer Stunde und zehn Minuten ist der Spuk vorbei. Die Löschfahrzeuge rücken ein, die Feuerwehrleute ziehen ihre Uniformen aus und legen sie sofort wieder bereit. Die Schläuche kommen in den Trockenturm, die Fahrzeuge werden neu bestückt. Die Ausrüstung ist vorbereitet für den nächsten Einsatz. Wenn die Männer Pech haben, werden sie in dieser Nacht noch einmal aus dem Schlaf gerissen. Und am nächsten Morgen müssen die meisten von ihnen früh raus und zur Arbeit. Ein Arbeitgeber ist verpflichtet, diejenigen Arbeitnehmer freizustellen, die Dienst bei der freiwilligen Feuerwehr tun. Der Lohn wird in dieser Zeit vom Arbeitgeber weitergezahlt. Für die Nacht- und Wochenendeinsätze erhält der freiwillige Feuerwehrler keinen Sold. Die Tätigkeit ist hundertprozentig ehrenamtlich.

Viel Zeit zum Schlafen bleibt den Feuerwehrmännern nun nicht mehr. Aber ob sie jetzt überhaupt einschlafen können? Nicht nur das Adrenalin hält sie wach, hinzu kommt die Ankündigung des Kommandanten, als er seine Leute im Aufenthaltsraum zusammenruft.
»Männer«, beginnt der Kommandant, »jetzt reicht es!«
Die Männer nicken. Viele haben vom Rauch geschwärzte Gesichter. Der Kommandant ist beliebt. Das hält sie auch zusammen.
»Morgen«, führt der Kommandant aus, »rufe ich die Kripo an. Das ist kein Zufall mehr. Das ist eine Serie. Wir haben einen Feuerteufel.«
Beifälliges Gemurmel, ein Mann pfeift.
Der Kommandant verabschiedet seine Truppe. »Gute Arbeit, Männer!«

Brandermittler mit Feuer und Flamme

Zwei Tage nach dem Containerbrand teilte mir mein Chef in der KPI (Kriminalpolizeiinspektion) einen neuen Fall zu. Ich war seit einigen Jahren Brandermittler im Kommissariat 1. Von Anfang an war ich Feuer und Flamme für diese Arbeit. Besonders interessant fand ich, dass sie eine Stufe vor den anderen Sachbearbeitungen beginnt. Der Brandermittler muss die Brandursache herausfinden, bevor er sich überhaupt Gedanken machen kann, ob eine Straftat vorliegt. Das heißt, er hat schon mindestens einen Tag Knochenarbeit hinter sich, ehe er überhaupt zu dem Ergebnis kommt: Wir suchen einen Brandstifter. Ich nenne das Knochenarbeit, weil man am Abend wirklich jeden einzelnen Knochen spürt. Ein Brandermittler muss den Boden akribisch untersuchen, weil er dort meistens die Brandursache findet – womöglich einen Brandbeschleuniger wie Benzin. Feuer brennt fast immer von unten nach oben. Deshalb gibt die tiefste Stelle des Brandes einen guten Hinweis darauf, wo der Brand ausgebrochen ist. Anhand von Hitzeschäden an der Wand oder Einbrennungen in den Möbeln kann oft ein Brandtrichter erkannt werden, der sich von unten nach oben ausweitet – eine heiße Spur zum Beginn des Brandes. Am Brandtrichter wird der Boden freigelegt, schichtweise, um nichts zu übersehen. Was hat hier gebrannt? Was kann man erkennen? Kommt eine überlastete Mehrfachsteckdose zum Vorschein, ein Aschenbecher neben einer Bettstelle, die Reste eines Kerzenständers? Am Boden kann man auch sehen, ob ein Brandbeschleuniger verwendet wurde: Ein Täter schüttet Benzin aus und zündet es an. Das Benzin brennt. Aber es brennt nur dort, wo es sich befindet. Einen Millimeter neben dem Benzin brennt nichts. Noch nicht. Schüttspuren nennen wir die unregelmäßig geformten, scharf abgegrenzten Einbrennungen im Bodenbelag. Wenn viel Benzin verschüttet wird, nach dem Motto »viel hilft viel«, versickert ein Teil im Boden, ehe er verbrennen kann. Dann stinkt es unter dem Teppich oder unter dem Parkett nach Tankstelle.

Um dem Grund im wahrsten Sinne des Wortes auf die Spur zu kommen, muss man den Brandschutt beiseiteräumen. Das kann dauern und ist immer schweißtreibend, denn man schippt und gräbt in Schutzkleidung: einem Panzerkombi, einem speziellen Overall von der Bundeswehr aus kräftigem Material, der einiges verträgt und leicht gereinigt werden kann, darüber der aus dem Fernsehkrimi bekannte weiße, staubdichte Schutzanzug, der keine Feuchtigkeit nach außen lässt. Bei Dreharbeiten vielleicht schon – in echt nicht. Dergestalt gekleidet ist jeder Schritt anstrengend, man nimmt quasi ein Vollbad in der Montur. Wenn der Brand schon trocken ist und die Gefahr von Staub und Ruß besteht, ist ein zusätzlicher Atemschutz unverzichtbar: ein Helm mit Luftversorgung.

Bei einem Mord ist die Leiche von Anfang an vorhanden. Beim Brand muss der Ermittler im übertragenen Sinne seine Leiche erst finden. Natürlich hoffen wir, keine Toten zu entdecken, doch die Brandursache muss geklärt werden. Brandleichen sehen nicht schön und nur selten verbrannt aus. Oft liegen sie lediglich rußgeschwärzt am Boden, bedeckt mit Brandschutt – und somit vom eigentlichen Feuer verschont. Das verkohlte Gerippe, Stoff für Alpträume nach dem späten Krimi, wie man es aus Filmen kennt, bildet die grauenvolle Ausnahme und kommt äußerst selten vor. Im Regelfall stellt man am Körper einer Brandleiche nur geringe Veränderungen fest. Sicher, die Kleidung ist verschmort und die Hautoberfläche an jenen Stellen verändert, die der Hitze ausgesetzt waren. Doch bis zu einem vollkommen verbrannten Leichnam, bei dem lediglich ein paar Fleischfetzen auf den Knochen daran erinnern, dass es sich hier um einen Menschen gehandelt hat, ist es in der Realität ein weiter Weg, der von Drehbuchautoren gekürzt wird. Ich jedenfalls habe solche Brandleichen nur im Fernsehen gesehen. Im Fernsehen verbrennt man ja auch qualvoll bei lebendigem Leib und reißt dabei schön theatralisch die Arme hoch. Im Fernsehen stürmen Helden in brennende Häuser und retten Kinder, Greise und Haustiere. Im wahren Leben wird ein gesunder Mensch im Feuer nach drei bis fünf Atemzügen bewusstlos. Anschließend tritt der Tod durch die giftigen Gase ein. Die häufigste Todesursache bei Bränden ist eine Rauchgasvergiftung. Im Rauchgas sind zum einen alle Giftstoffe enthalten, von denen Sie jemals gehört haben, von der Blausäure bis zum Dioxin, andererseits fehlt der Sauerstoff. Den hat das Feuer verbraucht. Inwieweit es nach dem Tod zu Verbrennungen kommt, hängt von der Entwicklung des Feuers ab. Auch ein toter Mensch besteht zu etwa 60 Prozent aus Wasser. Der folgende Vergleich ist zugegebenermaßen makaber, aber anschaulich: Ein Zwei-Kilo-Schweinebraten braucht in der Röhre in etwa eine Stunde, bis er anfängt, braun zu werden. Ein Wohnungsbrand sollte nach einer Stunde längst gelöscht sein. Ist er meistens auch.

Bei der Obduktion einer Brandleiche interessiert vor allem, ob sie zum Brandzeitpunkt gelebt hat oder tot am Brandort abgelegt wurde. Ruß in den Atemwegen, CO-Gehalt im Blut und fehlender Ruß in feinen Hautfalten um die Augen, was daran liegt, dass wir im Rauch automatisch die Augen zusammenkneifen, sind hier aussagekräftige Parameter.

Bitte nehmen Sie sich bei einem Brand kein Vorbild an den Helden aus Filmen, die schöne Frauen durch infernalische Flammenhöllen tragen, während rechts und links glühende Balken von der Decke stürzen, und die noch immer genug Luft haben, den schönen Frauen, die auch jetzt noch schön sind, zuzurufen: Alles wird gut! Oder: Ich liebe dich. Obwohl – Liebe und Tod sollen ja nah beieinanderliegen. Und das tun sie auch in einem solchen Fall.

Wenn es brennt, sind wir aufgeregt. Der Körper benötigt mehr Luft als sonst. Wenn Sie eine Tür am Ende eines sieben Meter langen Ganges erreichen wollen, brauchen Sie dazu etwa fünf Atemzüge. Das sind einige zu viel. Sie merken es schon nicht mehr, wenn Sie bewusstlos zusammenbrechen. Vor der Tür.

Häufig sterben Menschen beim Versuch, zu löschen. Dies ist ein sinnloses Unterfangen – selbst ohne gefährliche Rauchgase. Ein Brand, verursacht beispielsweise durch einen Adventskranz, ist kaum mehr unter Kontrolle zu bringen. Schauen Sie einmal auf die Uhr, wie lange es dauert, bis ein Eimer voll Wasser gelaufen ist. Bis Sie wieder am Brandort sind, brennen Tischdecke, Tisch, Teppich und Couch. Schnell erfassen die Funken den Vorhang auf der anderen Zimmerseite. Viel zu viel für einen Eimer Wasser.

Aber ich bin ja nicht blöd! Ich ersticke das Feuer. Mit einer Decke ... aus fluffig-luftig kuschelig warmen Kunstfasern? Viel Glück. Natürlich sollten Sie das *versuchen*. Aber wenn der Versuch misslingt, haben Sie nur noch eine Chance: RAUS! Bevor Sie ohnmächtig werden!

Brandermittlungen sind sehr umfangreich. Wissen aus verschiedensten naturwissenschaftlichen Disziplinen ist unabdingbar – Physik, Chemie, Mechanik, Elektrik. Und natürlich braucht es auch hier einen Instinkt. Brandstiftung gehört zu den Kapitaldelikten, zu jenen Verbrechen, die mit Gefängnis nicht unter einem Jahr geahndet werden. Sollten Menschen zu Schaden kommen, ist die Strafe genauso hoch wie bei Mord, nämlich lebenslänglich, was in Deutschland 15 Jahre bedeutet.

Unser Kommissariatsleiter Alois Chefbauer wies mich in meinen neuen Fall ein, indem er einen Stapel Papier von der Polizeiinspektion auf meinen Schreibtisch legte. »Elf Brände. Zuletzt ein großer Container. Direkt neben dem Firmengebäude. Das ist eine Brandserie, das sind keine Einzelfälle mehr und schon gar keine spielenden Kinder. Wir übernehmen ab sofort die Ermittlungen.«
Ich blätterte in der Akte. »Es hat mit Kleinigkeiten begonnen?«
Alois nickte. »Typisch. Ein Müllhäuschen, ein Hühnerstall, eine Thujenhecke, ein Baumhaus, ein alter Bauwagen, ein paar kleinere Container. Jetzt aber der große Container. Viel zu nah an dem Gebäude. Da steigert sich einer. Da müssma was machen.«
»Ich schau's mir mal an und red mit den Feuerwehrlern und der Inspektion.«
»Wennst jemand dazu brauchst, meldst dich.«
»Mach ich«, bedankte ich mich für das Angebot.
Wir ermitteln zwar immer zu zweit, aber manchmal reichen zwei eben nicht. Mein Kollege Herbert war ein alter Hase und arbeitete seit Jahrzehnten beim Brand. Von ihm lernte ich viel. Er hatte vor allem eines: den richtigen Riecher. Ich war gerade dabei, die Unterlagen zu lesen, die mir der Chef auf den Tisch gelegt hatte, als Herbert in unser Büro kam. Mit

einem Blick erfasste er die Lage. »War klar, dass wir den Fall kriegen«, meinte er. Ich fragte nicht, woher er das jetzt schon wieder wusste. Herbert roch den Braten, noch ehe er im Ofen war.

Von dem Papiercontainer war nicht mehr viel übrig. In diesem ausgeglühten Blechkasten würden wir keine Spuren finden. Wir stapften durch Löschwasser, verkohlte Papierfetzen und zertrampeltes Gras. Eine Hecke neben dem rußgeschwärzten Firmengebäude war fast platt gedrückt von den Schläuchen der Feuerwehr.
»Das hätte böse enden können«, murmelte Herbert und musterte den rußgeschwärzten Dachüberstand der Halle.
»Wir sollten den Kerl schnell kriegen«, dachte ich laut, »bevor ein Wohnhaus brennt.«
Weil wir schon mal in der Gegend waren, schauten Herbert und ich uns auch einige der anderen Brandstellen an. Alles lag nah beieinander.
»Da wird noch einiges nachkommen«, vermutete Herbert.
Ich nickte. Sobald die Presse von der Brandserie berichtete und über einen Feuerteufel spekulierte, würden die Telefone bei uns heiß laufen. Anrufer würden kleinere Brände melden, die sie selbst gelöscht hatten. Konnte es da einen Zusammenhang geben? Ja, das war durchaus möglich. In den nächsten zwei Tagen wurde unsere Liste immer länger. Mal war ein Zeitungsbündel angezündet worden, das am Gartenzaun auf die Altpapierabholung wartete, dann diverse Mülltonnen, ein Sack Altkleider, noch zwei Hecken und ein Klettergerüst. Die meisten der Anrufer hielten das für einen Streich von Jugendlichen. Damit lagen sie im Prinzip richtig. Jugendliche zündeln gern.

Herbert und ich schauten uns die Brände der Vergangenheit im Computer an und entdeckten, dass es seit dem Herbst letzten Jahres auffällig viele Feuerwehreinsätze gegeben hatte. So etwas fällt oft erst auf, wenn man die Statistik sieht. Wir befragten den Kommandanten der Feuerwehr, der hauptberuflich Leiter des Bauhofes war.

»Ja, wir sind ziemlich oft ausgerückt«, bestätigte er in seinem kleinen Büro mit Blick über Container, Gabelstapler und ein freies Feld.

»Haben Sie einen Verdacht?«, fragte ich direkt.

Der Kommandant schaute aus dem Fenster. In seinem Gesicht arbeitete es.

»Ja?«, fragte ich auffordernd.

Der Kommandant seufzte tief. »Nein«, sagte er dann.

»Nein?«, wiederholte ich.

»Ich weiß doch, wie ihr tickt. Wenn ich jetzt einen Namen sage, laufen bei euch die Ermittlungen an. Und was, wenn ich mich irre? Ich habe nicht mal eine Vermutung. Es ist eher … vielleicht der Hauch einer Ahnung, es ist …« Schwer atmete er durch. »Ich will so was keinem meiner Leute antun. Das kriegt einer doch nicht mehr weg. Das ist dann eingebrannt.«

»Das haben Gerüchte leider so an sich«, stimmte ich zu, »auch wenn nichts dran ist. Hängen bleibt immer was.«

»Also verstehen Sie mich?«

»Ja und nein«, sagte ich ehrlich.

»Die Brände sind immer größer geworden«, erinnerte Herbert den Feuerwehrkommandanten. »Noch ist niemand zu Schaden gekommen.«

»Glauben Sie, das weiß ich nicht? Glauben Sie, so was geht mir nicht im Kopf herum?«

Wir schwiegen.

»Ich denke darüber nach. Wenn ich mir sicherer bin, melde

ich mich«, sicherte der Kommandant uns zu. Es klang ernst, besorgt und aufrichtig. Wir verabschiedeten uns.

Haben Sie eine Ahnung, warum der Kommandant uns den Namen nicht nennen wollte? Es liegt am Klischee, Feuerwehrler seien Brandstifter. Wer will das schon bestätigen, als Chef einer solchen Truppe! Viele Leute glauben, Feuerwehrler legten Brände, weil sie so gern löschen. Wenn es kein Feuer gibt, wird eben eins gelegt. Sobald ein Feuerwehrler als Brandstifter entlarvt ist, greift die Presse den Fall groß auf. Genüsslich wird das Vorurteil zelebriert. Wenn ein Maurer als Brandstifter erwischt wird, ist sein Beruf kaum eine Meldung wert. So merken sich die Leser: Feuerwehrler = Brandstifter. Denn ist das nicht logisch? Der Süchtige sucht die Nähe zu seinem Suchtmittel.

Ein Pyromane leidet an einem krankhaften Trieb, Brände zu legen. Feuer und alles, was damit zu tun hat, interessiert ihn »brennend«. Materialien, Brennbarkeit von Gegenständen, Entzündungsmöglichkeiten, Brenndauer, das Löschen beim Feuerwehreinsatz, bis hin zum Aufräumen. Oft erregt den Pyromanen der Anblick von Feuer auch sexuell. Seine Taten erfolgen bewusst und gewollt. Es sind keine Unfälle, manchmal enthemmen Alkohol oder Drogen, sie sind aber nicht ursächlich für die Brandlegungen. Rache spielt keine Rolle, der Pyromane will nicht zerstören oder andere schädigen. Oft werden Objekte der Gemeinschaft, Container, Haltestellenhäuschen, Hecken, alte Schuppen, aufgegebene Gebäude etc. Ziel der Brandstiftungen, um eben keinen Schaden für ein bestimmtes Opfer zu verursachen.
Vor der Tat, auf dem Weg zum Objekt, das er sich oft schon Tage vorher ausgesucht hat, stellt sich eine große Anspan-

nung, eine große Erregung ein. Der Pyromane spürt jede Zelle seines Körpers – Man(n) lebt! Umso größer ist die Faszination, die Erleichterung, die Entspannung und die Freude während des Brandes, des Zusehens oder der Beteiligung beim Löschen. In der Literatur wird auch von sexueller Entspannung berichtet. Ein Pyromane kann nicht aufhören. Er will es wieder und wieder tun, oft geschieht der Verlauf in Schüben. Leider erkennt man den Pyromanen nicht am Flackern im Blick. Es gibt nur wenige Merkmale dieser Täter, und sie sind – wie immer – mit Vorsicht zu genießen. Übrigens ist mir in meiner langjährigen Tätigkeit als Brandermittler keine einzige Pyromanin begegnet. Pyromanen sind überwiegend männlich und befinden sich im ersten Lebensdrittel, sie sollen eher schüchtern und gehemmt auftreten und über geringe soziale Fertigkeiten verfügen beziehungsweise unter Lernschwierigkeiten leiden. Völlig falsch wäre es, den zahlreichen Menschen, auf die diese Beschreibung passt, Lust am Feuer zu unterstellen. Um die Aberwitzigkeit dieser Behauptung zu erläutern, möchte ich daran erinnern, dass Pädophile die Nähe zu Kindern suchen wie Pyromanen die zum Feuer. Was also wäre der beste Ort für einen Pädophilen? Kindergärten, Jugendgruppen, Therapieeinrichtungen, Schulen … Kann man also rückschließen, jeder, der mit Kindern arbeitet, ist ein Pädophiler? Niemals! Sicher gibt es schwarze Schafe. Die gibt es überall. Die dürfen wir nicht ausblenden. Doch wir müssen uns immer wieder in die Erinnerung rufen, dass Vorurteile zwar einen Fingerzeig geben können, aber immer auch sehr vorsichtig und gewissenhaft zu überprüfen sind, um den unter falschen Verdacht geratenen Menschen nicht sozial zu isolieren oder ihm noch Schlimmeres anzutun. Gerüchte sind Waffen, vergessen Sie das nie!

Dennoch hatten wir es hier vielleicht mit einem Pyromanen zu tun. Sie sehen schon, wie schmal der Grat ist, auf dem wir manchmal balancieren. Herbert und ich gingen natürlich auch andere Motive für eine Brandstiftung durch. Die bekanntesten lauten:

- Frustration, Abbau von Aggressionen
- Mittel zum Zweck (Versicherungsbetrug, Vernichtung von Beweisen, Vertuschen eines Mordes)
- bewusste Schädigung (das Auto eines Nachbarn ist immer falsch geparkt)
- Kinderbrandstiftung

Eine nicht unerhebliche Zahl von Brandstiftungen fällt in den Bereich des kindlichen Spielens, da wird gezündelt, experimentiert und erforscht. Dies wird wegen der Strafunmündigkeit der Kinder statistisch nicht erfasst.
»Schuldunfähig ist, wer bei der Begehung der Tat noch nicht 14 Jahre alt ist« (§ 19 StGB). Ein Kind begeht die gleiche Tat wie ein Erwachsener, kann dafür aber aufgrund des Alters nicht bestraft werden.

Viele Brände entstehen auch durch Versehen, also Fahrlässigkeit. Gerade in der Adventszeit werden oft Kerzen vergessen, in Saunen kommt es zu Bränden, wenn ein hölzerner Kopfkeil auf dem Saunaofen liegt, auch ein vergessener Topf auf dem eingeschalteten Herd führt häufig zum Ausrücken der Feuerwehr. Anderen Bränden liegen technische Defekte zugrunde, wie überlastete elektrische Leitungen im Altbau, implodierte Röhrenfernseher, überhitzte Ölöfen oder Tierfraß, wie Marder im Auto oder Mäuse auf dem Heuboden, die an elektrischen Leitungen nagen.

Herbert und ich leiteten Fahndungsmaßnahmen ein. Mit der Inspektion wurden Streifen in Zivil abgesprochen, mit dem Landeskriminalamt Kameraaufstellungen diskutiert; wir überlegten, Jugendgruppen zu überwachen, da sie bekanntermaßen gerne zündeln. Ferner vernahmen wir die Geschädigten auf der Suche nach Gemeinsamkeiten. Es fiel auf, dass nur ein Ortsteil der Kleinstadt betroffen war. Weil der Täter hier wohnte? Es war das Viertel, in dem auch das Feuerwehrhaus stand. Wenn die Feuerwehrler bei Alarm nur drei Minuten bis zu ihrer Wache Zeit hatten, war es naheliegend, dass unser Brandstifter, sollte er Mitglied der Feuerwehr sein, ebenfalls in diesem Ortsteil wohnte. Wir hofften, irgendjemand habe etwas gesehen oder gehört. Leider erfüllte sich diese Hoffnung nicht.

Dann brannte ein stillgelegtes Wohnmobil. Diesmal waren mehrere Punkte anders. Erstens war das Wohnmobil in einer Wohngegend geparkt. Bisher waren die größeren angezündeten Objekte außerhalb von Siedlungen gewesen. Und zweitens wurde der Brand von einem Feuerwehrmann entdeckt, der vom Stammtisch nach Hause ging und direkt den Kommandanten informierte, der wiederum seine Truppe anfunkte. Am Feuerwehrhaus traf der Kommandant den Mitteiler. ... Nicht zum ersten Mal. Dieser Mann war auch bei anderen Bränden als Erster an der Wache gewesen. Aber er wohnte bloß wenige Straßen vom Feuerwehrhaus entfernt.
Der Brand des Campingmobils konnte mit einer freiwilligen Feuerwehr gelöscht werden. Es musste keine Unterstützung angefordert werden. Am nächsten Tag lag ein Protokoll auf meinem Tisch, das noch in der Nacht von einem Kollegen der Inspektion aufgenommen worden war. Der Feuerwehrkommandant hatte unter großen Vorbehalten mitgeteilt, dass sich einer seiner Kameraden verdächtig verhalten habe. Auch

wenn er sich täuschen sollte, könne er dies nicht für sich behalten, da er sonst den möglichen nächsten Brand moralisch verantworten müsse.

Herbert stieß einen leisen Pfiff aus, als er die Mitteilung gelesen hatte »Da schau her.«

»Mich wundert das nicht«, sagte ich. »Der hat schwer mit sich gekämpft.«

»Ich hätte nicht gedacht, dass wir den Namen so schnell kriegen.«

»Umso besser!«

»Den schauma uns jetzt mal an.«

Wir luden den Genannten als Zeugen vor. Bislang hatten wir nichts gegen ihn in der Hand, lediglich die Vermutung seines Kommandanten. Jemand wird so lange als Zeuge behandelt, bis direkt gegen ihn ermittelt wird, aber dazu brauchen wir Anhaltspunkte. Wir müssen von Fall zu Fall entscheiden, ab wann jemand als Beschuldigter vernommen wird. Bis dahin bleibt er Zeuge. Gegen Beschuldigte werden konkrete Ermittlungen geführt. Selbst wenn ich gefühlsmäßig sicher bin, einen Täter vor mir zu haben, darf ich ihn erst als Beschuldigten behandeln, wenn die Beweise dafür – also gegen ihn – sprechen. Die Änderung seines Standes bei der Polizei, vom Zeugen zum Beschuldigten, muss dem Betreffenden mitgeteilt werden, da er als Zeuge andere Rechte hat, die sich bei Polizei, Staatsanwaltschaft und Gericht auch noch leicht unterscheiden. Grundlegend gilt spätestens bei Gericht:

- Der Zeuge muss erscheinen – oder er wird von der Polizei zwangsweise vorgeführt, also zum Gericht gebracht.
- Der Zeuge muss aussagen – oder der Richter verhängt Erzwingungshaft. Diese kann bis zu sechs Monate betragen.

- Der Zeuge muss die Wahrheit sagen – oder er begeht einen Meineid, sollte er vereidigt sein. Der Meineid ist ein Kapitaldelikt und wird geahndet mit einer Strafe nicht unter einem Jahr. Ist der Zeuge nicht vereidigt, macht er sich strafbar der falschen uneidlichen Aussage. Dies kann ihn zwischen drei Monate und fünf Jahre hinter Gitter bringen.
- Der Zeuge muss alles sagen – sonst macht er sich der Strafvereitelung schuldig.
- Der Zeuge braucht sich nicht selbst und auch keine Angehörigen zu belasten.

Da wünscht sich mancher Zeuge, er wäre ein Beschuldigter:
- Der Beschuldigte hat ein Recht darauf, vernommen zu werden.
- Der Beschuldigte darf erscheinen.
- Der Beschuldigte darf aussagen.
- Der Beschuldigte darf sich schriftlich äußern.
- Der Beschuldigte darf ohne Konsequenzen lügen!
- Der Beschuldigte darf einen Anwalt hinzuziehen.
- Der Beschuldigte darf Beweiserhebungsanträge stellen, das heißt, er kann der Polizei, der Staatsanwaltschaft oder dem Gericht Vorschläge machen, was noch zu ermitteln wäre. Diesen Vorschlägen muss mit Verfügungen entweder nachgegeben oder sie können abgelehnt werden. Aber man muss sich damit beschäftigen.

Jeder Vernommene wird vor der Vernehmung über seine jeweiligen Rechte belehrt. Er ist entweder Beschuldigter oder Zeuge. Als Beschuldigter darf er ohne Sanktionen lügen, da er sich nicht selbst belasten muss. Ein Zeuge muss bei der Wahrheit bleiben oder eben die beschriebenen Konsequenzen tragen. Es kommt nicht selten vor, dass Zeugen eine Gerichtsverhandlung als Beschuldigte verlassen und in Haft genommen werden. Sie müssen sich dann für ihre Lügen verantworten, wobei es nicht mehr darum geht, jetzt die Wahrheit zu sagen, sondern zu gestehen, dass sie gelogen haben.

Der Zeuge

Der Kollege von der Inspektion rief mich kurz vor 11 Uhr an.
»Da ist der Herr Kramer für dich.«
»Ich komm runter, danke.«
Im Erdgeschoss unserer Dienststelle befindet sich eine normale Inspektion mit dem typischen blauen Polizeischild an der Tür. Hier kann jeder Bürger etwas anzeigen oder vorbringen. Nach Aufforderung kann man die mit Panzerglas abgesicherte Schleuse zur Wache betreten. Die Kripo ist im ersten Stockwerk untergebracht. Freundlicherweise leistet die Inspektion für uns den Service der Anmeldung unserer Kundschaft. Um den Kollegen Rückfragen zu ersparen, rufe ich zehn Minuten vor einem Termin in der Wache an und melde dem Dienstgruppenleiter, wen ich in welcher Sache erwarte.

Unsere erste Spur in diesem Fall war Mitte 30 und machte einen ordentlichen Eindruck, wenn auch leicht nervös. Er war mit einem blauen Arbeitsoverall bekleidet. Ich begrüßte ihn: »Kriminalpolizei, Dieter Bindig. Wir haben telefoniert. Gut, dass Sie so schnell kommen konnten.«
Dann bat ich Simon Kramer in unser Büro, wo er auch von Herbert begrüßt wurde.
»Bitte, nehmen Sie doch Platz.« Ich bot ihm einen Stuhl an, der frei vor mir stand.
»Mein Kollege ist, wie Sie sehen, mit anwesend. Er wird bei

der Vernehmung ein bisschen zuhören. Wenn er sich irgendwelche Notizen macht, brauchen Sie bitte nicht nervös werden. Da schreibt er sich vielleicht für später eine Frage auf. Das hat in dem Moment nichts zu bedeuten. Er will unsere Vernehmung bloß nicht stören.«
Herr Kramer nickte. »Kein Problem.« Er wirkte freundlich und offen.
Ich begann mit der Zeugenbelehrung. Wieder nickte Herr Kramer.
»Herr Kramer, Sie wissen, warum Sie heute hier sind?«
»Ja klar. Weil ich meinen Kommandanten angerufen habe.«
»Waren Sie schon öfter Mitteiler von Bränden?«
»Ja. Das bleibt nicht aus, weil es ja in letzter Zeit so oft in unserer Gegend gebrannt hat und ich durch den Stammtisch auch mal spätabends nach Hause komme. Zwei Brände habe ich schon gesehen und auch gleich dem Kommandanten mitgeteilt.«
»Stimmt's, dass Sie schon ein paarmal als Erster beim Feuerwehrhaus waren?«
»Logisch. Ich wohne ja nicht weit weg und habe deswegen auch einen Schlüssel. Ich kann dann schon mal aufsperren und die großen Rolltore öffnen, damit wir keine Zeit verlieren.«
»Erzählens mal ein bisschen was von sich.«
»Ich bin allein mit meiner Mutter aufgewachsen. Das war nicht leicht für sie. Sie hat von morgens bis abends gearbeitet, damit sie mich durchbringt. Mein Vater hat ihr keinen Pfennig gegeben«, begann Herr Kramer.
Im Augenwinkel sah ich, dass Herbert den Kopf schräg legte. Er wunderte sich – wie ich. So eine Antwort hatten wir nicht erwartet. Herr Kramer machte genauso weiter. »Schon beim ersten Umzug hat sich mein Vater abgeseilt. Meine Mutter hat mich immer getröstet. Dass er eines Tages zurückkommen würde. Aber er ist nicht gekommen. Ich hab eigentlich keine

Erinnerungen an ihn. Wenn ich Fotos anschaue, dann erinnere ich mich zwar, aber ich glaube, dass ich mich eher an die Fotos erinnere als an meinen Vater. Alle anderen Kinder bei uns hatten einen Vater. In der Schule war ich der Einzige ohne. Ich weiß noch genau, wie ich …«
Freundlich unterbrach ich den Zeugen »Herr Kramer, ich wollte jetzt eigentlich nicht Ihre Lebensgeschichte hören. Es geht hier um die Brandserie. Können Sie mir zu den Bränden etwas sagen?«
»Ja, natürlich. Nach meiner Lehre zum Schlosser bin ich zum Glück übernommen worden. Mein Beruf macht mir total Spaß. Schweißen, Schmieden, wenn die Funken so sprühen, das ist meine Welt.« Er lächelte.
Ich konnte es kaum fassen, was er uns da erzählte. Auch Herbert war wie vom Donner gerührt. Trotz seines Schnupfens hörte ich ihn kaum mehr schnaufen.
»Deswegen wollte ich auch unbedingt zur freiwilligen Feuerwehr«, fuhr Herr Kramer fort.
»Da gefällt es Ihnen?«
»Und wie! Was für eine Kameradschaft da herrscht – wie bei der Polizei, oder?«
»Ja«, sagte ich. »Sie waren doch an dem Abend, als das Wohnmobil gebrannt hat, beim Stammtisch. Wer ist denn da noch mit dabei gewesen?«
»Werden die jetzt auch vernommen?«
»Ja. Das ist wegen der Brandzeit wichtig für uns.«
Herr Kramer zählte vier Namen auf. Ich notierte sie und entschied mich währenddessen zu einem direkten Vorstoß. Mein Zeuge hatte nachgefragt, ob die Stammtischler vernommen würden. Befürchtete er eine abweichende Aussage? Das war ein günstiger Zeitpunkt, einen Versuchsballon steigen zu lassen.
»Haben Sie etwas mit den Bränden zu tun?«, fragte ich.

»Nein, natürlich nicht«, erklärte er im Brustton der Überzeugung. »Erstens würde ich mir damit meine Kameradschaft verderben. Zweitens kann man als Brandstifter kein Feuerwehrmann mehr sein. Drittens würde ich meine Arbeit verlieren. Und viertens: Wie würde denn meine Frau reagieren? Nein, das kann ich mir nicht leisten.«

In meinen Ohren hatte Herr Kramer mit dieser Antwort so etwas wie ein Geständnis abgelegt, auch wenn wir davon noch meilenweit entfernt waren. Hörbar atmete Herbert im Hintergrund durch. Er war derselben Meinung. Wer mit einer solchen Aufzählung aufschlägt, hat sich vorher gründlich mit der Frage beschäftigt und Argumente gesammelt, warum er es nicht gewesen sein kann. Wasserdicht in der Welt des Täters. Das muss die Polizei doch einsehen, dass er bei solchen schwerwiegenden Gründen als Täter nicht in Frage kommt! Nun, die Polizei sah ein, dass es in diesem Fall vier sehr hohe Hürden zu nehmen galt. Im Folgenden würde es darum gehen, jede einzelne dieser Hürden behutsam, aber nachvollziehbar tiefer anzusetzen. Bis Herr Kramer drüberspringen und ins Ziel laufen konnte: zu seinem Geständnis.

Wer mit dem Gedanken spielt, ein Geständnis abzulegen, überlegt sich, welche Folgen das für ihn haben könnte. Gründlich wägt er ab. In Herrn Kramers Fall waren die Folgen nicht tragbar. Er würde seine Frau, seinen Job, die Nähe zum Feuer und seine Kameraden verlieren. Aus seiner Sicht wäre es eine Katastrophe, ein Geständnis abzulegen. Zu viel stand für ihn auf dem Spiel, die Hürden waren zu hoch, und darüber war er sich voll und ganz bewusst, wie seine numerische Aufzählung verriet. Er hatte sich eine Menge Gedanken gemacht und sie sogar in einer Hierarchie abgespeichert.

Dennoch konnte ich mich irren. Solange keine Beweise gegen Simon Kramer auf dem Tisch lagen, galt er weiterhin als Zeuge. Und außerdem hätte er sich, unabhängig von seiner Schuld, vier Gründe, die gegen seine Brandstiftung sprachen, ausdenken können. Zudem hatte er durch seine Stammtischbrüder ein Fast-Alibi.

Was ich Ihnen hiermit auf den Weg geben will: Selbst wenn Sie absolut sicher sind: Lassen Sie die Schublade offen und behalten Sie auch gegenüber Ihrer eigenen Intuition stets eine gewisse Skepsis. Schließlich wollen Sie gerecht sein, nicht selbstgerecht!

Solche schwerwiegenden Argumente, wie sie Herr Kramer aufgefahren hatte, konnte ich nicht einfach so entkräften. Ich beschloss, den Zeugen zu entlassen und mich erst einmal schlauzumachen, ehe ich ihn erneut vorladen und dann mit Details bezüglich seiner Ehe, seiner Arbeitsstelle und Position innerhalb der Feuerwehr konfrontieren würde.
»Herr Kramer, dann kommen wir also zum Abschluss. Sie waren in dieser Woche dreimal am Stammtisch?« Ich machte eine kleine Pause und fügte hinzu »Meiner Frau wäre das zu oft.«
»Nein, nein, das passt schon. Wir sind da eine lockere Runde. Spielen Schafkopf.«
»Sie fühlen sich wohl beim Stammtisch?«
»Sehr. Daheim gibt's ja dauernd Ärger.«
»Ach?«
»Wegen der Schwiegermutter.«
Ich entschied, trotz dieser neuen Information hier aufzuhören. Auch dazu wollte ich erst mehr wissen, ehe ich mich womöglich aufs Glatteis begab.

»Das war's dann schon, Herr Kramer. Verstehen Sie das Ganze bitte ned verkehrt. Wenn jemand öfter einen Brand meldet, müssen wir mit demjenigen reden. Das ist halt unsere Aufgabe als Polizei. Und ich hoff doch, dass Sie beim nächsten Brand wieder aktiv mit dabei sind.«
Herbert grinste.
»Freilich«, sagte Herr Kramer.
Wir verabschiedeten uns freundlich voneinander, und ich brachte ihn zum Ausgang. Für mich ist der positive Ausstieg aus einer Vernehmung sehr wichtig. Mir war klar, dass wir Herrn Kramer erneut vernehmen würden. Bei einer nächsten Vernehmung hätte ich nicht mehr so viele Möglichkeiten, seine Nulllinie, seine allgemeine Verfassung wahrzunehmen. Denn wenn ich ihm das Vorgehen bei der Vernehmung erneut erklären würde, klänge das aufgesetzt. Mit dem freundlichen Auseinandergehen konnten wir beide, Herr Kramer und ich, später da weitermachen, wo wir aufgehört hatten. Wir hatten eine freundliche Verbindung und würden daran anknüpfen können. Das Ende der Vernehmung ist immer schon der Anfang einer neuen Vernehmung. Das darf niemals vergessen werden – und lässt sich auch auf jedes Gespräch übertragen.

Konservieren Sie eine positive Stimmung im Abschied. Jedes Gespräch, das Sie führen, beeinflusst seine spätere Wiederaufnahme. Der menschliche Kontakt ist wie eine Leiter, auf der wir zu maximalem Vertrauen gelangen können. Jede Sprosse, die wir nach oben gehen, hat eine Vorgeschichte: die Sprosse darunter. Wenn Sie eine Sprosse ansägen, stürzt ein Kontakt ab. Und natürlich merken sich die anderen das. Aus diesem Grund ist der Abschied bei einer Vernehmung, bei einem Gespräch, genauso wichtig wie der Beginn. Passen Sie auf, dass Sie gerade beim Abschied nie-

manden mit einer unbedachten Äußerung vor den Kopf stoßen. Außer, Sie tun das bewusst. Ja, es kann Fälle geben, in denen man jemanden im Zweifel entlassen will. Aber das ist die Ausnahme, weil Sie als immer besserer Polizist, als immer bessere Polizistin Ihre Konflikte in der Regel ohne Nachvernehmungen lösen werden.

Wenn ich eine Vernehmung aus Nachlässigkeit ungut beenden würde, brauchte ich mich nicht zu wundern, wenn der Kontakt bei der nächsten Begegnung kühl und sachlich ist. Wer freundlich auseinandergeht, sät einen freundlichen Beginn. Mein Gegenüber ist auch weniger gestresst vor der Begegnung. Denn er glaubt, mich einschätzen zu können. Genau das ist mein Ziel. Ich will so nah an die Nulllinie gelangen wie nur möglich, um Abweichungen feststellen zu können. Beim zweiten Treffen dient mir der Abschied des ersten Treffens als Warm-up. Nicht umsonst gibt es die Redewendung: Man trifft sich im Leben immer zweimal!

Mit Herbert brauchte ich bezüglich dieser Vernehmung kaum etwas zu besprechen. Wir waren einer Meinung. Und welcher Meinung sind Sie? Sollten Sie einen Anfangsverdacht hegen: Wie würden Sie jetzt vorgehen? Wem würden Sie welche Fragen stellen – und welche Vorsichtsmaßnahmen würden Sie dabei ergreifen, wenn Sie an die Macht und Gefahr denken, die von einem Gerücht ausgehen?
Herbert und ich entschlossen uns zunächst, das Gesagte zu überprüfen. Gab es die Schwiegermutter wirklich, wo arbeitete Herr Kramer, passten seine Angaben zu denen der Stammtischler.

Dreiecksverhältnisse

Wenn man den Chef eines Zeugen oder Beschuldigten befragt oder überhaupt sein Umfeld, ist das immer eine heikle Angelegenheit. Denn auch, wenn jemand Zeuge ist, bleibt ein unangenehmer Nachgeschmack, leider. *Was hat der mit der Polizei zu tun?* Das darf man nie vergessen, sobald man mit Dritten über Zweite spricht, auch abseits einer Vernehmung. Hinzu kommt, dass ich in einem solchen Fall das Verhältnis der beiden nicht kenne. Ist es sehr gut, werde ich nicht weiterkommen, weil mir der Chef nichts sagen wird. Ist es schlecht, kann es unangenehme Folgen für Herrn Kramer haben. Das sollte auf keinen Fall geschehen. Also würde ich, wie immer bei solchen Informationsbefragungen, allerhöchste Vorsicht walten lassen. Und selbstverständlich unter einem Vorwand erscheinen. Herbert und ich gaben vor, dem Chef bestätigen zu wollen, dass Herr Kramer wirklich bei der Polizei gewesen war. »Toll, dass Sie Ihrem Mitarbeiter so spontan frei gegeben haben, damit wir ihn wegen der Brandstiftungen als Zeuge vernehmen konnten.«

»Keine Ursache«, erwiderte der Chef der Schlosserei, ein magerer Mann mit Schnauzer um die sechzig.

»Ja, für uns war das prima, dass er so schnell auf die Inspektion gekommen ist.«

»Hat schließlich nicht lang gedauert. Und man hilft ja gern.«

Behutsam tastete ich mich vorwärts. »So ein guter Handwerker wie der Herr Kramer, der holt die Zeit bestimmt geschwind wieder rein?« Keinesfalls durfte der Chef merken, dass wir ihn aushorchten. Er merkte es nicht. Er grinste breit. »Das können Sie laut sagen. Der Simon ist ein Genie. Der repariert mir Sachen, die ich sonst einschicken muss. Der schaut nicht auf die Uhr, sondern bleibt auch mal lang nach Feier-

abend. Wenn's pressiert, kann ich mich voll auf den verlassen. Ein guter Mann, da fehlt sich nix.«
»Ja, solche, wenn man mehr hätte«, nickte ich.
»Klonen sag ich immer«, bestätigte der Chef.
»Dann wollen wir Sie nicht länger aufhalten.«
»Keine Ursache.«
»Also noch mal dankschön für Ihr Verständnis.«
»Ja, ja. Gern g'schehn.«

Achtung! Vergessen Sie bei solchen Hintergrundfragen niemals, dass derjenige, den Sie befragen, den Inhalt des Gespräches an denjenigen, über den Sie gesprochen haben, weiterleiten kann. Sie wollen Informationen über eine zweite Person bei einer dritten einholen, die Sie beide kennen? Überlegen Sie vorher, was die zweite Person wissen soll. Es ist vielleicht nicht zu vermeiden, dass sie von dem Gespräch erfährt. An Ihrem Geschick liegt es, welche Schlüsse sie daraus zieht. Wenn Sie wissen wollen, ob der Laden Ihres Konkurrenten bald pleitegeht, sollten Sie eventuell nicht direkt fragen: »Sag mal, bei dem ist doch nichts los?«
Sondern eher: »Ich finde es toll, dass er jetzt die Schaufenster so bunt dekoriert hat ...«
Auch wenn die dritte Person Ihnen inhaltlich dasselbe mitteilen sollte, wird sie nicht vergessen, ob Sie sich freundlich oder geringschätzig erkundigt haben – auch wenn sie diesen Eindruck vielleicht nicht an den Betroffenen weitergibt. Sonst würde sie ja wiederum zugeben, getratscht zu haben. Verlassen können Sie sich allerdings nicht darauf, dass alles, was Sie sagen, auch genauso weitergegeben wird. Vielleicht wird alles siebenmal verdreht, die befragte Person mischt ihre eigenen Interessen unter. In Dreiecksverhältnissen

können Sie sich auf gar nichts verlassen. Seien Sie also doppelt und dreifach vorsichtig! Sie können niemals vorhersehen, bei wem welche Informationen zusammenfließen und wie sie weitergegeben werden!

Herbert und ich rechneten damit, dass der Chef von Herrn Kramer die Auskünfte der Polizei überprüfen würde. Er würde seinen Mitarbeiter vielleicht fragen »Na, wie war's bei der Polizei?«
Wenn Herr Kramer nun behaupten würde, wegen eines Autounfalls als Zeuge vernommen worden zu sein, wäre das wenig fördernd für die gute Meinung, die sein Chef über ihn hatte.

Ungünstigenfalls ermöglichen es die Fragen, die man stellt, einem Zeugen, der zum Beschuldigten werden soll, zu erkennen, was genau man gegen ihn in der Hand hat. Darauf kann er wiederum reagieren, was nicht in unserem Sinne ist. Kein Zeuge und Beschuldigter soll wissen, was wir denken. Schon gar nicht, wenn es darum geht, ihn vom Zeugen zum Beschuldigten zu befördern! Das tun wir lieber selbst, und wir überraschen ihn auch gern bei der nächsten Vernehmung mit neuen Erkenntnissen, für die er sich keine Erklärungen ausgedacht haben soll, weil sie ihm bereits zugetragen wurden, oder er sie sich aufgrund seiner Quellen zusammengereimt hat.

Im Großen und Ganzen war ich sehr zufrieden nach dem Besuch in der Schlosserei. Wissen Sie, warum? Bestimmt: Weil wir eine der vier Hürden deutlich tiefer gelegt hatten. Das Verhältnis von Herrn Kramer zu seinem Arbeitgeber war hervorragend. Der würde ihn nicht rausschmeißen, wenn er ein Geständnis ablegte. Zur Not konnte ich noch mal mit dem Chef reden. Beim Abschied schon hatte ich mich für sein Verständnis bedankt. Das konnte man ausdehnen, auf alles. Jedenfalls war der erste Schritt in Richtung Geständnis getan – auch wenn Herr Kramer selbst davon noch keine Ahnung hatte.

Herbert und ich entschieden uns zu einer Mittagspause in dem Wirtshaus, wo der Stammtisch von Herrn Kramer tagte. Wir fragten die Bedienung, um wie viel Uhr die letzte Stammtischrunde beendet war. Dazu zeigten wir keine Dienstausweise vor. Nicht, dass wir uns ob der grünen Plastikkarten schämten. Wie so oft wollte sie niemand sehen. In meiner langen Zeit bei der Polizei hat nur eine ältere Dame meinen Dienstausweis verlangt. Es reicht normalerweise, wenn ich sage: »Kripo, Dieter Bindig, ich hätte da mal ein paar Fragen.« Meine Frau meint, der Ausweis wäre mir auf die Stirn tätowiert.

Die Kellnerin, eine dralle falsche Blondine mit einem echten Lächeln, konnte sich nicht genau an die Uhrzeit erinnern. »Aber das ist kein Problem. Da brauch ich bloß in der Kasse nachschauen. An dem Abend war nicht viel los. Die anderen Gäste sind vorher gegangen, das weiß ich genau. Der Stammtisch, das waren die letzten.«
Sie druckte eine Kopie des Kassenbons mit der Abrechnungszeit aus und reichte ihn uns. Herbert und ich wechselten einen Blick. Dreißig Minuten vor der Mitteilung des Brandes. Also genug Zeit, um zu warten, bis das Feuer schön loderte, und dann erst anzurufen. Man will ja was davon haben … Also kein Alibi!

Herbert und ich besprachen die weitere Vorgehensweise. Am einfachsten wäre es gewesen, die Stammtischbrüder zu befragen, doch das war uns im wahrsten Sinne des Wortes zu heiß. Die waren zu nah dran an Herrn Kramer. Da würde das Dreieck schnell zum Sechseck und völlig unkontrollierbar. Auch die Familie war zu nah dran. Wir befragten den Computer. Herr Kramer lebte mit seiner Frau, seiner fünfjährigen Tochter und der Schwiegermutter in einem Eigenheim. Zwar wäre es möglich, seine monatliche Belastung zu erfragen, doch das wäre ein bürokratisch langwieriger Weg, der mindestens zwei Wochen in Anspruch nehmen würde.
»Unsere Vermutung reicht nicht«, sagte Herbert.
»Ich versuch es trotzdem«, erwiderte ich und telefonierte mit der Staatsanwaltschaft. Am liebsten wäre es mir gewesen, die Staatsanwältin hätte meinem Wunsch entsprochen, und wir hätten Herrn Kramer verhaften können. Eine Verhaftung muss man – außer in einer Notsituation – stets mit der Staatsanwaltschaft klären. Als Polizisten sind wir ja lediglich Hilfsbeamte der Staatsanwaltschaft, ihr Ermittlungsorgan. Alle Ermittlungen werden von der Staatsanwaltschaft geführt. Die Polizei trägt die Informationen sachlich zusammen und schreibt sie auf. Der Staatsanwalt, oft eine -anwältin, prüft, welche Strafe zu verhängen ist. Letztlich ist der Staatsanwalt mein Chef. Bei größeren Delikten wie Mord ist der Staatsanwalt auch am Tatort präsent und trifft die ersten Entscheidungen wie Blutentnahmen, Sicherstellungen von Bekleidungen, Sicherstellung des Tatorts, Wohnungsdurchsuchung. Wenn er nicht anwesend ist, ordnet er Maßnahmen von seinem Büro aus an. Jeder Schritt muss staatsanwaltlich abgedeckt sein. Deshalb gibt es auch den Jourdienst der Staatsanwaltschaft, der rund um die Uhr besetzt ist.

Wenn ein Staatsanwalt einen Haftantrag stellt, entscheidet ein Ermittlungsrichter darüber, ob ihm stattgegeben wird oder nicht, oder ob der Beschuldigte unter Auflagen freigelassen wird. Aber davon war Herr Kramer weit entfernt. Der Staatsanwältin war das alles noch zu dünn. Vor allem wollte sie die Gründe schriftlich haben, nicht telefonisch. Gerade im Grenzbereich lässt sich am Telefon schlecht eine Entscheidung fällen. Das hatte ich mir schon gedacht, aber ich war mir innerlich so sicher, dass ich es trotzdem versucht hatte. Also war nun erst mal Schreibtischarbeit angesagt. Ich listete die Verdachtsmomente auf und faxte sie an die Staatsanwältin.
»Das sind mir zu wenig Fakten, auch wenn mir Ihre Vermutungen plausibel erscheinen«, wies sie mein Ansinnen am Telefon ab. »Da brauche ich mehr. Wir haben kein gemeingefährliches Brandstiftungsdelikt erfüllt, in dem Gebäude oder Menschen zu Schaden gekommen wären.«
»Aber er steigert sich.«
»Tut mir leid, Herr Bindig, da fallen wir beim Ermittlungsrichter durch.«
Herbert grinste. »Das hätte ich dir gleich sagen können.«

Ich hatte gehofft, Herrn Kramer in einer Zelle zum Nachdenken zu bewegen. Übrigens gibt es zwei Möglichkeiten, dass jemand in Haft genommen wird:
Der Täter wird auf frischer Tat gestellt, also in unmittelbarem zeitlichem Zusammenhang mit der Tat. Die Polizei nimmt den Täter fest oder übernimmt ihn von den festnehmenden Personen – Kaufhausdetektiv oder jede Privatperson. Zivilcourage ist durch das Gesetz abgesichert im sogenannten »Jedermann-Paragraphen«. Dort heißt es unter § 127 der Strafprozessordnung: »Wird jemand auf frischer Tat betroffen oder verfolgt, so ist, wenn er der Flucht verdächtig ist

oder seine Identität nicht sofort festgestellt werden kann, jedermann befugt, ihn auch ohne richterliche Anordnung vorläufig festzunehmen.«

In einem solchen Fall von inflagranti, während der Tat, muss die Staatsanwaltschaft unverzüglich verständigt werden. Sie stellt den Haftantrag, über den dann der Ermittlungsrichter entscheidet. Das braucht Zeit. Es sind Ermittlungen, Vernehmungen und sonstige Abklärungen erforderlich. Dafür hat der Gesetzgeber einen Zeitraum »bis zum Ende des folgenden Tages nach der Festnahme«, also maximal zwei Tage, festgelegt.

Da Richter nicht bis 24:00 Uhr arbeiten, bleiben nur eineinhalb Tage abzüglich der Zeit, die der Täter nach Mitternacht festgenommen wurde. Nicht viel, um alle Verdachtsmomente zu sammeln.

Anders liegt der Fall, wenn der Täter nicht sofort festgenommen wurde. Dann hat die Staatsanwaltschaft die Möglichkeit, beim zuständigen Amtsgericht einen Haftbefehl zu beantragen. Wenn Haftgründe wie Fluchtgefahr, Verdunkelungsgefahr oder Schwere der Tat vorliegen, erlässt das Amtsgericht den Haftbefehl.

Die Polizei sucht die Person, nimmt sie fest und führt gegebenenfalls eine Vernehmung durch. Der Haftbefehl wird vom Richter, der ihn unterschrieben hat, eröffnet, und die Person geht in Haft. Da die Ermittlungen bereits zuvor stattgefunden haben, wird die Person sofort dem Richter vorgeführt.

Mit einem Haftbefehl in der Hand können wir ganz anders auftreten. Das Ergebnis der Ermittlungen, Haft, steht schon fest.

Der Beschuldigte kann daran nur etwas ändern, wenn er den Richter überzeugt, dass Gefängnis nicht sein muss. Hier kann

ein umfassendes Geständnis helfen. Je schwerer die Straftat ist, umso geringer wird der Spielraum für den Richter, den Haftbefehl außer Vollzug zu setzen.
Bei einfacher Brandstiftung besteht mit einem Geständnis eine reelle Chance.

Wir konnten nicht auf den nächsten Brand warten. Also beschlossen wir, Herrn Kramer erneut zur Vernehmung zu laden und besprachen unsere Taktik. Es ging nun darum, ihm alle Hürden, die er nehmen musste, so leicht wie möglich zu machen. Bei der letzten Vernehmung hatte kein akzeptables Verhältnis zwischen Straftat und Hürde geherrscht, die er überwinden musste. Wenn er beim Abwägen feststellen würde, dass beides gleich hoch war, könnten wir ihn auf unsere Seite rüberholen. Dabei würden wir nicht tricksen. Was wir ihm anboten, musste realistisch sein, überprüfbar. Herr Kramer musste logisch nachvollziehen können, dass wir recht hatten. Dass es besser für ihn war, zu gestehen.

Der Beschuldigte

Diesmal war Herr Kramer aufgeregter als beim ersten Mal. Ich gab mich bei der Begrüßung neutraler als beim ersten Mal, weniger entgegenkommend. Aber natürlich freundlich. »Sie kennen sich ja schon aus.«
Herr Kramer folgte mir ins Büro, und ich bat ihn, Platz zu nehmen.
»Wir haben noch ein paar offene Fragen«, begann ich, obwohl ich mich dazu entschlossen hatte, ihm keine Fragen mehr zu stellen, sondern seine Ausreden aus der ersten Vernehmung, die ich bereits kannte, einfach zu übergehen – denn

ich konnte sie nicht entkräften. Er wohnte in der Nähe. Er war beim Stammtisch gewesen. Er hatte den Schlüssel zum Feuerwehrhaus. So packte ich alle Daten, die ich hatte, in einen Monolog. Hielt ihm vor, was ich in der Hand zu haben glaubte, und erläuterte ihm meine Überzeugung, er sei der Brandstifter.

»Sie sind jetzt Beschuldigter«, hielt ich ihm vor und belehrte ihn. Auch seine Rechte erklärte ich ihm. Das muss stets am Anfang der Vernehmung geschehen.

»Aber ...«, unterbrach er mich.

Das konnte ich nicht zulassen. Laut meiner Strategie redete hier nur einer: ich. Deshalb unterbrach ich ihn ebenfalls: »Lassen Sie mich erst ausreden. Sie können nachher was sagen. Für mich ist es relativ egal, was bisher passiert ist. Es ist kein Mensch zu Schaden gekommen. Die Sachen, die verbrannt sind, haben keinen hohen Wert, das Wohnmobil sollte verschrottet werden. Das lässt sich alles regeln. Ich sehe ein ganz anderes Problem. Und zwar bei Ihnen. Ihnen geht es gar nicht gut. Ich denke, dass Sie das Feuer brauchen, um Selbstbestätigung zu erhalten. Ich glaube, dass Sie große Probleme in der Familie haben. Um mir das zu bestätigen, brauche ich bloß mit Ihrer Frau zu reden oder mit Ihrer Schwiegermutter. Die wohnt doch bei Ihnen im Haus. Schon immer, seit Sie es gekauft haben. Da drängen sich die Probleme doch förmlich auf.«

Herr Kramer schluckte schwer. Diese Reaktion bestätigte mich, denn ich hatte keine Beweise. Was ich vorbrachte, basierte auf Vermutungen und der Auskunft des Einwohnermeldeamts. Ich stellte mir vor, dass ein Mann, der ohne Vater aufgewachsen war und daran bis heute knabberte, wie ich aufgrund der ersten Vernehmung wusste, es unter einem Dach mit Frau und Schwiegermutter nicht leicht hatte. Dazu kamen seine regelmäßigen Stammtischbesuche, die über ein normales Maß hinausgingen. Ich hatte mir ein Bild gemacht. Ja, es war ein Vorurteil. Aber es hatte sich durch seine Reaktion bestätigt. Meine Schublade war jedoch noch lange nicht geschlossen. Das wäre ein schwerer Fehler gewesen. Aber ich versuchte, Herrn Kramer vollständig in die Schublade hineinzubekommen, die ihm wie ein gemachtes Bett zu passen schien. Er wehrte sich nicht mal. Trotzdem blieb ich wachsam und nutzte meine Vorurteile als Möglichkeiten, nicht als Tatsachen. Und das sollen Sie genauso machen.

Behandeln Sie Ihre Vorurteile wie Spielkarten. Halten Sie sie in Bewegung. Nehmen Sie eine auf, legen Sie sie weg, nehmen Sie eine andere, greifen Sie wieder zur ersten. Auch wenn Sie jetzt vielleicht ein wenig verwirrt sind, weil Sie einerseits keine Vorurteile haben und sie andererseits nutzen sollten – Ihre Intuition wird Ihnen den richtigen Weg zeigen. Der Rest besteht aus Erfahrung, konzentriertem Beobachten und der Überzeugung, aus Misserfolgen zu lernen.

»Wir müssen jetzt darüber nachdenken«, fuhr ich fort, »wie wir mit Anstand aus der Sache rauskommen. Und da kann ich Ihnen helfen. In Ihrer Firma sitzen Sie fest im Sattel. Ihr Chef braucht Sie. Das habe ich schon mitbekommen. Ich glaube, dem könnten wir erklären, was passiert ist. Der wird es wahrscheinlich auch verstehen. Bei der Feuerwehr ist es vorbei. Damit müssen Sie leben. Wichtiger ist die Familie. Sie sind verheiratet, Sie haben eine kleine Tochter. So was kann man nicht aufgeben. So was darf man aber auch nicht riskieren. Irgendwann kommt's raus, dass Sie ein Problem haben, und dann ist die Ehe sicher vorbei. Jetzt können Sie, wenn Sie sich

öffnen, Ihre Frau überzeugen. Ich denke, dass so viel Vertrauen da ist, dass sie mit Ihnen einen neuen Anfang macht.«
Dieser Monolog war zu weiten Strecken reine Spekulation. Bis auf die gute Meinung des Chefs und das Karriereende bei der Feuerwehr hatte ich kaum Anhaltspunkte für meine Behauptungen. Ich wusste nichts über das Verhältnis von Herrn Kramer zu seiner Frau und seiner Tochter. Also nicht bewusst. Aber unbewusst hatte mir meine Intuition geholfen, denn Herr Kramer reagierte genauso, wie ich es erhofft hatte.

Vorsicht: So eine schauspielerische Einlage können Sie nur bringen, wenn Sie absolut überzeugt sind, dass Sie richtig liegen. Sonst zerstören Sie das mühsam aufgebaute Vertrauensverhältnis und werden das wahrscheinlich nicht mehr reparieren können. Vertrauen ist äußerst empfindlich, besonders wenn es gerade erst geknüpft wurde wie ein zartes Band.

Für mich ging es nun um Ja oder Nein. Hab ich ihn oder nicht? Das würde ich an seiner Körperreaktion ablesen. Säße mir ein Unschuldiger gegenüber, würde der nach so vielen Unterstellungen förmlich platzen. Er würde mir seine Empörung entgegenschleudern. Zu Recht, wie ich anmerken möchte. Und er wäre sehr aufgebracht, denn ich hatte seine Erwiderungen über lange Zeit unterbunden.
»Das geht Sie gar nichts an!«, würde ein Unschuldiger vielleicht brüllen und damit unseren Kontakt unwiderruflich brechen. Alles, was wir bis zu dieser Stelle an persönlicher Beziehung und Wohlfühlatmosphäre aufgebaut hätten, wäre an dieser Stelle zerstört. Was mir nichts ausmachen würde, wenn ich sicher wüsste, dass er unschuldig ist. Ich würde die Vernehmung sachlich zu Ende führen und mich bei der Verabschiedung vielleicht für mein Verhalten entschuldigen.

Der Täter hingegen überlegt an dieser Stelle. Und zwar konzentriert. Jede einzelne Gehirnzelle braucht er für diese Überlegungen. Soll er auf das Angebot eingehen, das ich ihm mache – oder lieber doch nicht? Er wägt ab. Leugnen oder zugeben? Er grübelt. Man hört es förmlich knistern aus seinem Kopf heraus. Und man sieht es ihm auch an. Zusammengesunken sitzt er da und ist doch nicht da, weit weg mit seinen Gedanken, vielleicht ist er nur noch mit einem halben Ohr aufmerksam.

Man braucht keine langjährige Erfahrung, um diese Situation zu erkennen. Das traue ich jedem zu, auch einem Anfänger. Denn Menschen sind wir doch alle. Wir alle kennen die Stressmomente, wenn wir uns ganz schnell entscheiden müssen. Wollen Sie die Wohnung, den Job, ja oder nein? Hopp oder topp! Bedenkzeit gibt's nicht. Da sinken wir auch in uns zusammen in allerhöchster Konzentration. Da haben wir keine Energie mehr, um unsere Körperhaltung zu kontrollieren, um aufmerksam auf die Umgebung zu achten oder uns irgendwelche Strategien zu überlegen. Und so verrät sich der Schuldige. Der Unschuldige ist zwar auch gestresst, aber er muss nicht abwägen. Er weiß, was Sache ist. Dass das eine Unverschämtheit ist, was man ihm da unterstellt. Es ist ein völlig anderes Gefühl, das sich völlig anders äußert. Selbst eine gespielte Reaktion würde man leicht entlarven. Niemals bringt ein Schuldiger in einer solchen Situation wie Herr Kramer den nötigen Druck für eine überzeugende Empörung auf. Denn er braucht seine gesamte Energie, um abzuwägen. Die fehlt ihm beim Vorspielen.

Dennoch kann eine Vernehmung noch lange fortgeführt werden. Der Beschuldigte kann sich wieder fangen, neue Ge-

schichten erzählen. Man dreht sich im Kreis und fängt etliche Male von vorne an, Alltag im Vernehmungszimmer.
Nicht so bei Herrn Kramer. Er brach sofort ein, auch wenn er es selbst noch nicht wusste. Ich merkte es deutlich. Er versuchte nicht einmal, sich zu rechtfertigen, womit er auch nicht durchgekommen wäre, ich hätte ihn sofort unterbrochen. Er begleitete meine Rede, in der ich das Gesagte noch einmal zusammenfasste, mit einem leichten Kopfnicken. Er stimmte mir in allem, was ich sagte, zu. Das geschah unbewusst. Manche Lügner wünschen sich insgeheim, aufzufliegen. Doch man muss ihnen dabei helfen, sich zu offenbaren, eine Brücke zur Wahrheit bauen. Hierzu ist es notwendig, die entsprechenden Zeichen zu erkennen und zu deuten.

Das geht manchmal an die Substanz, und gelegentlich, wenn ich Spekulationen als Wissen verkaufe, belastet mich das auch. Ich habe zwar nicht gelogen, aber so richtig gut fühle ich mich nicht. Trotzdem bin ich stolz, wenn wir einen Täter kriegen. Letztlich ist das mein Job und das Ziel der Ermittlungen. Dafür habe ich eine Woche gearbeitet, um genau an diesen Punkt zu gelangen. Und vielleicht, wenigstens wünsche ich mir das, steckte hinter den vielen Brandstiftungen von Herrn Kramer unbewusst ein Schrei nach Hilfe. Indem ich dem Täter gegenüber als Wir spreche, möchte ich ihm signalisieren, dass ich auf seiner Seite bin. Ich helfe ihm über den Berg. Das setze ich nicht bewusst ein, es ergibt sich einfach aus der Situation. »Wir kriegen das schon hin, wir schaffen das« – so etwas sagt man auch außerhalb des Vernehmungszimmers, wenn man für jemanden Verständnis hat, ihm beistehen und Mut machen will.

Die Hürden-Methode

Diese Strategie ist überaus erfolgreich, wenn es darum geht, Hürden schrumpfen zu lassen, eine Tat sozusagen kleinzureden. Im Falle Simon Kramers war dies ausgesprochen einfach, denn die Hürden ließen sich leicht niedriger stellen. Es war ja nichts wirklich Schlimmes passiert, und erste Auswege zeichneten sich ab. Einen Mord hingegen kann man nicht ohne weiteres kleinreden – ein bisschen aber schon. Denn es gibt stets eine noch grausamere Variante:
Immerhin haben Sie die Leiche nicht zerstückelt.
Immerhin haben Sie die zerstückelte Leiche nicht vergraben.
Immerhin haben Sie die zerstückelte, vergrabene Leiche nicht gegessen.
Ich formuliere das absichtlich so drastisch, damit Sie merken: Es geht immer noch schlimmer als schlimm. Mit solchen Vergleichen helfen Sie einem Täter ans Licht aus seinem Tunnel. Wenn er das möchte. Manche möchten nicht. Dann gibt es andere Strategien. Für uns als Kriminaler ist es wichtig, eine Tat aufzuklären – und dazu gehört das Geständnis. Aber natürlich sind wir auch Privatpersonen, und als solche erwarten wir von unserer Umgebung keine Geständnisse. Allerdings hilft die eine oder andere Polizeitaktik auch im Privatleben. Viele Menschen wenden den Vergleich nach unten in ihrem eigenen Leben mit großem Erfolg an. Irgendetwas Schlimmes ist passiert, und sie suchen einen Ausweg, indem sie sich mit einer nicht eingetroffenen Steigerung des Vorgefallenen trösten: Es hätte noch schlimmer kommen können. Dankbarkeit breitet sich aus, weil sie dem noch größeren Unheil entronnen sind. Man hat fast schon Glück gehabt!
Im Privatleben können Sie anderen mit dem nicht eingetretenen größeren Unheil eine Brücke bauen. Also malen Sie ruhig

hin und wieder den Teufel an die Wand und belobigen Sie Ihre Kinder und andere, dass sie nur ein kleines Sparifankerl mit dünnem Bleistift in eine Ecke der abwaschbaren Tapete gezeichnet haben!

Für Taten gibt es Gründe. Auch damit können Hürden genommen werden: Man macht den Hürdensprung leichter, indem man die Schuld wegnimmt. Im Fall Kramer hätte ich Bezug auf seine Kindheit nehmen können, die er selbst bereits als unglücklich beschrieben hatte. Ich verzichtete darauf, es war nicht nötig. In einem Mordfall, der ausermittelt wird, kann dies durchaus eine Rolle spielen nach dem Motto: Sie haben es schwer gehabt im Leben. Ist das falsches, weil vorgetäuschtes Mitleid? Für mich ist es eher der Versuch, mich in den Täter hineinzuversetzen, seine Perspektive einzunehmen.

»Kann ich was zu trinken haben, bitte?«, fragte Simon Kramer.
»Freilich«, sagte ich, stellte eine Flasche Wasser auf den Tisch und goss Herrn Kramers Glas voll. Mit kleinen Schlucken trank er es aus. Dann räusperte er sich und fragte zögernd »Das mit meinem Chef ...«
»Ja?«
»Sind Sie da sicher?«
»Mit Ihrem Chef hab ich schon gesprochen. Der hält große Stücke auf Sie.«
»Täten Sie denn mit ihm reden?«
»Natürlich«, sagte ich. Ich würde Herrn Kramer nichts versprechen, was ich nicht halten konnte, was nicht realistisch war. Und außerdem: Ein bisschen Sozialarbeiter steckt in vielen Polizisten.

Simon Kramer atmete schwer aus. Es klang wie ein Seufzen.
»Ohne Feuerwehr … das geht doch nicht!«
»Mit Feuerwehr geht es aber auch nicht mehr für Sie.«
Ein zweiter, noch tieferer Seufzer folgte, fast schon ein Stöhnen. Erneut griff er nach dem Glas, bemerkte, dass es leer war, schenkte sich ein. Seine Hände zitterten. Er führte das Glas zum Mund, stellte es zurück auf den Tisch, ohne getrunken zu haben. Und dann brach es aus ihm heraus. Er erzählte alles, was ihn belastete. Er fing in seiner Kindheit an. Herr Kramer hatte ein sehr gutes Gedächtnis. Bis ins letzte Detail beschrieb er mir das rote Federmäppchen mit dem verbogenen Zahn im Reißverschluss, das er angeblich einem Schulkameraden gestohlen hatte, und wie sie ihn dann gemobbt hatten, obwohl das Federmäppchen von der Mutter des Kameraden versehentlich weggeworfen worden war. Er erzählte vom Fußballspielen, wo sie ihn mutwillig angeschossen hatten, und dass seine erste große Liebe ihn einen Waschlappen genannt hatte. Er erzählte von der Suche nach einer Lehrstelle, von seiner Mutter und seiner Tante. Und von seinem großen Glück: der Gemeinschaft in der Feuerwehr. Ich unterbrach ihn nicht. Ich hatte die Hürden in Bodennähe versetzt, das musste ich jetzt aushalten. Die zweite Flasche Wasser wurde geleert. Mit dem Beginn eines Geständnisses fängt die Vernehmung eigentlich erst richtig an. Ich musste höchst aufmerksam bleiben. Es ist meine Aufgabe, die Fälle für die Staatsanwaltschaft klar und logisch aufzubereiten. Deshalb fehlt mir meistens die Zeit, mich in die Schicksale meiner Kundschaft tiefer einzufühlen. Ich brauche Sachbeweise, Zusammenhänge. Keine emotionalen Eindrücke. Dennoch kam mir der Kramer Simon recht nah in seiner Verzweiflung. In seinen Schilderungen blinkte oft ein mitfühlendes Wesen auf. Und das blieb auch so, als die Vernehmung beendet war. Herr

Kramer gehörte zu den wenigen Menschen, die alles in ihrer Macht Stehende taten, um den Schaden wiedergutzumachen. Er übernahm die volle Verantwortung – das ist selten. Bei seinem Arbeitgeber legte er ein Geständnis ab. Ohne mich. »Ich schaff das allein.« Wie ich es erwartet hatte, reagierte der Schlossermeister verständnisvoll. Zudem erhöhte er Simon Kramers Gehalt, was er schon lange im Sinn hatte. Dennoch musste er sein Motorrad verkaufen, nach der Feuerwehr sein zweites Hobby. So leistete er zu Beginn des Täter-Opfer-Ausgleichs eine größere Anzahlung. Dieser Täter-Opfer-Ausgleich kommt in der Zeit vor der Gerichtsverhandlung zum Tragen. Er steht neben Strafen und Maßregeln. Vereinfacht dargestellt läuft es so ab: Über eine Schlichtungsstelle nehmen Täter und Opfer Kontakt auf. Der Täter möchte seine Tat wiedergutmachen, zeigt Reue und ersetzt den Schaden oder einen Teil davon. Beide Parteien einigen sich verbindlich. Das Ergebnis wird der Staatsanwaltschaft und / oder dem Gericht mitgeteilt.
Das Verfahren kann dann eingestellt werden oder es kann zu einer milderen Strafe kommen.
Letztendlich sollen beide Parteien davon profitieren. Der Geschädigte erhält Schadenersatz, der Beschuldigte muss sich mit seiner Tat und deren Folgen auseinandersetzen. Eine erneute Straffälligkeit soll so verhindert werden.

Insgesamt hatte Herr Kramer also eine sehr günstige Prognose.
Auch mit seiner Frau sprach er sich aus. Die beiden beschlossen, eine Paartherapie zu machen, parallel dazu ging Herr Kramer zur Einzeltherapie. Die Schwiegermutter zog in eine Wohnung in der Nähe.

Es ist allgemein bekannt, dass eine Krise immer auch eine Chance birgt. Selten jedoch habe ich einen solchen Umschwung erlebt wie bei Herrn Kramer. Allerdings bekommen wir Kriminaler so etwas kaum mit. Sobald wir die Akte schließen und weitergeben, erfahren wir nichts mehr von einem Fall. Irgendwann, wenn das Verfahren endgültig abgeschlossen ist, erhalten wir von der Staatsanwaltschaft ein Strafnachrichtenblatt. Darin ist die rechtskräftige Entscheidung des Gerichts nachzulesen.

Wenn einer meiner Kunden die Inspektion verlässt oder in Untersuchungshaft gebracht wird, klopft bei mir womöglich schon der nächste Fall an, in Gestalt einer Mappe, die mir mein Erster Kriminalhauptkommissar (EKHK), der Chefbauer, auf den Tisch legt. Die Begleitung meiner Kundschaft gestaltet sich immer recht kurz. Sinnbildlich halte ich ihr bei der Vernehmung bloß hin und wieder das Händchen. Dennoch bin ich überzeugt davon, dass man auch in kurzer Zeit sehr intensiv in Kontakt kommen kann. Deshalb sollte man jedes Mal alles geben. Dazu gehört es unabdingbar, die Perspektive des Gegenübers einzunehmen.

Vielleicht ist es Ihnen aufgefallen, dass ich in keinem der bisher thematisierten Fälle die begangene Straftat direkt angesprochen habe. Ich bezeichnete sie ausschließlich als *Problem.* Warum? Haben Sie eine Idee? Ja, genau: Weil die Wahrnehmung von Straftaten unterschiedlich ist. Was für mich ein Diebstahl ist, kann für den anderen lediglich die Beruhigung seines knurrenden Magens bedeuten. Deshalb hat er keinen Diebstahl begangen, er hatte Hunger! Oder brauchte dringend Alkohol. Oder, wenn es sich um den Diebstahl eines Fahrrads handelt, und der Dieb bereits beschlossen hat, es zu-

rückzubringen – dann hat er nicht geklaut, sondern sich etwas geliehen. Insofern wird er aus seiner Perspektive das Wort Diebstahl ablehnen.
»Nein, ich habe nicht geklaut!«, wird er mir empört entgegnen. Er lügt nicht. Denn laut seiner eigenen Wahrnehmung hat er nicht geklaut. Er musste nur dringend von A nach B, und das Rad war ein Geschenk des Himmels. So kann ich die Lüge auch nicht erkennen.
Wenn ich den Diebstahl oder eine andere Straftat als Problem verkleide, muss ich mich nicht mit Wortklauberei herumschlagen und erspare mir die unerfreulichen Definitions-Diskussionen, die weit, weit weg vom Thema führen, und in denen Politiker oft Meister sind – um zu verschleiern, worum es eigentlich geht.

Irgendein Problem, seien wir mal ehrlich, hat jeder von uns, und wenn es nur eins ist, hat er Glück gehabt ...
Das Problem kann alles sein. Wenn ich einem Beschuldigten vorhalte: »Sie sind psychisch krank«, werde ich auf Widerstand stoßen. Ich bin sicher, auch der offene und freundliche Simon Kramer hätte so etwas nicht hören wollen, unser Gespräch wäre anders verlaufen, wenn ich ihm den Pyromanen unter die Nase gerieben hätte. Kaum ein Mensch bezeichnet sich selbst als psychisch krank. Die anderen sehen die Dinge verzerrt, das ist bekannt. Der eigene Blick ist klar und unbestechlich.
Ein Problem muss nicht psychisch sein. Es kann alles sein. Das greift den Zeugen oder Beschuldigten zuerst einmal nicht an. Vertrauen wird aufgebaut, Hürden werden verkleinert – und dann ist es Zeit, sich dem Problem zu nähern und ihm am Ende einer Vernehmung seinen rechtmäßigen Namen zuzuweisen.

Also halten Sie Ihre Gespräche auch in der Definition einer Beschuldigung offen. Werfen Sie keinem Kollegen vor, Termine zu versäumen. Bedrängen Sie Ihren Partner nicht, er habe die Kaffeemaschine schon wieder nicht ausgeschaltet. Oft sind das nur Symptome. Wenn Sie darauf verzichten, mit der Tür ins Haus fallen und sich konkrete Beschuldigungen zuerst einmal verkneifen, lassen Sie Raum für Gespräche, Begegnungen. Nur so kommen Sie wirklich in Kontakt. Und dann stellt sich womöglich heraus, dass der Kollege mit der Terminvereinbarung im Computer nicht zurechtkommt. Und Ihr Partner würde morgens lieber Tee trinken.
Bei dieser Taktik können Sie sich ein bisschen etwas von einem flotten Lügner abschauen. Der mag sich auch nicht festlegen und lässt so viel wie möglich im Vagen, um nicht an Fixpunkten festgenagelt zu werden!

Im Falle Simon Kramers erfuhr ich Wochen später durch Zufall, wie es in seinem Leben weitergegangen war. Nicht, dass ich glaubte, diese glückliche Wendung hätte etwas mit mir zu tun. Aber ich bin überzeugt davon, dass man einem Menschen in Not nicht nur seine Probleme um die Ohren schlagen darf. Man muss ihm einen Ausweg zeigen. Man muss ihn motivieren, diesen auch beschreiten zu wollen. Egal, ob es sich um eine Straftat handelt oder um ein privates Problem. Je genauer, realistischer und logischer ich den Ausweg beschreiben kann, umso leichter fällt es, das Angebot anzunehmen. Eine Aussage wie »Alles wird gut« nutzt gar nichts. Das ist kein Ausweg, sondern eine Plattitüde. Man kann jemanden, der am Boden liegt, nicht mit Juchhe-Schreien motivieren. Man kniet sich neben ihn und zeigt erste Schritte auf. Immer die nächsten ersten Schritte. Und dann wieder die nächsten Schritte. Bis eben irgendwann Licht am Ende des Tunnels er-

scheint, das man durchaus ankündigen sollte: »Wenn Sie in zwei oder drei Jahren das alles hinter sich haben ...«
Und man kann selbst etwas dazu tun, dass etwas auf einen guten Weg kommt. Dazu ist man als Polizist nicht verpflichtet. Aber für manche von uns ist das der Grund, warum sie Polizist geworden sind. Gehen muss der Betreffende dann alleine.

Blaulicht

- Halten Sie Ihre Schubladen offen, um Hilferufe zu hören. Wenn Sie gleich alles wissen, übersehen und überhören Sie entscheidende Signale.
- Wenn Ihnen jemand akribisch erklärt, warum er etwas nicht getan haben kann: Erhöhen Sie Ihre Aufmerksamkeit!
- Das Gleiche gilt für die Thematisierung persönlicher Probleme in einem Sachverhalt.
- Bedrängen Sie keinen anderen so sehr, dass er fürchten muss, sein Gesicht zu verlieren. So werden Sie Ihr Ziel nicht erreichen.
- Seien Sie achtsam im Umgang mit anderen, und helfen Sie ihnen, ihr Gesicht zu wahren. Bauen Sie Brücken.
- Preschen Sie mit einer Behauptung nur vor, wenn Sie absolut sicher sind und sich dies als Strategie gründlich überlegt haben.
- Meiden Sie Dreiecksverhältnisse!
- Erkennen Sie die Hürden, die Ihr Gegenüber nehmen muss.
- Reichen Sie ihm die Hand und helfen Sie ihm beim Drüberspringen.
- Jedes Gespräch, das Sie führen, beeinflusst seine spätere Wiederaufnahme. Konservieren Sie eine positive Stimmung im Abschied.

- Gehen Sie durchs Leben wie ein guter Cop: Geben Sie allen eine Chance und verdächtigen und verhaften Sie die Richtigen!

Ermittlungsbericht

Die Sachbeschädigungen durch Brandlegung, so die rechtliche Einstufung, sind von der örtlichen Polizeiinspektion aufgenommen und jeweils gegen Unbekannt der zuständigen Staatsanwaltschaft übersandt worden.
Sämtliche Anzeigen wurden beigezogen und nun in Form einer Fallanzeige der Staatsanwaltschaft vorgelegt, das heißt, jeder Fall behält sein eigenes Aktenzeichen und bleibt als eigenständiges Delikt bestehen. Die einzelnen Fälle sind in einem Ordner, nach Tatzeit numeriert, hintereinander abgelegt. Für den Gesamtvorgang wird ein Ermittlungsbericht erstellt.

Kurzer Sachverhalt:
Herr Simon Kramer wird beschuldigt, zwei Brandstiftungen und zwölf Sachbeschädigungen durch Brandlegungen begangen zu haben, indem er einen Wertstoff-Großcontainer, ein Fahrzeug sowie mehrere kleinere Objekte entzündete. Die genauen Zeiten, Örtlichkeiten und Schadensbeschreibungen können der beiliegenden Übersicht entnommen werden. Verletzt wurde niemand. Insgesamt entstand ein Sachschaden in Höhe von etwa 23 500 Euro.

Anlass und Ergebnis der Ermittlungen:
Innerhalb der letzten vier Monate kam es zu einer Häufung von Sachbeschädigungen durch Brandlegung. Bei den einzelnen Fällen entstand nur geringer Sachschaden, dennoch war

jeweils ein Löscheinsatz der freiwilligen Feuerwehr erforderlich. Anhand der Aufstellung ist zu erkennen, dass die Abstände zwischen den Taten immer kürzer wurden und sich die Qualität der angegriffenen Objekte steigerte.
(siehe Übersicht Schadensfälle)
(siehe Ortsplan mit den eingetragenen Objekten)

Nachdem bei der Firma Wertstoffe Machnik ein Großcontainer in Brand gesetzt wurde und das Feuer auf die Halle überzugreifen drohte, übernahm die KPI Fürstenfeldbruck die weiteren Ermittlungen.
Die durchgeführte Tatortarbeit bei der Fa. Machnik ergab, dass es sich um eine Brandstiftung gehandelt haben muss. Andere Brandursachen konnten ausgeschlossen werden.
(siehe Tatortbefundbericht Fall 13)
(siehe Bildmappe Fall 13)

Zunächst verlief das ausgearbeitete Fahndungskonzept ohne Erfolg. Die erneute Vernehmung der Geschädigten ergab keine Hinweise auf den Täter. Zwischen den einzelnen Taten scheint es außer dem nahen örtlichen Bezug keine Zusammenhänge zu geben.
Vier Tage nach dem Brand bei der Fa. Machnik brannte ein seit längerem abgestelltes, abgemeldetes Wohnmobil vollständig aus. Nach Angaben des Besitzers waren die Fahrzeugbatterie sowie die Zusatzbatterie aus dem Aufbau entfernt worden. Das Wohnmobil stand zum Ausschlachten bzw. zur Verschrottung an. Auch hier kommt als Brandursache nur Brandstiftung in Betracht.
(siehe Tatortbefundbericht Fall 14)
(siehe Bildmappe Fall 14)

Der Kommandant der örtlichen freiwilligen Feuerwehr äußerte einen vagen Verdacht gegen einen seiner Kameraden, Herrn Simon Kramer. Herr Kramer war gehäuft als Mitteiler bzw. als erster am Feuerwehrhaus aufgefallen.
(siehe ZV Kommandant Metzger)

Herr Kramer wurde zunächst als Zeuge vernommen. Er konnte die vorgebrachten Vorhalte entkräften.
(siehe ZV Kramer)

Die weiteren Ermittlungen aus dem Umfeld des Herrn Kramer ergaben jedoch Zweifel an seiner Aussage. In Absprache mit der StA München II wurde Herr Kramer nun als Beschuldigter vernommen. Nach einigem Zögern räumte er die vorgeworfenen Taten ein. Lediglich mit den angezündeten Altpapierbündeln in der Schmittstraße habe er nichts zu tun. Als Motiv benannte er einen inneren Drang, Feuer zu legen.
(siehe BV Kramer)

Aufgrund der familiären und beruflichen Situation des Beschuldigten stellte die StA München II keinen Antrag auf Haftbefehl. Der Beschuldigte begab sich bereits am Tag nach seiner Vernehmung in psychiatrische Behandlung. Bis zur Abgabe der Ermittlungsunterlagen an die Staatsanwaltschaft hat Herr Kramer bereits Kontakt mit den Geschädigten aufgenommen und den Sachschaden von sieben Objekten ausgeglichen.

Die Ermittlungen sind abgeschlossen.
Sachbearbeiter:
Bindig, KHK

Ein Messer, fünf Männer, eine Frau und eine Brücke

Es war ein heißer, trockener Sommer gewesen, und obwohl sich den viele gewünscht hatten, jammerten alle. Auch nun, als an den Abenden allmählich eine feuchte Kühle vom Fluss in die Stadt zog, wurde gejammert. Weil der Sommer viel zu schnell in den Herbst kippte. Weil es schon merklich früher dunkel wurde. Wer abends Eis essen ging, nahm eine Jacke mit in diesen ersten Septembertagen.

Die drei jungen Leute, zwei Männer und eine Frau, waren den ganzen Tag unterwegs gewesen, um Abonnenten für Zeitschriften zu werben, als sogenannte Drückerkolonne. Kein leichter Job, von morgens bis abends auf den Beinen und sich Türen vor der Nase zuschlagen lassen. Aber für manche eine Perspektive, ein Ausstieg aus Hartz IV oder schlichtweg eine Beschäftigung. Die Frau des Trios war an diesem Tag überaus erfolgreich gewesen, und ihre gute Laune schwappte auf ihre Kollegen über. Mit dem älteren war sie seit einigen Wochen zusammen. Der zweite Kollege, ein achtzehnjähriger Neuling, war ein wenig geknickt, weil er nur wenige Zettel mit Unterschriften von Abonnenten hatte sammeln können.

»Ich geb dir was von meinen ab«, tröstete ihn die Frau, »Ich hab heute genug für zwei Tage.«

Das wollte der Jüngste zuerst nicht annehmen, doch als die Frau ihm vorschlug »Wenn du ein alter Hase bist, kannst du auch mal einem neuen Kollegen unter die Arme greifen«, freute er sich über das großzügige Angebot. »Gern!«

Die drei beschlossen, den Tag bei einem guten Essen ausklingen zu lassen. Nachdem sie geduscht hatten, verließen sie ihre

Wohnung in Fürstenfeldbruck, wo sie für zwei Wochen untergebracht waren, um das Hinterland zu beackern. Zu Fuß nahmen sie den Weg in die Stadt. Schließlich wollten sie was trinken und nicht mit Alkohol am Steuer des Wagens vom Chef erwischt werden, den er ihnen für ihre Touren zur Verfügung stellte. Total nett, der Chef.
Die Brathendl waren knusprig, die Pommes schimmerten golden, und nach einem langen Tag auf den Beinen schmeckte das Bier besonders süffig. Die drei tranken ein paar Halbe, nicht zu viel; sie wollten am nächsten Tag fit sein, um viele Zettel zu ergattern. Deshalb gingen sie auch bald nach Hause. So nannten sie die Absteige, in der kaum mehr als ihre Betten standen. Doch immerhin: eine eigene Wohnung. Der Chef war wirklich nett. Nicht so wie die Typen von anderen Drückerkolonnen, die ihre Mitarbeiter bedrohten und auch mal verprügelten. Sie hatten Glück gehabt, alle drei.

Auf dem Heimweg stellten sie fest, dass sie gern noch was unternommen hätten, doch Fürstenfeldbruck ist ein kleines, friedliches Städtchen, bald würden die Bürgersteige hochgeklappt werden. Die drei bummelten durch die Altstadt, schauten die Auslagen von Geschäften an, überlegten sich ernsthaft, was sie sich kaufen würden, wenn sie es könnten, und was nicht und warum, und verloren dennoch ihr Ziel nicht aus den Augen: die kleine Wohnung auf der anderen Seite der Amper. Gemütlich schlendernd näherten sie sich der Brücke ...

Drei junge Männer im Alter zwischen 20 und 25 Jahren hatten den warmen Septembertag wie so oft an der Amper verbracht, an ihrer Stammbank. Sie hatten das gemacht, was sie meistens machten: Bier trinken, Zigaretten rauchen, ein bisschen kiffen, sich unterhalten, chillen eben. Keiner von ihnen hatte berufliche Verpflichtungen, so dass sie den späten Sommertag ausgiebig genießen konnten. Hin und wieder jobbten sie zwar in einer Autowaschstraße und einem Lager, aber nur, wenn es gar nicht anders ging. Heute ging es anders, und ihre Laune war hervorragend. Der schöne Tag sollte in einem richtig schönen Abend ausklingen, weshalb sie sich kurz vor Ladenschluss auf den Weg machten, Nachschub zu besorgen, denn ohne Alkohol kein gelungener Abend. In der Innenstadt von Fürstenfeldbruck gibt es keinen Getränkemarkt. So steuerte das Trio eine Tengelmann-Filiale an. Jeder packte ein paar Flaschen Augustiner, und zur Feier des Tages gönnte man sich eine Flasche Wodka. Der Einkauf wurde ordentlich bezahlt – und dann, unmittelbar vor dem Geschäft, geschah das Unglück. Einer der drei wollte sich eine Zigarette anzünden, reichte seinem Kumpel die Wodkaflasche – und der ließ sie fallen. Mit einem lauten Knall zerbarst der wunderbare Abend auf dem Trottoir. Nachdem die drei sich kurz gegenseitig beschuldigt hatten, verbündeten sie sich gegen Tengelmann. Der war schuld. Deshalb würde er ihnen die Flasche auch ersetzen. Schließlich konnten sie nichts dafür, dass ihnen die aus der Hand gerutscht war. Das hatte die Kassiererin zu verantworten. Das Trio machte kehrt, um diese zur Rechenschaft zu ziehen. Die Angestellte hatte die drei jedoch nicht aus den Augen und Ohren gelassen und ahnte, was sie beabsichtigten. In fünf Minuten würde es vom Kirchturm 20 Uhr schlagen. Sie beschloss, sich die angekündigte Umtauschaktion zu sparen. Diese Filiale würde heute überpünktlich schließen. Sie sperrte dem Trio die Tür vor der Nase zu. Das gefiel den Männern gar nicht, aber sie beließen es bei einigen Flüchen von wegen Unverschämtheit, wie der Tengelmann seine Kunden behandelte, nie wieder würden sie dort einkaufen, wo man mutwillig den Wodka auf die Straße schleuderte.

Der Tag war jetzt nicht mehr ganz so schön, denn es fehlte die Krönung: der Rausch am Abend. Aber noch war das nicht schlimm, der Alkoholpegel schwappte nach einem relaxten Chillen auf ihrer Bank an der Amper träge durch ihre Blutbahnen.
Was nun?
Da fiel einem der drei ein, dass er zu Hause eine Flasche Korn hatte. Für besondere Gelegenheiten. Die zwei anderen überzeugten ihn, dass heute diese besondere Gelegenheit sei. Sofort stieg die Stimmung wieder. Der Abend war gerettet. Da fiel einem anderen ein, dass er seine Zigaretten an der Parkbank liegengelassen hatte. Es wurde beschlossen, noch einmal zurück zur Bank zu gehen, die Kippen zu holen und dann die Kornflasche des Kumpels zu leeren. Aber vorher konnte man ja noch ein Bierchen auf der Bank trinken. Wo der Sommer doch bald vorbei sei, der Herbst schon seine Finger ausstreckte mit dünnen nebligen Schwaden, die von der Amper heraufzogen. Gemütlich schlendernd näherten sie sich der Brücke ...

Das Wodka-Trio betrat die Brücke vor der Drückerkolonne und ging extrem langsam, so dass beide Trios in der Mitte der Brücke aufeinandertrafen. Und sich gegenseitig behinderten. Der Gehweg war nicht breit genug, um zu überholen. Das Wodka-Trio sah keine Veranlassung, Platz zu machen. Im Gegenteil, es verlangsamte sein Tempo.
»Geht doch mal schneller!«, verlangte einer der Männer aus der Drückerkolonne.
»Wir rennen ja schon fast!«, behauptete einer vom Wodka-Trio.
»Nee, ihr seid am Einschlafen!«
Noch war die Situation nicht gefährlich. Alles im grünen Be-

reich. Ein warmer Septemberabend, eine Flasche Korn in fast greifbarer Nähe, viele unterschriebene Zettel. Die Brücke ist nicht lang. Mit einem kleinen bisschen guten Willen hätte man sie leicht zu sechst überqueren können, ohne ein Menschenleben zu gefährden. Doch da begann die Frau, das Wodka-Trio von hinten anzugiften. »Ihr Schnecken habt wohl nichts Besseres zu tun, als arbeitende Leute aufzuhalten? Ihr lebt doch von unseren Steuern! Penner!«
»Lass mal, Bine«, versuchte ihr junger Kollege, dem sie einige ihrer Zettel geschenkt hatte, zu beschwichtigen.
Aber Bine ließ nicht. Sie machte weiter. Womöglich hatte sie zu viel Alkohol intus, um die Situation richtig einschätzen zu können. Die nun kippte, als sich die drei Vorderen umdrehten. Langsam. Aber noch nicht aggressiv. Eher neugierig. Nun hätte Bine schweigen sollen. Doch kaum lief das Wodka-Trio weiter, provozierte sie erneut. Am Ende der Brücke reichte es einem. Schwerfällig drehte er sich um, fixierte Bine und verpasste ihr wie in Zeitlupe ein Hirnbatzerl, wie man in Bayern sagt, einen Schnipser mit Daumen und Zeigefinger auf die Stirn. So würde man auch einen störenden Brotbrösel vom Tisch befördern. Womöglich wollte er mit diesem Stupser eine Frage an ihr Hirnkastel stellen: Ist da jemand zu Hause?
Ja, es war jemand zu Hause, aber nicht die Person, die erwartet wurde. Wie eine Furie schrie Bine los. »Was fällt dir ein! Du Scheißpenner! Fass mich nicht an!«
Da konnte Bines Freund nicht tatenlos zusehen. Er sprang den Hirnbatzler an. Das wiederum konnte das Wodka-Trio nicht zulassen. Und so entwickelte sich am Ende der Brücke ein Gerangel. Der Neuling aus der Drückerkolonne wollte damit nichts zu tun haben. Er hatte längst die Straßenseite gewechselt, um Streitereien aus dem Weg zu gehen. Doch als sein Kollege auf dem Boden lag – es stand schließlich drei gegen zwei,

wollte man die Frau überhaupt mitzählen, die schrie wie am Spieß –, kehrte er zurück und zog einen vom Wodka-Trio beschwichtigend von seinem am Boden liegenden Kollegen weg. Was vom Wodka-Trio offensichtlich nicht gutgeheißen wurde: Einer von ihnen sprang dem Jungen auf den Rücken. Während des Angriffs riss er sein Taschenmesser aus der Hosentasche, das er normalerweise nur zum Flaschenöffnen brauchte, und rammte es seinem Opfer in den Rücken. Einmal, zweimal. Auf Höhe der Lunge, am Schulterblatt und nah der Wirbelsäule.

Der Junge merkte das zuerst gar nicht, was ganz typisch ist für Stichverletzungen. Er verspürte lediglich einen Schlag und das Gewicht des Angreifers. Er schüttelte ihn ab und fasste sich dann instinktiv an den Rücken. Seine Hand wurde feucht und warm. Blut! Entsetzt schrie er los. Noch immer verspürte er keinen Schmerz.

»Scheiße, der hat mich abgestochen!«, brüllte der Junge. Schon sammelte sich Blut auf dem Asphalt.

Das Wodka-Trio suchte das Weite. Auf einmal konnten die drei sehr schnell gehen, sogar rennen. Sie verschwanden in Richtung Landratsamt.

»Ich ruf den Notarzt!« Bine zückte ihr Handy.

»Das dauert zu lang«, widersprach ihr Freund Detlev. »Kannst du laufen?«, wandte er sich an den Verletzten.

»Ich spür nichts«, jammerte Flo. »Bin ich gelähmt?«

»Quatsch, du kannst doch gehen!«, rief Bine.

»Wir fahren dich ins Krankenhaus«, beschloss Detlev. Der Wagen des Chefs parkte nur dreihundert Meter entfernt. »So sind wir am schnellsten bei einem Arzt.«

In der Notaufnahme des Krankenhauses wurde festgestellt, dass die Verletzung sehr gefährlich war. Ein paar Millimeter weiter, und der Stich hätte die Lunge getroffen, was zum Zusammenfallen eines Lungenflügels geführt hätte – lebensgefährlich! Der junge Mann hatte großes Glück gehabt, die Wunde wurde versorgt und genäht. Man befürchtete keine schwerwiegenden Folgen. Dennoch musste er im Krankenhaus bleiben. Die Ärzte wollten wissen, wie es zu der Verletzung gekommen war, und verständigten dann die Polizeiinspektion, die den KDD rief. Der Fall wurde als versuchtes Tötungsdelikt mit drei unbekannten Tätern eingestuft, was ein hohes Ermittlungsaufkommen bedeutet.

Vom Brandler zum Töter

Mittlerweile hatte ich innerhalb des K1 von den Brandlern zu den Tötern gewechselt, wie es bei uns heißt. Ein Brandler kann bei den Tötern eingesetzt werden, während ein Töter keinen Brand bearbeitet, da dies zu viel Spezialwissen erfordert. Bei der Sitte, die ebenfalls Teil des K1 ist, können sowohl Brandler als auch Töter aushelfen. Natürlich sind für jeden Bereich Speziallehrgänge erforderlich.

Beim K1 gibt es jeden Morgen eine Frühbesprechung, in der die Fälle der Nacht vorgestellt werden, auch diejenigen, die das K1 nicht bearbeitet, als Informationsaustausch innerhalb der KPI. Zudem werden aktuelle Fälle des K1 besprochen. So ist man immer im Bilde, was die Kollegen gerade machen. Bei der Frühbesprechung werden in der Regel auch die neuen Fälle verteilt. Mein Kommissariatsleiter schob einen Packen Papier und ein paar Diktierhüllen mit besprochenen Bändern in meine Richtung. »Die Messerstecherei auf der Brücke«, sagte er wie eine Überschrift, und dann seinen üblichen

Spruch »Schau's dir mal an, und wennst noch wen brauchst, sagst mir Bescheid.«

»Da bräuchte ich zwei Teams«, forderte ich sofort an. Drei unbekannte Täter waren für ein Team nicht zu bewältigen.

»Wer hat Zeit oder Lust und unterstützt den Dieter?«, fragte unser Erster Kriminalhauptkommissar Alois Chefbauer.

»Ich bin dabei«, meldete sich mein Kollege Hauptkommissar Felix Tixel, und auch Oberkommissarin Claudia von Dobbeler nickte.

»Gut«, sagte unser Chef. Er hat stets den Überblick, wer an welchem Fall sitzt, und kann am besten absehen, wer freie Kapazitäten hat, was bedeutet: Alle anderen Fälle bleiben liegen. Einen leeren Tisch gibt es bei uns nie. Immer ist noch was zu tun. Bei dem einen Fall fehlt eine Nachvernehmung, weil der Zeuge im Urlaub ist, beim anderen steht ein Gutachten vom LKA aus … oder es mangelte bislang an der Zeit, den Schlussbericht zu verfassen. In der Regel braucht ein Fall drei bis vier Wochen, bis er abgeschlossen ist. Dazwischen werden kleinere Aufträge bearbeitet, Vernehmungsansuchen für andere Dienststellen zum Beispiel. Vernehmungen und Ermittlungen werden von der örtlich zuständigen Dienststelle erledigt. Wenn ein Zeuge außerhalb unseres Dienstbereiches wohnt, schicke ich den Kollegen, die für seinen Wohnort zuständig sind, einen Auszug aus der Akte mit den notwendigen Informationen und bitte um die Vernehmung der Person. So wird der Aufwand für alle Beteiligten gering gehalten. Es gibt jedoch auch Fälle, in denen wir sozusagen in fremden Revieren wildern: Wenn es zu umständlich und zeitaufwendig wäre, den Kollegen die Zusammenhänge zu erklären, oder wenn es sich um Kernermittlungen in einem Verfahren handelt.

Sobald ein aktueller Fall reinkommt, wie nun diese Messerstecherei, wird der Schreibtisch im wahrsten Sinne des Wortes frei geräumt: Ich stapelte die aktuelle Arbeit in einem Regal. Die erste Zeit nach der Tat ist die wichtigste. In den ersten beiden Tagen wird am intensivsten ermittelt. Man versucht, möglichst schnell an Informationen zu gelangen. Je länger die Ermittlungen dauern, desto schwieriger ist es, die Täter zu finden, das erleben wir oft, und es hat verschiedene Gründe. In den ersten beiden Tagen wird das Umfeld der beteiligten Personen abgegrast. Bedenkt man, dass ein Großteil aller Mordfälle Beziehungstaten sind, ergibt sich der schnelle Zugriff hier fast zwangsläufig. In den ersten beiden Tagen wird häufig auch mit mehr Personal ermittelt – und die Beamten sind hoch motiviert. Ein neuer Fall, eine neue Fährte. Wenn man zu lange im Trüben fischt, sich nichts tut, der Fall stockt, ist es schwieriger, sich immer wieder aufs Neue maximal zu motivieren. Wie gesagt: Polizisten sind auch Menschen. Das anfängliche Jagdfieber ist hoch und der Einsatz enorm, was sich in Überstunden niederschlägt. Anders ist die anfallende Arbeit gar nicht zu bewältigen. Nach zwei Tagen erweitern sich die Ringe um die Personen, man widmet sich auch entfernten Freunden, Familienmitgliedern und Bekannten, und das dauert. Wenn Sie selbst einmal überlegen, wen Sie alles weitläufig kennen ... All diese Menschen zu befragen – ja, sie zuerst einmal ausfindig zu machen ... das kostet viel Zeit.
Gelegentlich hört man von einer 48-Stunden-Regel, in der alles Wesentliche herausgefunden werden müsste. Wenn man einen Täter nicht innerhalb dieser Frist festnehme, würde es sehr lange dauern. Doch schon manche einfachen Untersuchungen benötigen mehr als 48 Stunden Zeit. Ein Blitz-DNA-Gutachten dauert zwei Tage. Aber man wartet natürlich nicht Däumchen drehend auf die Gutachten, die einem dann erklä-

ren, dass das Blut auf dem Asphalt nicht vom Opfer, sondern von einem toten Vogel stammt, der da irgendwann mal überfahren worden ist. Jedes Gutachten wird vom Staatsanwalt in Auftrag gegeben, zum Beispiel Blutuntersuchungen auf Alkohol und toxikologische Gutachten in Bezug auf Drogen. Das ist wichtig für die Glaubwürdigkeit der Aussage: Kann jemand mit diesen nachgewiesenen Substanzen im Körper tatsächlich so gehandelt haben, wie er angibt?

Bei der Ermittlungsarbeit spielt die Hierarchie der Beamten keine Rolle. In den Teams können drei Hauptkommissare sitzen, die von einem Kommissar delegiert werden – oder auch der Stellvertreter des Ersten Kriminalhauptkommissars. Entscheidend ist, wer gerade Zeit hat und somit dem Leiter der jeweiligen Ermittlungen, in diesem Falle mir, zuarbeitet. Der Leiter muss alles koordinieren und ist deshalb an den ersten Ermittlungen nicht direkt beteiligt, sondern bleibt im Büro, während seine Leute ausschwärmen. Das widerstrebt einem förmlich, denn man will ja dabei sein, erste Befragungen durchführen, den Tatort anschauen, das Opfer im Krankenhaus besuchen. Aber einer muss die Fäden in der Hand halten.

So saß ich also am Schreibtisch und delegierte die Arbeit. Davon gab es genug. Ich koordinierte ja nicht nur meine zwei Teams, sondern hielt auch die Staatsanwaltschaft auf dem Laufenden, logischerweise in sehr engem Kontakt zu Beginn der Ermittlungen. Da wird durchaus mehrmals pro Stunde telefoniert. Ich verfolgte verschiedene Fahndungsansätze in Bezug auf Spuren am Tatort, Fingerabdrücke, DNA und das komplette Standardprogramm wie Anwohnerbefragung, Presseaufruf, Recherchen im internen Datenbestand. Der Tatort lag mitten in der Ortschaft. Über vielen Geschäften befinden sich Wohnungen. Die Tatzeit ließ erwarten, dass irgendjemand etwas gehört oder gesehen hatte. Leider erwies sich diese Hoffnung als falsch, wie mir meine Kollegin Claudia mitteilte. Da die Straße zur Brücke stark befahren ist, verfügen die meisten Häuser dort über dreifach verglaste Fenster. Zudem wiesen die Wohnzimmer, in denen man sich zur Tatzeit wahrscheinlich am häufigsten aufhielt, nach hinten, weg von der Straße. In diesem Fall würde uns die Anwohnerbefragung vielleicht nicht weiterbringen. Wir blieben trotzdem dran. Normalerweise machen je nach Tatort und Tatzeit mehr oder weniger Menschen Beobachtungen, die sie selbst meistens nicht als wichtig einschätzen. Niemals würden sie sich als Zeugen bei der Polizei melden, auch nicht, wenn die Presse gezielt Aufrufe abdruckt. Gerade Kleinigkeiten sind für uns aber wichtig. Wie weit standen die Personen voneinander weg, in welche Richtung sind sie geflohen ... wir interessieren uns für einzelne Handlungsabläufe, die aus der Ferne gut erkennbar sind. Diese helfen dabei, ein Geschehen zu rekonstruieren. Die Beteiligten an einer Tat erzählen äußerst subjektiv. Sie erleben das Geschehen aus ihrer Sicht, und die unterscheidet sich gravierend von dem Eindruck, den ein Unbeteiligter gewinnen mag. Deshalb sind für uns die Außenstehenden so wichtig, auch wenn es um grundlegende Dinge geht, die die Polizei schon weiß. Beobachter können diese Aussagen bestätigen oder winzig kleine Details hinzufügen, die schlussendlich zu einem Gesamtbild führen. Obwohl wir in diesem Fall von Anwohnern nichts erfuhren, dauerte die Befragung den ganzen Tag. Die meisten Menschen sind ja berufstätig. Man hinterlässt Zettel mit der Bitte um Rückruf oder versucht es später noch mal und dann noch mal. So ist ein Team am ersten Tag der Ermittlungen komplett beschäftigt.

Mein zweites Team, bestehend aus Sylvie und Heiner, schickte ich zuerst zum Tatort. Dort waren von den Kollegen der PI bereits Scherben von einer Bierflasche sichergestellt worden. Mein Team startete mit Unterstützung eines Einsatzzuges – ein Gruppenführer und vier Beamte – eine Absuche der Gegend. Die Polizisten im Einsatzzug werden gerufen, sobald man eine größere Anzahl von Beamten braucht, ob bei Absuchungen, Verkehrseinsätzen, Vermisstensuche oder Demonstrationen. Ein Einsatzzug besteht in der Regel aus jungen Beamten, die von der Bereitschaftspolizei zum Einzeldienst kommen, um den nötigen Feinschliff zu erhalten. Nebenbei lernen sie den kompletten Dienstbereich kennen, denn im Einsatzzug sind sie für mehrere Landkreise zuständig. Später werden sie dann auf den jeweiligen Inspektionen eingesetzt. Würde ich fünf Leute aus unserer Polizeiinspektion mit der Suche beauftragen, wären drei Streifen vom uniformierten Dienst abgezogen. Das würde die Inspektion auf Dauer zu sehr belasten.

Der Suchtrupp fand an einer Parkbank an der Amper weitere Scherben von Augustinerbierflaschen. Gab es hier einen Zusammenhang mit der Tat? Der Tatort war zwar ein Stück entfernt, doch sicherheitshalber wurden die Scherben später vom K7 zur Spurenauswertung ins BLKA, das Bayerische Landeskriminalamt geschickt. Ferner fand der Suchtrupp einige blutige Taschentücher, die der Verletzte sich, wie wir später erfahren sollten, auf seine Wunde gedrückt hatte. Nach einem Telefonat mit Heiner schickte ich mein zweites Team am späteren Vormittag ins Krankenhaus. Der Verletzte, Florian Gruber, konnte jedoch nicht vernommen werden, da er noch unter dem Einfluss der Narkose stand.

Bisschen wenig, dachte ich. Ich hätte mir mehr Ergebnisse innerhalb der ersten Stunden gewünscht. Das würde ein langer Tag werden. Ich rief meine Familie an und sagte Bescheid. »Ein neuer Fall?«, kombinierte meine Frau. Als Polizistengattin ist sie vertraut mit den Abläufen.

Auf meinem am Morgen frei geräumten Schreibtisch stapelten sich mittags schon die Papiere. Die Bänder der nächtlichen Vernehmungen durch die Kollegen vom KDD, die mir mein Chef überreicht hatte, waren mittlerweile abgetippt, der Übergabebericht der Kollegen von der Polizeiinspektion lag auch vor. Über die Vernehmungen vom KDD ärgerte ich mich ein bisschen. Die waren praktisch wertlos. Null Inhalt. Was war denn mit dem Kollegen los, so kannte ich den gar nicht! Ein versuchtes Tötungsdelikt – und dann fehlten alle Details. Ein Geschädigter, Detlev Sieber, der Kollege des im Krankenhaus Liegenden, konnte sich an nichts erinnern, und die Frau, Sabine Radeck hatte lediglich einen groben Ablauf erzählt. »Wir sind über die Brücke gegangen und überfallen worden.« Ich beschloss, die Nachvernehmungen selbst durchzuführen, um nicht noch einen Kollegen hinzuziehen zu müssen.

Zweite Zeugenvernehmung Sabine Radeck

Sabine Radeck war vor einer Woche 20 Jahre alt geworden, sehr schlank, mit einem kantigen, verschlossenen Gesicht und kurzem, weißblond gefärbtem Haar. Mindestens zwei Dutzend Silberstifte stecken in ihren Ohren, und auf ihren Hals war eine Spinne tätowiert. Über der Schulter trug sie eine abgewetzte Lederjacke mit Nieten, ihre Cargohose hing irgendwo in den Kniekehlen. Trotz der warmen Temperaturen steckten ihre Füße in klobigen Stiefeln. Mit ihrem Erscheinungsbild verriet mir Frau Radeck schon sehr viel. Auf einen Nenner gebracht war sie dagegen, und zwar gegen alles. Also auch gegen mich.

Eine Schublade meinerseits? Natürlich. So wie auch Frau Radeck ihre Umgebung in Schubladen steckte, sonst müsste sie ja nicht kategorisch gegen alles sein. Immerhin kannte ich meine Schublade, die bei der Begegnung mit der Zeugin aufgesprungen war wie ein Klappmesser: schwierige häusliche Verhältnisse, womöglich Tochter einer alleinerziehenden Mutter, Probleme in der Schule, vielleicht ohne Abschluss, vielleicht von zu Hause weggelaufen, Alkohol, Drogen. Eine traurige Lebensgeschichte und fast schon langweilig in der Folgerichtigkeit des Scheiterns – aus meinen Augen. Sabine Radeck, darüber war ich mir bewusst, würde eher meine Lebensgeschichte als traurig beurteilen. Schule, Beruf, Heirat, Beamter, Kinder, Spießer. Was für eine gescheiterte Existenz. Stimmte mein Eindruck? Das würde ich herausfinden. Jedenfalls blieb die Schublade offen. Und auch die Schublade für die Drückerkolonne blieb offen. Bislang hatte ich noch nie mit jemandem aus einer Drückerkolonne persönlich zu tun gehabt. Ich konnte mich also lediglich auf ein Vorurteil stützen. Junge Leute ohne Berufsausbildung, nutzen die Gutgläubigkeit älterer und gutmütiger Bürgerinnen und Bürger aus, rücksichtslose Bedingungen innerhalb der Drückerkolonnen, keine Spur von angenehmem Betriebsklima.

Ich schließe prinzipiell nicht vom Aussehen einer Person auf ihren Charakter, ihre Glaubwürdigkeit. Ich schließe gar nichts, vor allem keine Schublade, wenn ein Fall noch so

frisch ist. Ich bin Sachbearbeiter, nicht Beurteiler des modischen Geschmacks anderer. Mir ist es egal, ob ein Punker oder Banker, Student oder Rentner, eine Obdachlose oder eine Dachgeschossbewohnerin geschlagen oder beraubt wird. Es spielt für mich erst mal keine Rolle, wer das ist. Wichtig ist, was er oder sie erlebt hat. Weshalb er oder sie nun bei uns ist. Das gilt auch für die Täter. Jedenfalls ist das mein Ziel. Ich möchte meine Kundschaft gleich behandeln. Das ist mein Job, und den will ich so gut wie möglich machen. Außerdem bin ich nicht derjenige, der darüber bestimmt, ob jemand schuldig ist. Ich bin derjenige, der die Beweise zusammenträgt. Und wenn man noch gar nichts weiß, gilt die Unschuldsvermutung.
Aber davon war ja in diesem Fall keine Rede, denn Frau Radeck war eine Zeugin, als Kollegin des im Krankenhaus liegenden Florian Gruber. Meine Kollegen von der Polizeiinspektion sollten sie und ihren Freund Detlev Sieber auf meine Bitte hin zu Hause abholen. Herr Sieber hatte an diesem Vormittag einen Termin auf dem Arbeitsamt und würde im Anschluss zu uns kommen. Mit dem Chef der beiden hatte eine Kollegin bereits telefoniert. Er hatte ihnen den Tag freigegeben, damit sie sich von dem Schock des nächtlichen Überfalls erholen konnten.

Frau Radeck kaute Kaugummi, als müsse sie damit das Rad der Welt in Schwung halten. Sie betrat das Vernehmungszimmer mit den Worten »Was'n los? Was gibt's denn noch? Wieso holt ihr uns noch mal? Kann man nicht mal ausschlafen, oder was?«
Holla, was ist das, fuhr es mir durch den Kopf. Dann sagte ich, obwohl der Vormittag schon weit fortgeschritten war: »Guten Morgen, Frau Radeck. Mein Name ist Dieter Bin-

dig. Ich bin der Sachbearbeiter von der Geschichte heute Nacht.«

Sie schleuderte ihre Lederjacke auf einen Stuhl und nahm unaufgefordert Platz. Da es der Stuhl war, auf dem ich sie ohnehin haben wollte, sagte ich nichts.

»Hab doch eh schon alles gesagt. Ich tät lieber ausschlafen. Ist verdammt spät geworden gestern. War noch lang im Krankenhaus.«

Ich setzte mich ebenfalls. »Haben Sie schon Kaffee getrunken?«

»Ich trink keinen Kaffee.«

Natürlich nicht. Gegen alles.

»Cola wär super.«

In der Hoffnung, mit einer Cola den barschen Beginn zu versüßen, holte ich eine Flasche und schenkte Frau Radeck ein. Sie beachtete das Glas nicht, was ich wiederum nicht beachtete. Stattdessen erklärte ich ihr, worum es ging, und dass wir nun eine Zeugenvernehmung machen würden. »Gestern Nacht war ja alles recht hektisch, und wir hatten wenig Zeit für Details.«

»Ich weiß nicht mehr als gestern. Also kann ich gleich wieder gehen.« Sie stand auf.

»Langsam, langsam mit den jungen Pferden«, bremste ich sie. Missmutig setzte sie sich wieder.

»Jetzt fangen wir doch einfach mal an, dann sind wir schneller fertig. Ich helfe Ihnen bei Ihrer Erinnerung. Wir finden bestimmt noch etwas, was Sie heute Nacht vergessen haben. Aber zuerst einmal müssen wir die Formalitäten erledigen.«

»Was denn für Formalitäten?«, murrte sie.

Ich schob ihr die Einverständniserklärung für die Tonbandaufzeichnung zu. »Bitte lesen Sie sich das durch, und schauen Sie, ob Ihre Personalien richtig aufgenommen wurden.«

»Ihr werdet euch bei der Polizei wohl nicht vertippen.«
»So was kann schon einmal vorkommen. Bitte lesen Sie auch die Belehrung durch.«
»Mann, das nervt!«
Ich überging ihr unhöfliches Verhalten, obwohl es in mir bereits zu brodeln begann. Genau das wollte sie erreichen. Den Gefallen würde ich ihr nicht tun. Ich wollte den Sachverhalt klären. Wenn ich mich auf ihre Spielchen einlassen würde und ihr die Antworten gäbe, die mir auf der Zunge lagen, würde ich von ihr kein einziges Detail hören. Es ging hier nicht darum, ob wir uns mochten oder nicht, es ging darum, den Täter zu ermitteln. Also stellte ich meine persönlichen Emotionen hintenan und nahm den Topf von der Flamme. Freundlich bat ich Frau Radeck: »Erzählen Sie mir bitte den gestrigen Tagesablauf.«
»Wen interessiert der Tag? In der Nacht ist es passiert, ist das noch nicht zu Ihnen durchgedrungen?«
»Es ist wichtig für uns, dass wir die Verhältnisse kennen, wie Sie zu den beiden anderen Geschädigten stehen.«
Sie ließ eine Kaugummiblase platzen. Giftgrün, was sonst.
»Also, ich bin mit dem Detlev zusammen. Wir arbeiten seit ein paar Wochen in der Drückerkolonne.«
»Kannten Sie sich schon vorher?«
»Nö.«
»Also haben Sie sich während der Arbeit kennengelernt.«
»Sag ich doch!«
»Weiter.«
»Was weiter?« Noch eine Kaugummiblase. »Okay, wir sind hier hauptsächlich in Bayern unterwegs. Wir dürfen mit dem Auto vom Chef fahren. Der sagt uns die Einsatzorte. Hin und wieder kriegen wir einen Neuen. Weil wir ja praktisch schon alte Hasen sind.«

»Ist der Florian Gruber ein solcher Neuer?«, fragte ich nach dem Opfer.
Sie nickte.
»Wie lange kennen Sie ihn?«
»Eine Woche, keine Ahnung.«
So kamen wir nicht weiter. Ich versuchte es mit Smalltalk zum Warmwerden mit einem Thema weiter weg vom Überfall.
»Wie kommt es, dass Sie bei einer Drückerkolonne arbeiten?«
»Das geht Sie doch nichts an! Sie haben wohl Vorurteile? Typisch! Das hätte ich mir gleich denken können. Drückerkolonne ist Abschaum, oder?«
Smalltalkversuch gescheitert. »Noch habe ich keine Vorurteile, aber wenn Sie so weitermachen, bestätigen Sie vielleicht welche.«
»Hä? Wenn Sie keine haben, kann ich die nicht bestätigen.«
Ich änderte meine Taktik zu einem konkreten Frage-Antwort-Spiel. Dies war keine klassische Vernehmung einer Geschädigten, der ich mit bewährten Strategien helfen konnte, ihre Erinnerung zu aktivieren. Ich würde nun kurze Fragen stellen und präzise Antworten einfordern. In Gedanken bat ich den Kollegen vom KDD, der die Vernehmung von Sabine Radeck geführt hatte, um Verzeihung. Allmählich schwante mir, warum das Protokoll so dürftig und gänzlich ohne Details ausgefallen war.

»Wann sind Sie gestern von Ihrem Einsatz nach Hause gekommen?«
»Irgendwann am Nachmittag.«
»Frau Radeck, ich stelle Ihnen hier konkrete Fragen. Auf diese Fragen erwarte ich konkrete Antworten. Irgendwann am Nachmittag ist nicht konkret. Das kann zwischen 13:30 Uhr und 18:00 Uhr alles sein.«

»Ach, so lange haben Sie in Bayern Nachmittag?«
»Sie sind nicht beschuldigt. Sie sind die Kollegin des Geschädigten. Wollen Sie denn nicht, dass die Tat aufgeklärt wird? Es mag sein, dass Sie mit mir nicht zurechtkommen. Doch wenn Sie sich weiterhin so pampig geben, behindern Sie die Aufklärung eines Verbrechens.«
»Halb sechs.«
»Um 17:30 Uhr an Ihrer Wohnung in der«, ich schaute auf meine Unterlagen und nannte die Straße.
»Ja.«
»Und dann?«
»Was, und dann?«
»Umziehen? Duschen?«, bot ich ihr an.
»Ja.«
»Wie ist es dann weitergegangen?«
»Wir sind zum Essen.«
»Zu dritt?«
Sie ließ eine weitere Blase platzen und nickte. Ich hasse Kaugummis. Meine Grenze war hiermit überschritten. Ich drehte mich zur Seite, hob den Papierkorb hoch, hielt ihn ihr unters Gesicht und befahl: »Ausspucken.«
Der grüne Ekelbatzen landete auf dem Logo der Staatsanwaltschaft München. Frau Radeck schaute mich verblüfft an. Sie hatte den Kaugummi nicht hergeben wollen. Automatisch hatte sie auf meine Autorität reagiert.
»Wohin?«, fragte ich.
»Wienerwald.«
»Gab es einen Grund?«
»Nee, machen wir immer so.«
»Sie gehen also jeden Abend essen?«
»Nein.«
»Also gab es doch einen Grund?«

»Wir haben gefeiert.«
»Warum?«
»Weil der Tag gut gelaufen ist.«

Innerlich stellte ich mich auf eine längere Vernehmung ein, als ich geplant hatte. Die Zeit rann mir buchstäblich durch die Finger. Ich hatte noch so viele andere dringende Sachen zu erledigen, aber das würde ich mir nicht anmerken lassen. Es rächte sich, dass ich die Zeugenvernehmung selbst durchführte. Ich würde später nacharbeiten müssen. Auffordernd nickte ich Frau Radeck zu.
»Wann sind Sie im Wienerwald angekommen?«
»Hab ich schon gesagt.«
»Nein, Sie haben gesagt, wann Sie an der Wohnung waren.«
»Na, dann eben danach.«
»Wann genau danach?«
»So um fünf.«
»Das kann nicht sein, wenn sie um halb sechs in der Wohnung gewesen sein wollen.«
»Dann eben um halb sieben.«
»Also um halb sieben?«, wiederholte ich. Das erschien mir realistisch, falls die erste Zeit stimmte.
»Das weiß ich doch nicht mehr.«
»Sie haben das eben gesagt.«
»Wenn Sie das sagen.«
»Um halb sieben also?«
»Eher sieben.«
»Okay, um sieben. Gibt es vielleicht etwas, woran Sie das festmachen können?«
»Wie festmachen?«
»Fernsehprogramm?«
»In der Wohnung ist kein Fernseher.«

»Hatten die Geschäfte in der Stadt noch offen, als Sie sich auf den Weg zum Wienerwald machten?«
»Keine Ahnung.«
»Wer ist mit zum Wienerwald?«
»Blöde Frage, hab ich doch schon gesagt. Alle miteinander.«
»Was haben Sie beim Wienerwald gegessen?«
»Gibt's da was anders als Hendl?«
»Wie lang hat das Essen gedauert?«
»Vielleicht eine Stunde. Oder zwei oder drei? Ich schau doch beim Essen nicht auf die Uhr!«
»Haben Sie was getrunken?«
»Glauben Sie, ich würg mein Hendl trocken runter?«
»Ich meine, ob Sie Alkohol getrunken haben?«
»Alkohol nicht, Bier schon.«
»Macht das für Sie einen Unterschied?«
»Natürlich! Für Sie vielleicht nicht? Bier ist doch kein Alkohol.«
»Schnaps schon?«
Sie lachte mich aus. »Klar. Schnaps ist Alkohol.«
»Haben Sie Schnaps getrunken?«
»Nein, das habe ich doch gerade gesagt! Hören Sie mir nicht zu? Keinen Alkohol, nur Bier.«

... War das die erste konkrete Auskunft? Gut, dass ich mich nach dem Lesen des Vernehmungsprotokolls nicht bei meinem Kollegen vom KDD beschwert hatte. Er hatte es in der Nacht wahrscheinlich noch schwerer gehabt mit Sabine Radeck. Sie mussten zu zweit drei Vernehmungen durchführen, davon eine im Krankenhaus, und die Fahndung einleiten.

Wenn man einer widerspenstigen Person gegenübersitzt, darf man sich auf keinen Fall auf Provokationen einlassen. Man muss bei der Sache bleiben, Frechheiten wegstecken, Anspielungen ausblenden. Nie das Ziel vergessen: Sachinformationen sammeln. Sobald man auf Provokationen einsteigt, kann man die Vernehmung beenden. Dann kommt nichts mehr dabei raus. Ist eine Zeugenvernehmung nicht mehr zu retten, geht man schon mal auf eine Provokation ein. Hin und wieder tut das richtig gut. Doch es ist der Kriminaler, der bestimmt, wann eine Vernehmung beendet ist, nicht die Kundschaft.

»Wie ist es dann weitergegangen?«, stellte ich meine Standardfrage.
»Wir wollten heim. Wir waren müde.«
»Sind Sie alle drei gleichzeitig und miteinander heimgegangen?«
»Wohin sollen wir denn sonst?«
»Sind Sie alle drei gleichzeitig und miteinander heimgegangen?«
»Ja.«
»Wie spät war es?«
»Keine Ahnung.«
»Ungefähr?«
»Fragen Sie doch Ihre Kollegen. Die haben alles aufgeschrieben.«
»Was ist dann auf dem Nachhauseweg passiert?«
»Wir sind über die Brücke gegangen, und dann sind die drei von hinten gekommen und haben dem Flo ein Messer in den Rücken gerammt.«
»Einfach so?«
»Keine Ahnung, was denen an uns nicht gepasst hat.«
Sie kreuzte die Arme vor der Brust.
»Und sonst?«, fragte ich. »Haben die was gesagt?«
»Nö.«

»Gab es vorher Streit oder Ärger?«
»Nö.«
»Die haben also einfach zugestochen?«
»Ja.«
»Wo sind die denn hergekommen?«
»Woher soll ich das wissen, die waren ja hinter uns.«
»Wenn die hinter euch waren, habt ihr sie vielleicht vorher überholt oder sitzen oder stehen sehen? Vielleicht waren die am Brunnen bei der Sparkasse?«, fragte ich nach einem bei jugendlichen Rumhängern beliebten Treffpunkt in Fürstenfeldbruck.
»Nö.«
»Und wieso sticht dann einer aus heiterem Himmel mit dem Messer zu?«
»Das weiß ich doch nicht. Das müssen Sie ihn schon selber fragen.«
»Wie geht es dem Flo jetzt?«, fragte ich. Es schien ihr egal zu sein. Womöglich hatte es innerhalb der Drückerkolonne Streit gegeben?
»Der liegt noch immer im Krankenhaus. Er ist operiert worden. Dem tut alles weh. Gestern in der Notaufnahme hat er sogar gekotzt. Dem geht es echt scheiße.«
Es war mir bekannt, dass das Kotzen in gewissen Kreisen als unwiderlegbares Zeichen körperlichen Unwohlseins gilt. Wer kotzt, simuliert nicht. Schlimmer geht's nicht.
»Haben Sie nach der Operation mit ihm gesprochen?«
»Wir waren noch ein bisschen bei ihm, aber er ist nicht aufgewacht. Der hat geschlafen wie zugedröhnt. Und irgendwann hat uns ein Arzt rausgeworfen.« Sie erhob die Stimme. »Das ist doch echt das Letzte oder, dass die uns einfach rausschmeißen! Kein Mensch hat uns gesagt, was mit ihm ist.«
»Das kann ich mir nicht vorstellen.«

»Ha, ha. Ist nicht so schlimm, haben Sie gesagt. Aber so viel Blut. Das sah echt scheiße aus.«
»Wie verstehen Sie sich denn mit dem Flo?«
»Der ist ganz nett. Aber wir kennen ihn ja noch nicht lang.«
»Haben Sie schon mal gestritten?«
»Nö. Der macht immer, was wir ihm sagen.«
»Hat er schon eine Reisegewerbekarte?«
»Wenn Sie jetzt so daherkommen, können wir gleich aufhören.«
»Bei uns geht es um Mord, nicht um die Reisegewerbekarte. Ich habe danach gefragt, weil ich wissen wollte, wie Ihr Chef den Flo einschätzt. Ob das auf Probe ist oder von Dauer.«
»Woher soll ich das wissen? Da müssen Sie den Chef fragen. Also der Flo, das ist zur Probe. Da bin ich mir echt sicher.«

Was wissen wir bisher? Eigentlich nur, dass die Vorurteile über Drückerkolonnen zu stimmen scheinen? Welche Möglichkeiten erkennen Sie, sich der Geschädigten, wenn schon nicht positiv, so doch zumindest neutral zu nähern? Man kann an jedem Menschen etwas Liebenswertes oder wenigstens Neutrales finden – wenn man es wirklich möchte und danach sucht. Das ist die einzige Chance, die Sie haben, um in Kontakt zu kommen. Wenn Sie andere ablehnen, wird Ihnen das nicht gelingen. Also lernen Sie, an jedem Menschen, dem Sie begegnen, mindestens eine positive Eigenschaft zu finden. Der blöde Kollege, der dauernd beim Chef petzt? Immerhin kümmert er sich um seine kranke Mutter. Der nervige Nachbar und sein Rasenmäher? Zu unserem Gartenfest hat er uns sein Partyzelt geliehen. Die viel zu strenge Mathelehrerin des Sohnes? Beim Abschied hat sie mich sehr nett angelächelt. Machen Sie es sich zur Aufgabe, in den nächsten Tagen an jedem, wirklich jedem Menschen etwas Positives zu finden. Mindestens eine Eigen-

schaft! Tun Sie das so lange, bis es automatisch geschieht. So wie Sie beim Autofahren den Blinker setzen, wenn Sie abbiegen, finden Sie an jedem Menschen mindestens eine nette Eigenschaft. Auch so werden Sie zum guten Polizisten, denn dies hilft Ihnen, in Stresssituationen einen objektiven Blick zu bewahren und sich nicht hinreißen zu lassen, eine Schublade vorschnell zuzuschlagen. Je länger Sie die Schubladen offen halten, desto intensiver schulen Sie Ihre Menschenkenntnis.

Ich dachte mir: Mit 19 Jahren in einer Drückerkolonne unterwegs, da hat die junge Frau einiges hinter sich. Die meint das nicht persönlich, wenn sie so schnoddrig auftritt. Die ist halt so. Wenn meine Töchter in einem solchen Ton mit mir sprechen würden, da würde es aber rumpeln. Doch dieses Mädel vor mir – was wusste ich von ihr, um ihr das wirklich übelzunehmen? Was wusste ich von ihren Erfahrungen, die sie womöglich mit Autoritäten und Behörden gemacht hatte? Und solche Riesenkaugummiblasen, die musste man erst mal hinkriegen, ohne sich beim Platzen die Wimpern zu verkleben.

Wenn ich unser Gespräch dazu nutzen würde, meine Vorurteile zu bestätigen, würde ich jede Chance verspielen, doch noch in Kontakt mit der Zeugin zu kommen. Ich würde genau das erhalten, was ich erwartete. Freche Antworten ohne Aussage. Ich wollte mir aber die Perspektive bewahren, dass es besser werden konnte. Schließlich ging es um ein versuchtes Tötungsdelikt. Ich behielt mein Ziel im Auge.

Auch Sie sollten Ihr Ziel in schwierigen Gesprächen niemals aus den Augen verlieren. Hilfreich dabei ist es, sich lediglich an den sachlichen Belangen zu orientieren. Bleiben Sie bei den Sachbeweisen! Egal, ob Sie provoziert werden. Sobald Sie darauf eingehen, entfernen Sie sich von Ihrem Ziel. Lassen Sie sich nicht ver- und einwickeln. Wenn es sein muss, stellen Sie dieselbe Frage eben fünfmal hintereinander. Sachlich bleiben beruhigt die Nerven und sorgt dafür, dass eine Schublade nicht mit lautem Getöse zufällt. Sachlich bleiben heißt, die Kontrolle zu behalten. Einfach ist das nicht. Aber fair. Und das wollen wir als gute Polizisten doch sein, oder?

Denn was wäre die Alternative? Sabine Radeck an den Kopf zu werfen, was ich von ihrem unhöflichen Benehmen hielt. Und dann? Sie würde laut werden oder gar nichts mehr sagen. Und dann? Liefen da draußen drei Täter frei herum. Bloß weil ich die Kontrolle verloren hatte. Das heißt aber nicht, dass ich mir bis zur Selbstverleugnung Frechheiten gefallen lasse. Wenn es mir reicht, setze ich Grenzen.

Was haben wir sonst noch?
Vielleicht stimmte die Geschichte gar nicht, die sie erzählt? Warum war sie so pampig? Wenn es die drei Täter gar nicht gab? Wenn sie die erfunden hatte, um von einem Streit innerhalb ihrer Gruppe abzulenken? Aber wer soll zugestochen haben? Nein, das erschien mir nicht plausibel. Ich verwarf den Gedanken.

Ruhig und freundlich erkundigte ich mich, ob Frau Radeck eine Pause brauchte. »Wollen Sie jetzt vielleicht mal einen Schluck von Ihrer Cola trinken?«
»Ach, die Cola! Danke!« Sie nahm einen Schluck. Ich vermutete, dass es sie beeindruckte, anders behandelt zu werden als gewohnt. Dadurch, dass ich sie nicht in die Schublade gesteckt hatte, in der sie schon so oft gelandet war, musste sie noch mal in ihren Schubladen wühlen und überprüfen, ob sie

mich wirklich in die richtige geworfen hatte. Das irritierte sie. Hier war etwas anders. Und genau das war die Tür, die nun einen klitzekleinen Spalt offen war. Meine Geduld hatte sich gelohnt. Aber ob ich reinkommen würde, das stand in den Sternen.

»Konzentrieren wir uns bitte noch einmal auf das, was passiert ist«, fuhr ich fort. »Sie sagen, die drei sind von hinten gekommen. Wer von Ihnen war vorne, wer war hinten?«
»Ich war vorne, Detlev in der Mitte, Flo hinten.«
»Woran haben Sie gemerkt, dass da hinten etwas passiert?«
»Der hat laut geschrien.«
»Dann haben Sie sich umgedreht?«
»Logisch! Wenn da einer brüllt, muss ich doch schauen, was ist.«
»Und was haben Sie gesehen?«
»Da waren drei Typen, die zugestochen haben.«
»Haben die auch noch zugestochen, als der Flo schon geschrien hat?«
»Nein, aber man hat gehört, dass sie zugestochen haben.«
»Woran haben Sie das gehört?«
»Am Brüllen natürlich.«
»Und dann haben sie aufgehört?«
»Ja.«
»Und dann?«
»Haben sie sich umgedreht und sind weg.«
»Wohin weg?«
»Weg.«
»Da geht es geradeaus in die Stadt, rechts zur Sparkasse, links an der Amper ins Wohngebiet. Ein paar Meter weiter befindet sich die Passage. Die drei können sich doch nicht in Luft aufgelöst haben.«

»Keine Ahnung.«
»Aber dass es drei waren, das wissen Sie schon?«
»Bin ich blöd oder was?«
»Und wo sind die drei dann hin?«
»Keine Ahnung, das hab ich doch eben schon gesagt.«
»Ganz schön blöd«, sagte ich nun auch mal, was ich dachte.
Frau Radeck grinste und nahm noch einen Schluck Cola.
»Wie ist es dann weitergegangen?«
»Wir haben geschaut, was mit dem Flo ist. Sein ganzer Rücken war voller Blut. Also sind wir ins Krankenhaus gefahren mit ihm.«
»Wieso haben Sie keinen Sanka gerufen?«
»Das hätte zu lang gedauert. Der hat geblutet wie ein Schwein, echt. Ich hab gedacht, der stirbt. Und das Auto stand ja um die Ecke. Der Detlev hat gemeint, so sind wir schneller.«
»Auf dem Weg ins Krankenhaus sind Sie die gleiche Strecke zurückgefahren, die Sie vorher zu Fuß gegangen sind. Haben Sie die drei noch mal gesehen?«
»Nein, die waren weg.«
»Wie haben die drei ausgeschaut?«
»Groß, kräftig, dunkel gekleidet.«
»Alle drei?«
»Ja.«
»Irgendeine Unterscheidung?«
»Nein.«
»Das ist ein bisschen dürftig, Frau Radeck. Auf der Brücke ist es hell. Da fahren Autos. Da sieht man doch was. Da sieht man beispielsweise, ob vor einem ein Deutscher, Südländer oder Afrikaner steht.«
»Es waren Deutsche.«
»Haben sie was gesagt?«
»Nö.«

»Woher wollen Sie dann wissen, dass es Deutsche waren?«
»So ein Gefühl. Und wie sie ausgeschaut haben.«
Allmählich neigte sich meine Geduld dem Ende zu. Fest schaute ich Frau Radeck in die Augen. Sie hielt meinem Blick stand. »Wollen Sie nicht oder können Sie nicht?«, fragte ich.
»Was?«, stellte sie sich ahnungslos.
»Seit Sie hier bei der Tür rein sind, arbeiten Sie gegen das, was die Polizei tut. Wir wollen die Täter erwischen, die Ihren Kollegen verletzt haben. Sie tun alles, um das zu verhindern.«
»Ich hab Ihnen gesagt, was ich weiß. Mehr weiß ich eben nicht. Soll ich vielleicht zu lügen anfangen, bloß damit Sie zufrieden sind? Okay, dann lüg ich eben. Der eine hatte blaue Augen und der andere braune und der dritte grüne. Sind Sie jetzt zufrieden?«

Was ist ihr Motiv, ihr Ziel, fragte ich mich. Warum lässt sie sich alles aus der Nase ziehen, fragte ich mich. So benimmt sich niemand, der eine Straftat beobachtet hat. Noch dazu, wenn er das Opfer kennt. Noch dazu, wenn das Opfer um Haaresbreite dem Tod entronnen ist. Irgendetwas schwebte hier im Raum, das ich nicht zu fassen bekam.
»Kann ich jetzt gehen?«, fragte Frau Radeck.
»Nein«, sagte ich und startete einen zweiten Durchlauf. Diesmal begann ich mit ihrem familiären Leben. Ich versuchte, einen Anknüpfungspunkt zu finden, um ein kleines bisschen Vertrauen aufzubauen, und scheiterte.
»Was hat meine Familie damit zu tun, dass mein Kollege überfallen worden ist?«, ranzte sie mich an.
Ich versuchte es über die Arbeit und fragte sie, ob sie noch lange bei der Drückerkolonne bleiben wolle oder ob das ein vorübergehender Job für sie sei.
»Machen Sie jetzt einen auf Berufsberater?«

Schließlich versuchte ich es mit ihrem Befinden.
»Bin ich hier beim Psychiater?«
Ich bekam den Fuß nicht in die Tür, auch wenn sie diesen klitzekleinen Spalt offen stand. Oder war sie schon wieder geschlossen? Ich kehrte zurück zur Tat.
»Können Sie mir wenigstens einen der drei Täter genauer beschreiben?«
»Nein.«
»Können Sie differenzieren, wer von den dreien das Messer geführt hat? Es können ja nicht alle drei gleichzeitig zugestochen haben.«
»Nein.«
»Haben Sie das Messer gesehen?«
»Nein.«
»Nein?«
»Nein, ich habe kein Messer gesehen. Ich habe den Flo nur schreien gehört.«

Wenn Sie nun genervt sind, können Sie sich vielleicht vorstellen, wie ich mich fühlte – denn ich erspare Ihnen diese Vernehmung in aller Länge und Breite. Als ich sie nach fast zwei Stunden beendete, freute ich mich sehr auf meine Mittagspause. Ich entließ Frau Radeck mit der Frage, wo ich sie in der nächsten Zeit erreichen könnte.
»Wo schon? Über meinen Chef. Ansonsten haben Sie ja meine Handynummer.«
»Wissen Sie, wie lange Sie noch in unserer Gegend unterwegs sein werden?«
»Der Chef hat gemeint, zwei Wochen. Aber das kann sich täglich ändern.«
»Wollen Sie noch etwas sagen, Frau Radeck?«
»Ich hab alles gesagt. Kann ich jetzt endlich gehen?«

»Wollen Sie das Band noch mal anhören? Natürlich nicht. Dann bitte hier noch unterschreiben.« Ich legte einen Kugelschreiber auf den Tisch.
Genervt unterschrieb sie die Einwilligungserklärung.
»Kann ich gehen?«
»Bitte.« Mit einem dicken Hals verabschiedete ich mich freundlich von ihr.

Nach so einer Vernehmung fühlt man sich nicht gerade zum Bäumeausreißen. Eher völlig im Wald. Es gab nur eins, worin ich mir sicher war: Die Tat war nicht so verlaufen, wie sie es mir geschildert hatte. Ich setzte meine Hoffnung auf ihren Freund, Detlev Sieber. Der hatte hoffentlich einen Versuch gestartet, die drei Täter zu verfolgen. Vielleicht konnte er uns eine brauchbare Personenbeschreibung liefern? Doch bevor ich ihn vernahm, musste ich mich um die Koordination meiner Teams kümmern und einen Blick auf meinen Schreibtisch werfen, wo mittlerweile eine Menge frisch beschriebenes Papier wartete. Da traf es sich gut, dass Herr Sieber telefonisch ankündigte, erst um 14 Uhr zu uns zu kommen, so lange würde es laut Auskunft seines Sachbearbeiters am Arbeitsamt dauern.

In einer späten Mittagsrunde erzählte ich meinen Kollegen von der Vernehmung, sie erzählten mir von ihren Ergebnissen. Auf unserer KPI setzen wir uns mittags oft im Besprechungsraum zusammen. Manche haben ihr Essen dabei, andere holen sich was und bringen für Kollegen etwas mit. Felix hatte mir zwei Wurstsemmeln besorgt. Wie immer Bischi-salamigu. Bierschinken und Salami mit Gurke. Das musste ich nicht extra sagen. Felix' Hausbefragung hatte bislang nichts ergeben, er würde nachmittags noch einige Adressen abklap-

pern. Die Scherben waren schon bei den Kollegen vom Erkennungsdienst im K7.
Wir verabredeten uns für den frühen Abend, um dann hoffentlich die ersten Puzzleteile zusammensetzen zu können.

Das rechtsmedizinische Gutachten

Ein wesentlicher Punkt in diesem Stadium der Ermittlungen ist die körperliche Untersuchung der Geschädigten durch Ärztinnen oder Ärzte vom Institut für Rechtsmedizin in München. In Auftrag gegeben wird das Gutachten der Rechtsmedizin von der Staatsanwaltschaft. Sie übernimmt auch die Kosten. Als neutraler Gutachter, der nicht an die Schweigepflicht gebunden ist, muss ein Rechtsmediziner eine Stellungnahme zu der Gefährlichkeit von Verletzungen und zur Einstufung der Straftat abgeben: Was hätte passieren können, welche Folgen hätte diese Straftat haben können. Bei einem Messerstich in den Rücken befinden wir uns im Grenzbereich zwischen gefährlicher Körperverletzung zum Tötungsdelikt. Würde der Fall als Tötungsdelikt eingestuft, bestünde die Möglichkeit des versuchten Totschlages oder, wenn ein Motiv bekannt würde, des versuchten Mordes. Ausschlaggebend für die Höhe der Strafe ist der erfüllte Tatbestand. Bei der einfachen Körperverletzung, Faustschlag ins Gesicht, kann die Gefängnisstrafe bis zu fünf Jahre betragen. Bei der gefährlichen Körperverletzung, drei gegen einen, gefährliches Werkzeug, bis hin zur der das Leben gefährdenden Behandlung, reicht die Höchststrafe bis zu zehn Jahren. Daran würde sich der versuchte Totschlag, nicht unter fünf Jahren, nach oben offen, anschließen. Die Unterscheidung, ob ein Leben gefährdet wurde oder es dem Zufall zuzuschreiben ist, wenn der Tod nicht eintrat, ist für Juristen ein wichtiges Kriterium, das von Gerichtsmedizinern anhand von Krankenunterlagen, Röntgenbildern, CT-Aufnahmen und eigenen Untersuchungen beleuchtet und beantwortet werden muss.

Da wir sehr eng mit der Rechtsmedizin zusammenarbeiten und häufig Obduktionen beiwohnen, kennen wir alle dort beschäftigten Ärzte persönlich. Als Kriminalpolizisten werden wir auch öfter zum fachspezifischen Unterricht zur Rechtsmedizin eingeladen. Leider finden diese hochinteressanten Veranstaltungen immer am Freitagnachmittag statt, was bei Polizeibeamten in der Regel auf wenig Gegenliebe stößt. Für einen Kriminaler ist es sehr wichtig, über die prinzipiellen Möglichkeiten der Rechtsmedizin informiert zu sein, damit er gezielt Spuren sicherstellen kann. Die Rechtsmedizin hat gerade in den letzten Jahren große Fortschritte gemacht. So werden in letzter Zeit häufig Morde aufgeklärt, die zehn, zwanzig Jahre zurückliegen: Weil die Möglichkeit zur Bestimmung der DNA immer feiner wird. Früher benötigte man einen Fingerhut voll Blut, heute genügen ein paar Hautschuppen. Mittlerweile ist man so gut, dass bereits der Boxhieb eines Täters gegen den Brustkorb eines Opfers mit DNA nachzuweisen ist. Ein Mörder kann sich niemals sicher wägen: Mord verjährt nicht. Und außerdem liegt die aktuelle Aufklärungsquote bei uns in Fürstenfeldbruck, wie bei vielen anderen KPIs, bei 100 Prozent. Sicher gibt es bayernweit den einen oder anderen offenen Fall. Doch die Frage ist: wie lang noch? Seit ich bei der Kripo bin, haben wir keinen einzigen ungelösten Mordfall zu verzeichnen. Was nicht an mir liegt, sondern an den heutigen technischen Möglichkeiten und unserem engagierten Team. Dennoch wird es immer einige unaufgeklärte Morde geben: Solche, die niemals als Mord aktenkundig wurden. Die Dunkelziffer jener Tötungsdelikte, von denen die Polizei nichts weiß, liegt in verschiedenen Schätzungen verschieden hoch. Es wird alles getan, um die Wahrscheinlichkeit, dass ein Tötungsdelikt unentdeckt bleibt, zu verringern.

Die Rechtsmedizin beschäftigt sich nicht nur mit der Aufklärung von Straftaten. Hier wird auch Grundlagenforschung betrieben, um später belegen zu können, ob ein bestimmtes Verletzungsbild einer sichergestellten Tatwaffe zuzuordnen ist. Ob Verletzungen von einem Verkehrsunfall stammen oder dem Opfer zuvor beigebracht wurden. Ob der verbrannte Tote beim Ausbruch des Feuers noch gelebt hat. All dies ist enorm wichtig für die Ermittlungen der Kripo, und so stehen wir in engem Kontakt mit der Rechtsmedizin, gerade zu Beginn eines Falles.

Zweite Zeugenvernehmung Detlev Sieber

Jede Vernehmung ist anders. Es wäre ein schwerer Fehler, von der einen auf die nächste zu schließen, auch wenn die beiden Geschädigten miteinander bekannt sind, so wie im Falle von Sabine Radeck und Detlev Sieber. Da würde ich mein Gegenüber ja schon vor dem ersten persönlichen Kontakt in eine Schublade stecken.

Detlev Sieber war 22 Jahre alt, schmächtig, und in seinem blassen Gesicht bildeten Pickel und Sommersprossen ein kurioses Muster. Er trug einen Trainingsanzug und machte einen aufgeweckten Eindruck, was vor allem an seinen hellen blauen Augen lag. Er kam mir offen und freundlich vor. Mit dem werde ich es leichter haben, vermutete ich.

Nach der Begrüßung bat ich ihn, Platz zu nehmen, und legte ihm die Einverständniserklärung zur Tonbandaufzeichnung vor. Dann bat ich ihn, seine Personalien auf dem Formblatt zu überprüfen. Ohne Widerrede folgte er meiner Bitte, wenn er auch sehr lange dafür brauchte, und unterschrieb im Anschluss die Belehrung. Ich fragte ihn »Was ist gestern eigentlich passiert?«

Er zuckte mit den Schultern. »Weiß ich nicht.«

»Wie bitte?«

»Ich war besoffen.«

»Ja, das haben mir die Kollegen schon berichtet, dass Sie etwas getrunken haben. Aber doch nicht so viel, dass Sie heute nichts mehr wissen?«

»Doch.«

»Sie werden sich doch daran erinnern, was gestern passiert ist?«

»Nein.«

»Nein?«

»Also irgendwas war schon. Keine Ahnung. Meine Freundin hat es mir heute Morgen erzählt.«

»Dann versuchen wir jetzt, Ihre Erinnerung zurückzuholen.«

»Das bringt nichts. Hab ich auch schon versucht. Alles weg.«

Wie ein Priester beim Segen hob er die Hände.

»Wie haben Sie den gestrigen Tag verbracht?«

»Wir waren in der Umgebung von Fürstenfeldbruck unterwegs. Kleine Käffer. Ich bin gefahren. Einmal haben wir getankt. Der Tag war super. Abends waren wir im Wienerwald und haben gefeiert. Danach war ich betrunken.«

»Sind Sie dann noch Auto gefahren?«

»Nein, natürlich nicht. Wir sind zu Fuß in die Stadt. Wir wussten ja, dass wir feiern wollten.«
»Nur im Wienerwald oder noch woanders?«
»Weiß ich nicht mehr.«
»Das kann ich mir jetzt aber schwer vorstellen, dass Sie von der einen auf die andere Sekunde nichts mehr wissen.«
»Das hat schon länger gedauert.«
»Wie lange?«
»Keine Ahnung. Ich hab was getrunken, das weiß ich noch, aber was danach kam, das weiß ich nicht mehr.«
»Sie wissen nicht, dass Sie im Krankenhaus waren und dort auch untersucht wurden?«
»Nein.«
»Sie erinnern sich nicht, wie Sie nach dem Krankenhaus heimgekommen sind?«
»Nein.«
»Wissen Sie wenigstens, dass Sie jetzt gerade bei der Polizei sind.«
Er grinste. »Wenn Sie das sagen.«
»Ich glaube Ihnen kein Wort. Freilich wissen Sie, was passiert ist! Warum lügen Sie mich an?«
»Ich lüge nicht. Ich weiß es nicht. Ich war betrunken.«
»Was ziehen Sie hier für eine Show ab? Warum, Herr Sieber? Was ist gestern auf der Brücke vorgefallen?«
»Welche Brücke?«

Ruhig bleiben, beschwor ich mich. Das ist ein Zeuge. Aber die Sache stinkt zum Himmel. Warum ist der so verstockt? Ich glaub dem nicht. Irgendwas ist da auf der Brücke passiert, was er und seine kaugummikauende Freundin mir nicht sagen. Aber was?

»Macht es Sinn, wenn wir eine Hypnose durchführen?«, fragte ich einfach mal so, um ihn zu testen. Bei der Polizei gibt es keine Hypnose. Ich vermutete, das wusste er nicht.
»Ihr könnt mit mir alles machen. Aber ich weiß nichts. Ich war betrunken. Und wenn ich betrunken bin, bin ich betrunken.«
»Was wollen Sie damit erreichen?«
»Ich will jetzt nach Hause.«
»Wissen Sie, wie es Ihrem Kumpel geht?«
»Meine Freundin hat mir gesagt, dass er operiert wurde.«
»Sie waren doch dabei im Krankenhaus.«
»Wenn Sie das sagen.«
»Wann sind Sie heute früh aufgewacht?«
»Die Polizei hat uns rausgeklingelt und hierhergeschleift.«
»Ich dachte, Sie waren auf dem Arbeitsamt.«
»Von da komme ich gerade.«
»Und wie geht es Ihnen jetzt?«
»Na ja, wie es einem halt so geht am Tag danach.«
»Sind Sie mit einem Alkoholtest einverstanden?«
Er nickte.
»Wollen Sie zu der Sache noch etwas sagen?«
»Ich wüsste nicht, was. Weil: Ich erinnere mich an nichts.«

Ich brachte Herrn Sieber zum Alkomat auf unserer Inspektion im Erdgeschoss. Mittlerweile ist die Technik so weit fortgeschritten, dass man für die Blutentnahme keinen Arzt mehr benötigt. Der Alkomat liefert ein gerichtsverwertbares Resultat; die Geräte werden regelmäßig überprüft.
Herr Sieber hatte 0,32 Milligramm Alkohol im Blut, was einem Promillewert von 0,64 entsprach. Er hatte also Alkohol getrunken und war höchstwahrscheinlich verkatert. Aber einen Vollrausch, der zur Amnesie führt, hatte er in der vergan-

genen Nacht sicher nicht gehabt. Und das sagte ich ihm auch.
»Da haben wir aber schon ganz andere Werte gesehen bei einer so gravierenden Erinnerungslücke, wie Sie eine haben wollen.«
»Ich bin eben sensibel.«

Die Vernehmung des Verletzten

So blieb von dem Drückerkolonnen-Trio nur noch der Geschädigte Florian Gruber, der hoffentlich kooperativer war. Mit meiner Kollegin Sylvie fuhr ich ins Krankenhaus. Auswärtige Vernehmungen werden immer zu zweit durchgeführt. Da die Ermittlungen auf Hochtouren liefen, brauchte ich jemanden, der die zahlreichen Telefonate entgegennahm. Schließlich konnte ich meine Vernehmungen nicht ständig unterbrechen, um mit der Staatsanwaltschaft, Rechtsmedizin und Kollegen zu konferieren. Im Krankenhaus benötigt man zudem schriftliche Informationen von den Ärzten, darum kümmert sich der Kollege – er oder sie achtet während der Vernehmung auch auf die üblichen Details. Es ist wesentlich angenehmer, eine Vernehmung zu zweit durchzuführen; vier Ohren und Augen nehmen einfach mehr wahr.

Nachdem wir uns bei den Krankenschwestern angemeldet hatten, klopften wir an die Zimmertür von Florian Gruber, der blass und rothaarig in einem hellblauen Krankenhauskittel in seinem Bett saß. Seine Kleidung hatte der KDD in der Nacht sichergestellt. Je nach weiteren Ermittlungen würden wir sie auf Blut, Fasern und Haare untersuchen lassen. Ich stellte uns vor. »Dieter Bindig von der Kripo«, und wies auf meine Kollegin. »Sylvie Häusler.«

Florian Gruber hob den Arm zum Gruß und zuckte zusammen. Er hatte sichtlich Schmerzen. Ich würde die Vernehmung so kurz wie möglich halten.
»Für uns ist es wichtig, dass wir über Ihre Verletzungen genau Bescheid wissen«, erklärte ich ihm als Erstes. »Deshalb möchte ich Sie bitten, die Ärzte von ihrer Schweigepflicht zu entbinden.«
»Klar«, nickte Herr Gruber.
»Wir dürfen also in Ihre Unterlagen schauen?«
»Ich habe nichts zu verbergen.«
»Wir würden gern auch jemanden von der Rechtsmedizin schicken, der sich Ihre Verletzungen gerichtsmedizinisch anschaut. Also nicht unter dem Gesichtspunkt, was getan werden muss, damit Sie schnell wieder gesund werden, sondern um herauszufinden, wie gefährlich die Sache war. Haben Sie etwas dagegen?«
»Die können schon kommen.«
»Prima.« Ich reichte ihm das vorbereitete Formblatt, er unterschrieb es. Ich schob die Einverständniserklärung zur Tonbandaufnahme und die Belehrung mit den bereits bekannten Erläuterungen nach. Auch das unterschrieb er sofort. Sein Gesicht zuckte dabei. Dem Buben ging es wirklich nicht gut. Sylvie würde die unterschriebenen Formulare nun für die Krankenhausakten kopieren lassen. So konnten Kollegen beim nächsten Besuch darauf verweisen, und der Rechtsmediziner hatte quasi eine Eintrittskarte zu dem Patienten.
»Wie geht es Ihnen denn?«, fragte ich Herrn Gruber.
»Mein Rücken tut mir weh. Ich hab ganz schön Glück gehabt, hat der Doktor gesagt. Aber ich kann den Arm nicht heben. Ich weiß echt nicht, wie ich mich hinlegen soll. Eigentlich liege ich am besten auf dem Rücken, direkt auf der Wunde, das ist doch komisch, oder?«

»Wie schaut's aus, Herr Gruber? Können wir eine Vernehmung machen? Fühlen Sie sich dazu imstande? Heute Morgen, als die Kollegen da waren, ging es Ihnen ja ziemlich schlecht.«
»Jetzt ist es schon viel besser! Ich hab was gegen die Schmerzen gekriegt und vorhin was zu essen.« Er lächelte ein bisschen.
Ich hatte den Eindruck, wir waren auf einem guten Weg. Der junge Mann würde mich nicht an die Wand fahren lassen wie seine Kollegin, und besoffen war er auch nicht. Dennoch würde ich sehr vorsichtig anfangen. Ihn bloß nicht verprellen. Er war mein letzter Zeuge. Zu ihm brauchte ich einen guten Kontakt, um über die Tat zu sprechen. Das würde unsere Verbindung strapazieren, denn es war ja nichts Angenehmes. Umso wichtiger war der tragfähige Kontakt. Also nicht gleich »reinknallen« und die Tat abfragen, sondern schön langsam annähern. Ja, so etwas fällt schwer, besonders, wenn man vorher zweimal ausgebremst wurde. Doch wie gesagt: Dies war eine völlig neue Vernehmung, auch wenn es um denselben Fall ging. Florian Gruber war ein anderer Mensch mit einer anderen Geschichte – und einem anderen Verhalten ... hoffentlich!

»Seit wann sind Sie denn schon bei uns in der Gegend unterwegs?«
»Seit einer Woche. Ich mach das auf Probe. Wenn es gut läuft, kann ich später ganz schön was verdienen.«
Offenbar zehrte Florian Gruber noch von der Anwerbungsveranstaltung, bei der geschulte Motivatoren die neuen Mitarbeiter heiß machen.
»Ich kann sogar Chef werden. Also später. Da muss man dranbleiben, auch wenn es am Anfang noch nicht so gut läuft.

Da gibt es welche, die waren zuerst total schlecht, und später sind sie ganz weit oben gelandet.«

»Das klingt ja recht vielversprechend.«

»Ja!«

»Und daheim«, tastete ich diesen Bereich sehr allgemein ab. »Wie schaut's da aus?«

Florian Gruber blieb redselig, obwohl er nichts Schönes zu berichten hatte. »Was soll ich da groß erzählen? Ich bin weg von zu Hause, gleich wie ich achtzehn geworden bin im Juli. Meine Mutter hat einen neuen Freund ... Irgendwie gehöre ich da nicht mehr dazu ... Die wollen jetzt Familie gründen und so. Da ist mir der Job gerade recht gekommen. Man hat ja unterwegs immer eine Wohnung. Also um so was braucht man sich nicht kümmern. Das ist schon super.«

Ich nickte ihm aufmunternd zu. »Wir werden jetzt mal über das reden müssen, was Ihnen gestern passiert ist. Haben Sie die Sache denn schon ein bisschen verarbeitet?«

Die blassen, bartlosen Wangen von Herrn Gruber röteten sich. »Da gibt's nicht viel zu verarbeiten. Die Sau hat mich abgestochen! Dann sind sie abgehauen. Was soll ich da verarbeiten!«

»Langsam, langsam! So weit sind wir noch nicht! Was war vorher? Wie ist der gestrige Tag insgesamt verlaufen?«

Herr Gruber entspannte sich ein bisschen. »Ich hab nur vier Zettel gemacht. Das ist viel zu wenig. Auch wenn die Bine und der Detlev sagen, das wär am Anfang normal. Manche haben am Anfang gleich zwanzig Zettel! Na ja«, er seufzte. »Aber dann hat mir die Bine ein paar von ihren Zetteln gegeben. Sie hat einen Supertag gehabt. Deswegen wollten wir auch feiern. Weil sie so nett war, hab ich ihr ein Hendl spendiert. Es war echt lustig mit den beiden, obwohl mich der Pärchenterror manchmal nervt. Aber wer gibt dir schon frei-

willig Zettel ab? Ich wollte die zuerst gar nicht nehmen. Aber wenn ich mal besser bin, dann geb ich auch welche ab an Anfänger, Ehrensache!«
»Und wohin sind Sie nach dem Essen gegangen?«
»Wir waren ziemlich groggy, Wir stehen ja immer schon so früh auf. Also wollten wir heim. Auf der Brücke hat mich dann einer von hinten angesprungen. Also ich kann jetzt nicht mit Sicherheit sagen, ob er mich angesprungen hat. Aber so hat es sich angefühlt. Ein Schlag am Rücken. Wie ich mich umdrehe, seh ich was blitzen. Und dann waren sie schon weg. Ich fasse mir an die Schulter, und meine ganze Hand ist voller Blut. Da habe ich aber losgebrüllt!«
»Waren Sie allein auf der Brücke?«
»Nein, mit den beiden anderen. Aber die waren ein Stück weiter vorne. Weil ich mir am Zigarettenautomaten noch eine Marlboro rausgelassen habe.«
»Was haben Sie denn gerufen?«
»Hilfe, Hilfe! Die Sau hat mich abgestochen! Die Bine und der Detlev sind sofort zu mir gerannt und haben auch gleich gesehen, dass ich blute.« Er atmete schwer.
»Und dann?«
»Ist mir schlecht geworden. Alles voller Blut. Komischerweise hab ich nichts gespürt. Das hat null weh getan. Die zwei haben gesagt, ich muss sofort zum Arzt. Also sind wir mit dem Auto vom Chef ins Krankenhaus.«
»Wer ist gefahren?«
Er zögerte kurz. »Ich weiß nicht. Ich war ja hinten. Hab aufgepasst, dass kein Blut auf die Sitzbank tropft. Das hätte bestimmt Ärger mit dem Chef gegeben. Vielleicht würden wir das Auto dann nicht mehr kriegen. Am Bauch bin ich gelegen und hab mir Taschentücher auf den Rücken gedrückt, die hab ich auch immer gleich aus dem Fenster geworfen.«

»Habt ihr euch nicht darüber unterhalten, wer fährt?«
»Nein.«
»Wer hat denn überhaupt einen Führerschein?«
»Bis jetzt ist immer der Detlev gefahren.«
»Auch ins Krankenhaus?«
»Weiß ich nicht.«
»Hat die Bine einen Führerschein?«
»Glaub nicht.«
»Ist sie gefahren, und Sie sagen mir das jetzt nicht, weil Sie glauben, dass die Bine keinen Führerschein hat?«
»Ich weiß nicht, wer gefahren ist.«

Fahren ohne Führerschein in einer Ausnahmesituation ist keine wirklich schlimme Straftat. Diese Sache zu vertiefen, hätte Florian Gruber in die Ecke gedrängt und unseren guten Kontakt unterbrochen. Deshalb ließ ich das Thema auf sich beruhen. Wobei es mich schon interessiert hätte, denn wenn Detlev Sieber tatsächlich so betrunken war, wie er vorgab, hätte er wohl kaum Auto fahren können.
Wenn ich eine derartige Vermutung hege und die so weit führe, dass ich handeln muss, zerstöre ich das Vertrauen meines Gegenübers. Als Polizist muss ich zwangsläufig ein Strafverfahren einleiten, sobald mir bekannt wird, dass jemand, in diesem Fall Frau Radeck, ohne Führerschein Auto gefahren ist. Deshalb: Bremsen! Um mein Ziel zu erreichen, ist es besser, dieses Thema an dieser Stelle zu beenden. Nicht weiterzubohren. So halte ich mir alle Möglichkeiten offen und unterbreche den guten Kontakt zu meinem Zeugen nicht. Würde ich jetzt weiterfragen, käme das der Eröffnung eines Nebenkriegsschauplatzes gleich. Wenn ich erfahre, dass Frau Radeck schwarz gefahren ist, muss ich nachfragen: »Ist das schon öfter vorgekommen?«
Da ich das aber jetzt auf keinen Fall will, reiße ich das Steuer

herum und richte den Lichtkegel auf ein anderes Thema. Das heißt nicht, dass ich die Führerscheinfrage nie mehr stelle. Nur jetzt nicht. Schließlich hat Sabine Radeck dem Opfer Zettel geschenkt und ihn womöglich ins Krankenhaus gebracht. Da steht er in ihrer Schuld und wird sie wohl kaum bei der Polizei hinhängen, die er eben erst kennenlernt. Dafür ist die Vertrauensdecke noch zu dünn.

Lassen Sie sich auf dem Weg zum Ziel nicht von Kleinigkeiten aus dem Konzept bringen! Auch wenn Sie etwas brennend interessiert: Überprüfen Sie, ob es der Sache in ihrer Gesamtheit dienlich ist. Je feinfühliger Sie auf Störungen im Kontakt mit Ihrem Gegenüber reagieren können, desto weniger gefährden Sie die Vertrauensbasis. Seien Sie sich also jederzeit über die Folgen Ihrer gewählten Vernehmungstaktik und Gesprächsführung klar. Sie müssen damit rechnen, Antworten zu bekommen, die etwas auslösen, was Sie im Moment nicht hören wollen. Wachsamkeit ist die Mutter der Polizisten!

»Wir müssen noch einmal auf die eigentliche Tathandlung zurückkommen, Herr Gruber. Die haben Sie recht knapp erzählt. Anspringen und weglaufen. Das macht doch keiner einfach so. Da muss doch vorher was gewesen sein.«
»Nein, da war nichts. Ich hab meine Kippen rausgelassen, geh so vor mich hin, da springt mich einer von hinten an.«
»Hat der vorher nichts gesagt?«
»Nein.«
»Und Sie haben sich gleich umgedreht?«
»Ja klar!«
»Was haben Sie da gesehen?«
»Die drei.«

»Eben haben Sie gesagt, dass Sie auch was aufblinken sahen?«
Er nickte.
»Bei welchem von den dreien?«
»Bei dem, der mir am nächsten war. Bei dem, der mich abgestochen hat.«
»Kann es kein anderer gewesen sein?«
»Nein, die waren seitlich oder hinter dem. Das muss schon der gewesen sein.«
»Wie hat der ausgeschaut?«
»Weiß ich nicht mehr ... hm ... dunkel. Irgendwas Dunkles hat er angehabt.«
»Und sein Gesicht?«
»Keine Ahnung. Das ging so schnell, und ich ... ich war so überrascht ... da rechnet doch niemand damit ...«
»Sie wussten zu dem Zeitpunkt doch noch gar nicht, was passiert ist. Sie haben keine Schmerzen verspürt und das Blut erst später bemerkt, als Sie sich mit der Hand an die Schulter gefasst haben.«
»Ja schon ... aber ich hab doch gespürt, wie der mich angesprungen hat!«
»Sind Sie zu Boden gegangen?«
»Ich glaub schon ... oder?« Fragend schaute er mich an.

Ich hatte auch eine Menge Fragen – ebenso wie meine Kollegin, die längst wieder im Raum war. Ich merkte es an Ihren Blicken. Dieser Fall wurde immer rätselhafter. Wir begannen noch mal von vorne. Drei-, viermal fragte ich die Tathandlung ab. Sie blieb im Dunkeln. Was vor der Tat geschehen war und auch die Fahrt ins Krankenhaus und die Ankunft dort erzählte Florian Gruber lebhaft und mit vielen Details. Zur Tat selbst fiel ihm wenig ein. Ich wollte ihn nicht als Lügner abstempeln, doch sein Benehmen wies in diese Richtung. Genauso gut konnte er allerdings keine Erinnerungen an die Tat haben, weil sie ihn so sehr geschockt hatte. Ein Mensch, der plötzlich stark blutet, ist in einer Ausnahmesituation. Er gerät in Panik. Er weiß nicht, was mit ihm ist. Ja, jetzt liegt er gut versorgt im Krankenhaus. Doch das Ereignis kann nachwirken. Deshalb müssen wir das stets mit berücksichtigen, dürfen nicht nur seinen jetzigen Zustand in Sicherheit und auf dem Wege der Genesung bewerten.

Unter Stress ist unsere Wahrnehmung eingeschränkt. Wir haben keine Kapazität für Details, es geht um die großen Entscheidungen: Flucht oder Angriff. Somit wird ein Großteil der Geschehnisse um uns ausgeblendet. Stress bedeutet: Ausschüttung von Adrenalin, ein Hormon, das unser Überleben sichert; Herzfrequenz und Blutdruck steigen, die Atmung beschleunigt sich, die Sauerstoffaufnahme über die Bronchiolen wird gesteigert, der Körper stellt Energiereserven bereit. Die Durchblutung wird zentralisiert, feine Blutgefäße werden nicht mehr durchblutet, und die Gefäße zu den wichtigen Muskeln erweitern sich. Nebensächliche Organe wie Magen und Darm werden stillgelegt. Auf der Haut bildet sich Schweiß, oft gemischt mit Gänsehaut: kalter Schweiß. Die Wahrnehmung beschränkt sich auf das Wesentliche.

Wenn mir ein Geschädigter von der Tat erzählt, die ihn so sehr gestresst hat, erlebt er sie noch einmal. Das heißt, er steht während des Erzählens erneut unter Stress und blockiert sich sozusagen doppelt. Eine lückenhafte Erinnerung ist kein sicheres Anzeichen für eine Lüge. Wenn ich einem derart Gestressten nun noch mehr Stress mache, indem ich, wie man so schön sagt, den Finger in die Wunde lege, geht gar nichts mehr. Dieses abweichende Verhalten zu einem vorher vielleicht sehr guten

Erinnerungsvermögen ist kein Beweis für eine besonders gewiefte Lüge. Das Stressverhalten unserer Spezies ist genetisch vorprogrammiert. Dagegen kommt die beste Vernehmungstaktik nicht an. Im Falle von Florian Gruber gab es ein weiteres Ausschlusskriterium: Er bekam starke Schmerzmittel verabreicht. Insofern konnten Sylvie und ich kaum beurteilen, woher seine manchmal auffällige Mimik stammte. Eine Vernehmung im Krankenhaus stellt immer einen Sonderfall dar, der äußerst vorsichtig bewertet werden muss. In einer solchen Situation rate ich dringend von der Ekman-Methode ab, wie sie zur Lügenerkennung weltweit angewandt wird.

Die Ekman-Methode

Paul Ekman, Professor für Psychologie an der Universität von San Francisco, gilt als einer der führenden Experten für nonverbale Kommunikation und arbeitet auch als Lügenexperte für das FBI und die CIA. Seit über 40 Jahren erforscht er die Mimik, analysiert und katalogisiert Gesichtsausdrücke. 43 Muskeln bewegen unser Gesicht. Einige einzeln, andere nur zusammen in Gruppen. Miteinander kombiniert können wir damit 10 000 verschiedene Gesichtsausdrücke erzeugen. 3 000 davon ordnete Ekman jeweils einer Emotion zu und fand heraus, dass die Primäremotionen Freude, Überraschung, Trauer, Wut, Ekel, Verachtung und Angst auf der ganzen Welt mit der gleichen Mimik verbunden sind.

Durch die Analyse, welche Muskeln mit welcher Intensität einen Gesichtsausdruck hervorrufen, Ekman benennt sie *Action Units* = Aktionseinheiten, wird jeder Gesichtsausdruck mit Hilfe eines Computerprogramms eindeutig definierbar, codierbar. Mit Video und Wärmebildkameras entwickelte Ekman ein System, das Gesichtsausdrücke automatisch erkennt. An Flughäfen soll es für größere Sicherheit sorgen.

Schön, wenn es klappt. Ich bin skeptisch, denn es gibt keinen Gesichtsausdruck für Lüge. Es können lediglich Muskelbewegungen Gesichtsausdrücken zugeordnet werden und Gesichtsausdrücke Emotionen. Das Erkennen der Lüge, die falsche Emotion zum Gesichtsausdruck, bleibt dem menschlichen Gehirn vorbehalten. Sonst müssten wir Kriminaler uns ja irgendwann Sorgen um unsere Arbeitsplätze machen! Paul Ekman selbst verweist darauf, dass man beim Versuch, eine Lüge anhand der reinen Beobachtung der Mimik zu erkennen, mit einer Fehlerquote von 30 Prozent rechnen muss. Etwas besser als der Zufall, aber nicht befriedigend. Erst die Gesamtheit der Eindrücke, Mimik, Stimme, Sprache, Gestik, Haltung, Blickkontakt, verringert die Fehlerquote.

Dennoch hilft uns Ekman weiter. Er ermöglicht es uns, Einschätzungen, die unsichtbar im Unterbewusstsein ablaufen, an Fakten festzumachen. Wer mit den bisherigen Hausaufgaben noch nicht ausgelastet ist, sollte sich im Internet auf der Seite der Uni Saarland zum Einstieg in die Ekman-Analyse durchklicken.
Dann fällt es noch leichter, aufzulisten, warum diese Methode im Falle Florian Grubers nicht anwendbar ist. Sind wir da einer Meinung?
- Der Geschädigte liegt im Bett und hat Schmerzen. Seine körperliche Bewegungsfreiheit ist eingeschränkt.
- Es fehlt die Gelegenheit, die Nulllinie seiner Gestik herauszufinden. Die ist wegen der eingeschränkten Beweglichkeit nicht erkennbar.

- Medikamente beeinflussen sie zusätzlich.
- Medikamente und der Schmerz überlagern den natürlichen Gesichtsausdruck des Geschädigten.
- Auch die Stimme ist womöglich verändert. Wer Schmerzen hat, klingt gedämpft.
- Zudem wurde das Opfer operiert und dabei intubiert. Nach Operationen ist die Stimme oft heiser, leiser, anders.

Eine heiße Fährte

Am Abend dieses langen Tages saß ich allein in meinem Büro, erledigte meine innerdienstlichen Berichtspflichten und las die vielen Aktenvermerke meiner Kollegen durch, sortierte und heftete ab. Dann erstellte ich einen Plan für den nächsten Tag. So wurde es 22 Uhr, ehe ich die KPI verließ, was mir allerdings erst auffiel, als ich im Auto auf die Uhr auf dem Armaturenbrett schaute. Wenn man so im Arbeitseifer steckt, merkt man kaum, wie die Zeit vergeht, die dann ohnehin rast.

Am nächsten Morgen ging es auf der KPI schon um acht Uhr hektisch zu, da in der Nacht ein schwerer Einbruch in ein Juweliergeschäft in Dachau verübt worden war. Mein Chef wollte von mir wissen, wie ich in der Messerstecherei vorankam.
»Ich brauch noch immer zwei Teams«, gab ich ihm die Auskunft, die er nicht hören wollte.

Zwei Stunden später kam mein Kollege Felix Tixel, der eines der beiden Teams führte, strahlend in mein Büro.
»Du hast den Täter?«, konnte ich mir nicht verkneifen zu fragen.

»Fast«, grinste Felix und erzählte mir von seiner erfolgreichen Idee. »Ich hatte heute früh noch einen Termin ausgemacht mit einer Anwohnerin, die gestern auf Dienstreise war. Wir wollten uns vor ihrem Arbeitsbeginn treffen. Auf dem Weg durch die Stadt zu ihrem Haus ist mir aufgefallen, dass man dort eigentlich nirgends Bier kaufen kann.«
»Die Augustinerscherben?«, warf ich ein.
Felix nickte. »Angenommen, die Scherben haben was mit der Tat zu tun. Angenommen, sie gehören zu der typischen Klientel …«, er brauchte mir das nicht näher zu beschreiben. Er meinte damit meist junge Männer unter dreißig, selten älter, die am Brunnen vor der Sparkasse oder in den Amperauen herumlungerten, viele waren uns namentlich bekannt. Felix fuhr fort »Die haben ja keine Vorratshaltung. Die kaufen ein und trinken. Aber wo kaufen sie ein, habe ich mich gefragt. Ich habe die Brücke als Ausgangspunkt genommen und mich auf die Suche nach dem nächsten Geschäft gemacht. Brillen, Medikamente, Schmuck und Klamotten kriegst du oft. Bier hingegen nur beim Tengelmann. Die Wirtschaften verkaufen nichts, da hab ich mich auch erkundigt, beziehungsweise das wäre zu teuer für unsere Kundschaft, das ist Gaststättenverkauf.«
Ich übersetzte Felix zunehmendes Grinsen: »Die drei haben beim Tengelmann eingekauft?«
Er reckte den Daumen in die Luft. »Ich hab eine Beschreibung von der Kassiererin. Die hat sich das Trio sehr genau angeschaut, weil es vor dem Laden einen kleinen Zwischenfall gegeben hat, als einem die eben erstandene Wodkaflasche aus der Hand gerutscht ist.«
Neugierig beugte ich mich vor.
»Die glaubten wohl ernsthaft, die Kassiererin würde ihnen eine neue Flasche geben. Stattdessen sperrte sie ihnen die Tür vor der Nase zu, es war schon fast acht.«

»Die erste präzise Zeitangabe in diesem Fall.«
Felix nickte. »Und das Trio war, wie du dir vorstellen kannst, ziemlich grantig.«
»So als ob sie auf den nächstbesten warten würden, an dem sie ihren Ärger auslassen können?«
Felix zuckte mit den Schultern. »Die Vernehmung der Kassiererin wird gerade getippt.«
»Super«, bedankte ich mich.
Felix war schon an der Tür, als er sich noch mal umdrehte.
»Ach ja. Wir haben einen Namen. Kare.«
»Kare? Also Karl oder Karl-Heinz …«
»Kare hat die Flasche fallen lassen. Einer hat gerufen: ›Kare, du Depp!‹ Das hat die Kassiererin deutlich gehört.«

Auf einmal hatten wir einen vielversprechenden Ermittlungsansatz. Der Personenkreis, dem wir uns nun widmen würden, war überschaubar. Vielleicht konnte ich dem Chef mittags schon melden, dass ich keine zwei Teams mehr brauchte.
Felix fasste die Personenbeschreibungen der Kassiererin zusammen und gab sie den Kollegen bei der Schicht. Diejenigen, die öfter Kontakt mit jener Kundschaft hatten, unter der wir das Trio vermuteten, wurden ebenfalls informiert. Man kennt seine Pappenheimer und kann mal rumfragen. Weißt du was? Hast du was gehört?
Erst zwei Tage später erhielten wir eine Mitteilung von der Inspektion. Ein Kollege, der bis heute frei gehabt hatte, glaubte, aufgrund der Personenbeschreibung einen Mann zu erkennen: Bruno Krumrey. Ich gab den Namen an unsere Fahndungseinheit im K7 weiter und beauftrage sie, den Gesuchten zur Vernehmung zu uns zu bringen.

Zielfahnder

Die Fahndung ist ein Teilkommissariat der Spurensicherung und führt besondere Aufgaben im konspirativen Bereich durch. Beamte ermitteln verdeckt und suchen auch gezielt nach Personen, wenn Haftbefehle bestehen. Beim LKA heißen diese Kollegen Zielfahnder. Man kennt sie aus dem Fernsehen. Beim K7, Fahndung, ist die Aufgabenbeschreibung allgemeiner, aber die Kollegen dort werden ja auch nicht gefilmt. Zu ihrem täglichen Brot gehört die Observation. Übrigens braucht man für eine lückenlose Observation pro Tag zwanzig bis dreißig Leute. Also mehr, als bei einem herkömmlichen Krimi überhaupt als Polizisten verkleidet sind ... Zudem kümmern sich die Kollegen vom K7 auch um die Abklärung von Zusammenhängen am Computer. Sie halten Kontakt zu diversen Ämtern und holen gezielt Informationen ein, damit nicht jeder Polizist bei irgendwem anruft, sondern es bewährte Ansprechpartner gibt – man kennt sich. Die Kollegen von der Fahndung führen für uns auch Vorabklärungen durch, wenn Durchsuchungen anstehen. Wie groß ist das Objekt? Wie viele Kräfte werden benötigt? Wann ist der günstigste Zeitpunkt? Fahnder sollten keinen gesteigerten Wert auf geregelte Dienstzeiten legen. Denn wenn eine Person observiert wird, kann man nicht um fünf heimfahren, weil das Essen auf dem Tisch steht. Hier liefert das Fernsehen ausnahmsweise eine realistische Beschreibung: Es gibt dann halt einen Döner oder, bei uns häufiger, zwei Leberkässemmeln. Auch Auslandseinsätze kommen vor, allerdings selten – oder im Vermögensbereich, wenn es um Betrug, Raub oder Wirtschaftsdelikte geht. Die Fahnder vom K7 werden von allen Kommissariaten mit Aufträgen versorgt. In anderen Einheiten gibt es auch NÖPs – nicht öffentlich ermittelnde

Polizeibeamte. Im Gegensatz dazu steht die Vertrauensperson, VP genannt, ein Nichtpolizist, der uns Informationen gibt. Ein Verräter, wenn man es von der anderen Seite sieht, ein Informant, wenn man es von unserer Seite betrachtet.

Ein anonymer Anruf

Am Nachmittag des vierten Tages nach der Messerstecherei auf der Brücke stellte die Zentrale mir einen Anruf durch. »Da ist einer dran, der sagt nicht, wer er ist. Er will nur mit dir reden. Mit dem, der wo die Sache auf der Brücke bearbeitet.« Unsere Mitarbeiter in der Telefonzentrale legen nicht einfach auf, wenn einer keinen Namen sagt, sondern behandeln ihn zuvorkommend. Viele Tipps gehen anonym ein. Am Telefon ist es viel schwerer als in einem persönlichen Gespräch, Vertrauen aufzubauen. Man sieht das Gegenüber ja nicht. Und wer kennt die Überraschung nicht, die sich bei der Begegnung mit Telefonpartnern manchmal ergibt, die ganz anders aussehen, als man vermutete.

»Dieter Bindig, Kripo Bruck«, meldete ich mich.
Eine atemlose, für einen Mann recht hohe Stimme rief: »Ich war's nicht!«
»Grüß Gott erst amal. Wer ist denn überhaupt dran? Um was geht's, bitte?«
»Ich bin der Verkehrte.«
»Ja, das hab ich schon verstanden. Und wer bitte sind Sie?«
»Der Falsche«, dolmetschte er.
»Wenn ich nicht weiß, wer Sie sind ...«
»Ich kann nicht sagen, wer ich bin. Ich bin doch nicht blöd. Ihr suchts den Falschen. Ich bin's nicht!«

»Und um was geht's?«
»Ich weiß doch, dass ihr mich suchts. Aber ich war's ned.«
»Ja. Verstehe. Und worum geht es, bitte?«
»Die Brücke. Die Messerstecherei.«
»Da waren Sie ned dabei?«
»Nein! Nein! Ich hab das bloß gehört. Aber alle fragen nach mir. Und jetzt hab ich Angst, dass ich eingesperrt werd, obwohl ich nix gemacht hab.« Seine Stimme kippte.
Beruhigend sprach ich auf ihn ein. »Dann ist die Sache doch ganz einfach. Da kommst du jetzt bei mir vorbei und dann klären wir das. Ich kann ja jederzeit die Geschädigten anrufen. Wir machen eine Gegenüberstellung, und es ist sofort klar, ob du dabei warst oder nicht.«
Ja, ich duzte ihn. Ich überlegte mir das vorher nicht. Es geschah intuitiv, um eine bessere Verbindung zu ihm aufzubauen, damit er wirklich zu uns kommen würde. Ich wollte nicht als der hochnäsige Kriminaler erscheinen, der mit Anzug und Krawatte rumläuft, meilenweit von seiner Situation weg. Ich wollte ihm ein Gefühl von Nähe geben. Deshalb das Du.
»Bin ich blöd! Ich komm doch nicht zu euch! Der tut mir sonst was!«
»Wer will dir was tun?«
»Weil wenn ich zu euch komme, dann fragt ihr mich doch, was ich weiß. Dann muss ich sagen, wer's war. Das kann ich nicht. Ich kann's nicht!« Der Mann am anderen Ende der Leitung hatte spürbar Angst. Große Angst.
»Aber wenn du nicht zu mir kommst«, sprach ich mit ruhiger Stimme weiter, »kann ich meinen Kollegen auch nicht sagen, dass du der Falsche bist. Ich kann dann nicht verhindern, dass du gesucht wirst, wenn wir das nicht sicher wissen, ob du der Falsche bist. Am Telefon kannst du mir alles erzählen.«
Er atmete schwer durch. »Ja. Das verstehe ich. Aber bitte ver-

steh du auch mich.« Er duzte mich. Er ging auf mein Angebot ein. Und, noch besser: Er vertraute sich mir an. »Ich hab Angst. Eine Scheißangst! Und ich weiß genau, dass ich von der Polizei keine Hilfe krieg. Ihr könnt's mir nicht helfen, solang der frei rumläuft.«
»Ja, und wer is des, vor dem du so eine Angst hast? Dann sperr'man halt ein.«
»Des kann ich nicht sagen. Ich derf den ned verraten.« Klick. Aufgelegt.

Bei unserer Vermittlung erfuhr ich, dass der Mann, Bruno Krumrey, wie ich annahm, von einer Telefonzelle aus angerufen hatte. Bis ich herausgefunden hätte, um welche Telefonzelle es sich handelte, wäre er längst weg. Das war leider kein Ermittlungsansatz. Ich informierte die Kollegen von der Fahndung und verfasste einen Aktenvermerk über das Telefonat, mit Datum und Uhrzeit. Wir waren auf dem richtigen Weg! Es war bestimmt nur noch eine Frage der Zeit, bis wir den Fall des Messer-Trios geklärt hatten. Wenigstens fühlte es sich so an. Hunderte von Malen habe ich das Auf und Ab in den Ermittlungen erlebt. Zu Beginn ist es immer so, als würde man blind und taub in einem Sumpf herumstochern. Und dann plötzlich – die erste Spur: ein schmaler Grat festen Bodens unter den Füßen. Der breiter und breiter wird im Laufe der Ermittlungen. Und schließlich zur Aufklärung einer Tat führt. Ich vergleiche diesen Prozess gern mit einem Puzzle; als dreifacher Vater habe ich da auch privat Erfahrung. Wenn man ein tausendteiliges Puzzle auf den Tisch schüttet, schaut es zuerst unlösbar aus. Die Hälfte der Puzzleteile liegt noch dazu auf dem Kopf, man sieht sie nicht. Nichts scheint auf den ersten Blick zusammenzupassen. Ich nehme ein Teil in die Hand und habe keine Ahnung, was ich damit anfangen soll, wohin es passen könnte. Aber ich bleibe dran. So gelingt es mir allmählich, Struktur in das Chaos zu bringen. Erfolgversprechend ist es, mit dem Rand zu beginnen. Mit dem Umkreis eines Falles. Und sich dann vorwärtszutasten. Puzzleteile in die Hand zu nehmen und beiseitezulegen – die falschen –, andere aufzugreifen. Immer mehr passt zusammen. Auf einmal bietet die Struktur Halt, man kann sich an ihr orientieren, weitermachen. Um klarzusehen, nutze ich oft einen Zeitstrahl. Ich klebe mehrere DIN-A4-Blätter quer aneinander, zeichne einen Strich und markiere die Tatzeit, TZ, als große rote Null in die Mitte des Strahls. Rechts und links davon liste ich die bisher bekannten Ereignisse auf. Was ist wann wie und wo passiert. Wann sind welche Personen aufgetaucht, wann kamen welche Ermittlungsansätze hinzu. So kann ich auf einen Blick den aktuellen Stand erkennen und muss nicht immer wieder blättern. Denn alles kann man sich unmöglich merken, der Kopf ist voll. Vernehmungen vorbereiten, Fragenkataloge aufstellen, Fahndungen koordinieren, die Ermittlungen im Sachverhalt zusammenstellen, Vermerke, Ergebnisse, Vernehmungen lesen, interne Meldungen verfassen und, wie immer, die Pressearbeit abstimmen – das beschäftigt einen Großteil des Arbeitsspeichers. Die grafische Darstellung bringt die Fakten auf den Punkt und spart Zeit. Je deutlicher das Bild wird, desto sicherer auch mein Gefühl. Der Erfolg, der geklärte Fall, rückt mit jedem weiteren Anhaltspunkt näher. Jetzt können wir gut ansetzen, ermitteln. Das Herumgestochere im Sumpf hat ein Ende, alles wird immer konkreter. Auch hier. Wir hatten einen Namen: Wenn er nicht selbst der Täter war, kannte er ihn. Und so, wie er von ihm gesprochen hatte, kannte ihn unser Computer wahrscheinlich auch …

Ich rechnete damit, Bruno Krumrey in den nächsten Tagen persönlich gegenüberzusitzen – denn wohin sollte er denn? Ja, er konnte sich zwei, drei Nächte in München herumtreiben. Bald würde er zurückkommen in sein gewohntes Umfeld, zu seinen Kumpels. Und dann würden wir ihn uns schnappen.

Bruno in Handschellen

Eine halbe Stunde nach dem anonymen Telefonat meldeten sich meine Kollegen von der Fahndung. Sie hatten sich überlegt, welche Telefonzelle der Anrufer benutzt haben könnte, wenn er sich in Fürstenfeldbruck aufhielt, wo es nicht mehr allzu viele gibt – und entdeckten ihn im Emmeringer Hölzl. Er erkannte die Kollegen auf einen Blick und ergriff die Flucht. Für einen wie ihn sind Polizisten, auch in Zivil, uniformiert. So wie der Ladendieb den Kaufhausdetektiv erkennt und umgekehrt. Man weiß, mit wem man es zu tun hat, auf beiden Seiten.

Bruno Krumrey – er war es tatsächlich – wurde schnell gestellt und fixiert, wie es heißt, wenn Handschellen zum Einsatz kommen, durchsucht und dann auf die Inspektion gebracht. Ein Fahnder rief mich an: »Wohin jetzt mit ihm?«
»Erst mal in die Zelle«, verfügte ich, denn ich brauchte noch etwas Zeit, um Anknüpfungspunkte zu recherchieren. Darüber hinaus hoffte ich, die Zelle würde eine gewisse Gesprächsbereitschaft von Brunos Seite befördern. Rechtlich ist das völlig in Ordnung, da wir eine Personenbeschreibung von der Kassiererin und den Hinweis des Kollegen hatten.

Zuerst einmal rief ich zu Hause an und teilte mit, dass es auch heute später werden würde. Dann bereitete ich mich auf die Vernehmung vor. Der Computer gab mir Auskunft über die lange Liste alkoholbedingter Straftaten, die Bruno Krumrey in seinem Leben bislang verübt hatte. Diebstähle, Körperverletzungen, Raufereien, Ruhestörungen. Bruno war ledig, ohne Beruf, vor sechs Wochen aus einer dreimonatigen Haft entlassen – eine Gesamtstrafe für verschiedene kleinere Delikte. Zuvor war er bereits zweimal in Haft gewesen. Details standen mir auf die Schnelle nicht zur Verfügung, lediglich die Aktenzeichen, darum würde ich mich später oder morgen kümmern. Vielleicht erhielt ich sogar einen Hinweis auf denjenigen, vor dem Bruno Angst hatte. Aus den vorliegenden Informationen versuchte ich herauszulesen, ob Bruno Krumrey sich kooperativ verhalten würde. Er war bei seiner Mutter wohnhaft gemeldet, keine Kinder. Mit einem zuversichtlichen Gefühl der Einstimmung auf die Vernehmung ging ich schließlich in den Keller zu unseren Zellen. Vor der Tür zu Brunos Zelle lag der übliche Haufen. Seine Schuhe, sein Gürtel, ein Plastikkästchen mit seinen Wertsachen: Geldbörse, Halskette mit Anhänger, Uhr, Zigaretten, Feuerzeug. Wegen der Selbstgefährdung kommt niemand mit Gürtel oder Schuhbändern in die Zelle, eine Standardmaßnahme. Bevor ich die Zellentür öffnete, schaute ich Brunos persönliche Sachen kurz durch und entdeckte ein Taschenmesser. Leute wie Bruno haben eigentlich immer einen Leatherman oder ein multifunktionales Taschenmesser dabei. Es ist vor allem wegen des Flaschenöffners und Korkenziehers wichtig für sie. So wie Polizisten mit Pistole und Taschenlampe unterwegs sind – die Ausrüstung auf der anderen Seite. Sinnbildlich klebte ich mir einen gelben Zettel ins Gedächtnis: Taschenmesser, K7, spurentechnische Untersuchung!

Hin und wieder passiert es im Eifer der Ermittlungen, dass man jemanden aus der Zelle heimschickt – und dann fällt es einem siedendheiß ein: Das Messer! Man ruft in der Inspektion an.
»Ich hab ihm alles mitgegeben. Du hast nicht gesagt, dass wir das Messer behalten sollen.«
Damit so etwas in diesem Fall nicht geschehen konnte, notierte ich es mir auf einen gelben Gedächtnismerkzettel.

Brunos Dilemma

Ich sperrte die Tür auf. Bruno saß auf der Pritsche. Er sah älter aus als 27, ein magerer Mann mit eingefallenen Wangen. Der jahrelange Alkoholmissbrauch war jetzt schon deutlich sichtbar. Ungepflegt hingen seine Haare über die Schultern. Ich stellte mich vor. »Wir zwei ham telefoniert. Gell, des haben Sie nicht geglaubt, dass wir uns so schnell sehen. Ich find's aber trotzdem gut, dass Sie angerufen haben, bevor Sie festgenommen wurden. So weiß ich schon was von Ihnen. Das, was Sie mir gesagt haben, klingt nicht wie eine Ausrede. Wenn Sie uns bei der Festnahme erzählen, dass Sie das nicht waren – ja mei. Des sagt ein jeder. Aber Sie haben das schon vorher gesagt.«
»Ich war's ned«, murmelte Bruno. Wie der oft zitierte geprügelte Hund saß er auf der Pritsche. Die Festnahme hatte ihn sichtlich mitgenommen. Außerdem wusste er, was auf ihn zukam. Er würde den Namen nennen müssen, falls die Geschichte stimmte. Und das wollte er nicht. Aber er musste, wenn er uns verlassen wollte.
Brunos Hürde hieß schlichtweg Angst. Solange er schwieg, hatte er die Polizei auf dem Hals. Redete er, würden seine Kumpels das nicht gutheißen. Ein Dilemma.

»Jetzt nehmens erst mal Ihren Gürtel«, sagte ich.
Mit langsamen Bewegungen, als täte ihm alles weh, stand Bruno auf, zog die Schuhe an und schnallte seinen Gürtel um die weite Hose, die er während der vier Schritte von der Pritsche zur Tür festgehalten hatte, damit sie nicht zu seinen Knöcheln rutschte.
Aufmunternd nickte ich ihm zu. »Jetzt kommens mit rauf ins Büro, da ist es gemütlicher.« Ich reichte ihm sein Portemonnaie, die Uhr und seine Halskette.
»Und die Zigaretten?«, fragte Bruno.
»Später«, sagte ich.
»Aber jetzt könnt ich doch eine rauchen.«
»Bei uns im Haus ist Rauchverbot. Auch ich darf ned rauchen«, ließ ich ihn wissen. Ich bin zwar Nichtraucher, aber diese Bemerkung würde ihm verdeutlichen, dass die Einschränkung für alle galt, nicht nur für ihn. Ich war nichts Besseres. Bruno sollte wahrnehmen, dass ich mich nicht über ihn erhob. Ich wollte, dass er in mir einen Partner sah, dem er seine Angst anvertrauen konnte.
Im Büro bot ich Bruno einen Stuhl an und stellte meine Kollegin vor. »Des ist die Petra Schober, die kennt den Sachverhalt. Und jetzt unterhalten wir uns erst mal.«

Und nun? Was geschieht als Nächstes, was glauben Sie? Die Einverständniserklärung zur Tonbandaufnahme? Nein, in diesem Fall nicht. Auch wenn es genaue Abläufe gibt, so können diese doch modifiziert werden – je nach Erfordernis. Darüber bestimmt Ihre Menschenkenntnis. Wer sich immer nur an feste Abläufe hält, wird manchen Menschen verprellen. Die kluge und dennoch korrekte Nutzung des Ermessungsspielraums ist das Spielfeld des guten Menschenkenners. Wobei es natürlich feste Abläufe gibt, die nicht verändert

werden dürfen. Bei der Polizei muss alles legal sein, im Privatleben, so meine ich, sollte es fair zugehen. Ich wollte Bruno noch ein bisschen warm werden lassen. Nicht gleich einen hochoffiziellen Eindruck machen. Ich wollte ihn darin bestärken, dass er bei uns gut aufgehoben war. Dass wir ihm helfen konnten. Und dazu musste ich zuerst einmal ein bisschen auf den Busch klopfen. Davon abgesehen, würden meine Sondierungen vor der Vernehmung den Rahmen sprengen.
»Sie haben mich angerufen, was ist los?«, startete ich konkret.
»Ich hab ja schon am Telefon gesagt, ich kann das nicht sagen.«
»Sie haben Angst?«
»Ja.«
»Einen Teil von der Angst kann ich Ihnen nehmen. Wir ermitteln wegen einem versuchten Tötungsdelikt. Des steht in der Hierarchie der Straftaten ziemlich weit oben, nah beim Mord. Wenn einer so was macht, wird der in der Regel eingesperrt, und zwar nicht bloß eine Woche. Wenn mehrere beteiligt sind, ist das ein gemeinschaftliches Handeln, wie bei einer Bande, da werden dann oft alle miteinander eingesperrt. Aber wie des in Ihrem Fall ist, kann ich ned sagen, weil ich noch nicht genau weiß, wie es abgelaufen ist.«
»Ich war nicht dabei.«
»Des haben Sie schon am Telefon behauptet.«
»Es stimmt!«
Ich schwieg.
Brunos Stirn glänzte. Er schwitzte. Ich goss ihm ein Glas Wasser ein. Langsam trank er es aus. Ich goss erneut ein. Dann fragte Bruno »Und der wird wirklich eingesperrt?«
»Das muss der Staatsanwalt entscheiden. Aber ich denk schon.«
Bruno ruckelte auf seinem Stuhl hin und her und richtete sich

dann auf. Saß mir gegenüber, als hätte er einen Besenstiel verschluckt. Sein Blick schweifte zum Fenster, er schaute hinaus. So, als würde er ein Licht am Ende seines Tunnels sehen. Und dorthin wollte er. Sein Körper war nicht mehr schlaff, sondern angespannt. Er hatte ein Ziel. Aber die Hürde war noch immer hoch. Das quälte ihn. Er rang mit sich, sank wieder ein, setzte sich gerade. Selten hatte ich einen inneren Kampf so deutlich an der Körpersprache abgelesen, es war, als befände sich Bruno in einem Zwiegespräch. Ich las in ihm wie in einem offenen Buch. Meine Kollegin nickte unmerklich. Auch sie war überzeugt davon, dass der Name, den Bruno uns nicht nennen wollte, der des Haupttäters, des Messerstechers war. Wenn Bruno sicher sein konnte, dass dieser eingesperrt wurde, konnte er uns den Namen nennen. Aber ... wie sicher war das Wort der Polizei? Wie lange würde der andere eingesperrt werden? Und was würden die Kumpels zu diesem Verrat sagen? Bruno musste das alles gründlich abwägen. Ich wusste, dass er die Hürde nehmen würde. Mit seiner Körpersprache hatte er es mir längst erzählt.

Halten Sie nicht an Ihren aufgestellten Regeln fest. Bleiben Sie flexibel, reagieren Sie auf alle Spielzüge Ihres Gegenübers, und seien Sie wachsam, wenn etwas anbeißt! Ich hatte ein Ruckeln an meiner Angel gespürt – Bruno war am Haken. Also startete ich die Vernehmung offiziell.
»Jetzt fangen wir einfach mal an«, sagte ich. »Es gibt ja hier einiges zu erzählen. Und weil es um eine Haftsache geht und ich die Vernehmung sofort für den Richter brauche, gehen wir jetzt nach nebenan zu unserer Schreibkraft, die alles gleich in den Computer tippt.«
Ohne Widerspruch stand Herr Krumrey auf. Petra hatte unsere Schreibkraft bereits instruiert, als ich im Keller bei den

Zellen war. Sie wartete einsatzbereit. Ich stellte sie Bruno vor. »Das ist die Sigrid, unsere schnellste. Wir zwei unterhalten uns jetzt, und die Sigrid schreibt mit. Ich bitt Sie aber, langsam zu sprechen. Wenn ich Ihnen ein Zeichen geb, dann machen wir eine kleine Pause, damit die Sigrid nachkommt. Sonst müssen wir zu oft hin und her fragen, und das stört mehr, als dass es hilft.«
Herr Krumrey nickte.
Nun kam ich zum wesentlichen Punkt, der Belehrung. Hierfür wechselte ich ins Du. »Entweder du warst dabei und bist der Täter und somit Beschuldigter. Dann ermittle ich jetzt gegen dich. Oder es ist so, wie du gesagt hast. Dass du nicht dabei warst und von der Geschichte bloß gehört hast. Dann bist du ein Zeuge und fein raus.«
»Ich war's nicht! Und ich war auch nicht dabei!«
»Also Zeuge.«
»Ja!«

Schauspieler sind keine Kriminaler, aber Kriminaler sind auch Schauspieler

Stellen Sie sich vor, einer unserer Kollegen würde sich ein solches »Geplänkel« sparen. Er holt eine Person aus der Zelle und legt sofort los mit der Vernehmung.
Sie waren dabei. Sie wurden erkannt. Erzählen Sie!
Der Beschuldigte bestreitet das.
Der Polizist behauptet, er lügt.
Vernehmung beendet.
Dauer: drei Minuten.

Bei mir dauern Vernehmungen länger … manchmal zum Leidwesen meines Chefs. Dabei bin ich nicht immer nett. Ich kann auch ganz schön unangenehm sein. Und ich will keinen Fehler machen.

Da sitzt ein Beschuldigter vor mir, ich habe keine geklärten Sachverhalte, weil er die nicht zugibt oder gar nichts sagt. Also liegt es an mir, wie ich den Sachverhalt beschreibe. Ob er vor Gericht kommt oder nicht. Das Risiko besteht darin, einen Unschuldigen anzuzeigen, der in der Folge in die Mühlen der Justiz gerät und da womöglich lange nicht mehr herauskommt, und wenn, dann beträchtlich geschädigt. Wenn der Unschuldige dummerweise ins Klischee passt, ist das Risiko leider größer. Bruno passte ins Klischee. Schon deshalb mahnte ich mich zu höchster Wachsamkeit.

Genauso aufmerksam sind Sie mittlerweile bestimmt auch. Sie wissen, dass eine passende Schublade auf den ersten Blick zu vorschnellen Schlüssen verleitet, die in einem Menschenleben wie Schüsse wirken können. Sie kennen die Macht der Gerüchte. Sie haben mich nun schon eine Weile begleitet: Sie geben Obacht, wie man bei uns in Bayern sagt; gerade weil einer wie Bruno Krumrey so schön in eine Schublade passen würde.

Ich will ganz bestimmt keine Richter und Anwälte anklagen, aber wir alle sind Menschen. Jeder kann mal einen schlechten Tag oder schlecht geschlafen haben, was den Blick schon mal trüben kann. Wenn Sie und ich den Bruno jetzt in die ihm auf Anhieb perfekt passende Schublade stecken würden und es zu einer Gerichtsverhandlung käme, würden wir zwei, davon gehe ich einmal aus, dort als gepflegte Bürger erscheinen. Ich mit Anzug und Krawatte – Sie vielleicht auch – oder im Kostüm, jedenfalls ordentlicher als einer wie Bruno. Dem man sein Leben am Rande der Gesellschaft deutlich ansieht. Selbst in einem Anzug würde er noch wie ein Kleinganove ausschauen. Und sich so verhalten in seiner Unsicherheit. So stehen wir uns gegenüber: Unsere Ermittlungen gegen seine Ableugnung. Der Richter, die Richterin schaut den Angeklagten an. Stellen Sie sich vor, da würde die nächste Schublade aufgehen, und die wäre dann blöderweise vergittert. Wir alle sind Menschen. Als solche lassen wir uns fast alle von Äußerlichkeiten blenden, auch wenn wir es besser wissen sollten. Ich will keinen Unschuldigen einsperren. Für mich muss der Stadtstreicher und Trinker die gleiche Chance kriegen wie der Aufsichtsratsvorsitzende. Unabhängig von Parfüm oder Knoblauchfahne, Dialekt oder Dünkel. Einer, der sich auskennt, einer, der nicht vom Rand der Gesellschaft kommt, sondern aus ihrer Mitte, kann eine viel höhere kriminelle Energie entwickeln und hat ganz andere Möglichkeiten, sie zu vertuschen, zu erklären, zu verschleiern. Und natürlich hat er Anwälte. Einen Pflichtverteidiger kriegt der Bruno auch. Vielleicht ist der sogar richtig gut. Aber das hilft nicht unbedingt.

Ich will wissen, was ich tue. Ich will ganz genau hinsehen. Und ich will jeden Tag in den Spiegel schauen können in dem sicheren Gefühl, mein Bestes gegeben zu haben. Das dauert gelegentlich ein bisschen. Deswegen bleib ich manchmal auch länger in der KPI. Damit ich mit diesem guten Gefühl heimgehen kann. Damit will ich auf keinen Fall sagen, dass andere nicht ihr Bestes geben. Für mich geht es darum, authentisch zu sein. Das schaut beim einen so, bei der anderen so aus. Ich kann nicht raus aus meiner Haut.

Und trotzdem muss ich ein guter Schauspieler sein. Das müssen wir bei der Kripo alle. Ich muss mich auf mein Gegenüber einstellen. Ich kann von meiner Kundschaft nicht erwarten, dass sie sich auf mich einstellen. Ich bin der, der was will. Besonders in einem Fall wie diesem, wenn ich wenig in der Hand habe.
Also muss ich auf den Bruno zugehen. Mein Wesen, mein Sprechen, meine Kommunikation ihm anpassen. Sonst bin ich ganz schnell unten durch. Und trotzdem kann ich mich nicht völlig verstellen. Lügen will ich nicht. Und außerdem würde ich das gar nicht schaffen, wo so viel in meinem Kopf herumgeht. Ich habe während der Vernehmung die ganze Ermittlung präsent, und ständig ergeben sich neue Ansätze. Ich muss Fragen stellen, die Antworten bewerten, den Ablauf der Vernehmung modifizieren, eventuell mit einem Ohr auf die Tastatur der Schreibkraft hören – da bleibt mir kaum Energie zum Schauspielern. So entlarven wir letztlich auch die Lügner: Sie können die enorme Energie nicht aufbringen, die die Aufrechterhaltung ihres Lügengeflechts fordert. Aber ich vermute, ein perfekter Schauspieler hätte dann auch kaum mehr Energie, einen Fall zu lösen. Ich habe es schon mal erwähnt: Polizisten sind auch ein bisschen Sozialarbeiter. Ich möchte die Hilfe einlösen, die ich verspreche. Manchmal ist sie allerdings eher negativ für mein Gegenüber. Ein Alkoholiker freut sich nicht unbedingt über den Platz in einer Entziehungskur, auch wenn es schwierig war, den zu beschaffen.
Ich verstehe jeden Kollegen, der es vorzieht, sachlich zu bleiben. Denn das schafft Distanz. Wenn man so nah an seine Kundschaft herankommt wie ich manchmal, dann ist das Abschalten schwieriger. Meine Devise ist zwar, dass ich mir im Kopf keine Arbeit mit nach Hause nehme, aber das funktioniert nicht immer. Das merkt die Familie dann schnell.

»Hast heut einen schlechten Tag gehabt?«
Manchmal erzähle ich ein bisschen was. Meistens bespreche ich mich ausschließlich mit den Kollegen. Das Team ist diesbezüglich sehr wichtig, und da weiß ich mich in unserer KPI bestens aufgehoben. Wir sind eine Supertruppe.

Viele Fälle wickle ich so schnell ab, wie es mein Chef am allerliebsten sieht. Da erinnere ich mich nach zwei, drei Wochen schon gar nicht mehr an die Namen der Beteiligten. Aber hin und wieder, wenn ich der Ansicht bin, dass ich mich in einen Fall tiefer reindenken muss, dann mach ich das auch. Es geht schließlich um Gerechtigkeit. Dazu gehört es, so heißt es auch im Gesetzestext, nicht nur gegen den Beschuldigten zu ermitteln, sondern eben auch für ihn. Gegen ihn ist viel einfacher. Es ist immer leichter, gegen etwas Argumente zu sammeln, dagegen zu sein und etwas abzulehnen. Das Dafürsein ist oft anstrengender. Aber hin und wieder lohnt es sich. Wenn schlussendlich die Wahrheit ans Licht kommt, dann freuen wir uns alle.

Der Verrat

Ich belehrte Bruno Krumrey als Zeugen und wies ihn insbesondere darauf hin, dass er – sollte er dennoch an der Tat beteiligt gewesen sein – sich selbst nicht zu belasten brauche. Dann forderte ich ihn auf zu erzählen.
Er knetete seinen rechten Handballen. »Ich hab gehört, dass da was war«, begann er zögernd. Dann schoss es förmlich aus ihm heraus: »Und Sie versprechen mir, dass der eingesperrt wird?«
»Versprechen kann ich das nicht. Die Entscheidung über die

Haft treffen Staatsanwalt und Ermittlungsrichter. Doch bei dieser Tat ist es sehr wahrscheinlich, dass der Täter in Haft geht«, führte ich erneut aus. Es war gut möglich, dass Bruno dies noch einige Male hören musste, um seine Hürde immer tiefer zu legen. Ich würde ihn nicht daran erinnern, dass ich ihm den Ablauf bereits mehrfach beschrieben hatte. Ich würde ihm alles immer wieder erklären, bis er den Schritt über die Hürde tun konnte. Ohne Geduld kommt man nicht weiter. Wie bei einer Zwiebel, Schicht für Schicht. Die Körpersprache, das Telefonat, sein Zögern, sein Nachdenken. Er wusste, was ich wissen wollte. Und ich musste ihn davon überzeugen, dass es besser war, mir das zu sagen. Mit Strafvereitelung zu drohen, wäre auch eine Möglichkeit. Aber nur, wenn nichts anderes mehr geht. Strafvereitelung bedeutet, dass jemand durch sein Verhalten verhindert, dass ein Straftäter seiner Strafe zugeführt wird oder dass gegen einen Straftäter ermittelt wird. Familienangehörige sind hiervon ausgeschlossen, wie Sie aus der Belehrung wissen.

»Ist der wirklich so schlimm?«, erkundigte ich mich.
»Der kann ganz schön hinlangen«, sagte Bruno mit leiser Stimme.
Ich machte mir eine geistige Notiz: Wenn der, dessen Namen wir noch nicht kannten, kräftig zuschlug, war er aktenkundig.
»Hat er Sie schon mal gehauen?«, fragte ich Bruno.
»Sonst hätt ich ja wohl keine Angst, oder?«
»Wie lang ist das her?«
»Deswegen ist er im Knast gewesen.«
Noch eine geistige Notiz, die ich bereits gestern angelegt hatte. Ich musste mir dringend die Akten zu Brunos Straftaten durchlesen.
»Sie haben ihn ins Gefängnis gebracht?«

»Ja, aber bloß einmal. Da hab ich gemerkt, dass mir das nicht guttut.«
Unter seinem rechten Auge zuckte ein Muskel.
»Jetzt reden wir mal Klartext. Um wen geht es?«
Pause. Tief holte Bruno Luft. Pause.
Ich zwang mich dazu, die Pause zu halten. Ich würde jetzt nichts sagen. Diesen Spannungsmoment zu unterbrechen, wäre ein gravierender Fehler. Es ist übrigens viel anstrengender, Pausen auszuhalten, als zu reden. Besonders für Polizisten, deren Aufgabe es ja ist, Fragen zu stellen. Die sieben W: Wer hat was wo wann getan, wie, womit, warum. Man lernt sie in der ersten Stunde Polizeiunterricht. Still sein ist schwer. Aber wichtig. Dem Bruno fiel die Pause auch nicht leicht. Er wusste, dass ich wartete. Fühlte sich unter Druck gesetzt. Dachte nach, grübelte. Empfand womöglich eine Verpflichtung, etwas zu sagen. Gut so, raus damit. Nein, er dehnte die Pause noch weiter. Auf seiner Stirn nun kein Schweißfilm mehr, sondern erste Tropfen. Schweigen ist Schwerstarbeit.

Probieren Sie das ruhig mal am eigenen Leib aus. Kaum ein Mensch kann gut damit umgehen, wenn ein Gesprächsfluss unterbrochen wird. Wir fühlen uns wohl im plätschernden Smalltalk. Frage, Antwort, Frage, Antwort.
... Wenn es dann auf einmal still ist. Keiner spricht. Beziehungsweise nur einer spricht nicht, weil der andere die Pause nicht aushalten kann.
Manche Menschen verschleißen zwischen ihren Sätzen lange Pausen. Am Telefon wird ihr Schweigen besonders deutlich. So nett sie auch sein mögen – sie werden häufig als unangenehme Gesprächspartner eingestuft. Pausen sind peinlich. Bist du noch dran?
Pausen beschleunigen das eigene Gedankenkarussell, meis-

tens verunsichernd. Hab ich was Falsches gesagt, stört ihn irgendwas, was denkt er?
Nichts. Er schweigt. Oder er überlegt den nächsten Satz. Solche Leute gibt es. Bei einer Vernehmung begegnen wir ihnen oft, aber da sind sie einzig und allein mit einer Frage beschäftigt: Wie zieh ich meinen Kopf aus der Schlinge?

Ich hoffte, dass Bruno unser Schweigen als ebenso unangenehm empfand wie ich. Wie immer in einer solchen Situation verwandelten sich die Sekunden in gefühlte Minuten.
Sigrid, unsere Schreibkraft, und meine Kollegin Petra würden diese Pause niemals unterbrechen. Sigrid war ohnehin so gut wie unsichtbar hinter ihrem Bildschirm, man hörte nur ihr schnelles Tippen. Das nun fast schon schmerzhaft fehlte.
Mit einem tiefen Seufzer entrang sich Bruno ein »Okay«. Freundlich nickte ich ihm zu.
»Hoffentlich wird er aber auch eingesperrt. Der Ludwig war's. Und ich verlass mich auf Sie. Der muss weg.«
»Ludwig wer?«
»Der Gerner Lucki.«
»Ach, der Gerner Lucki!« Klar kannten wir den. Den kannte jeder. Warum waren wir nicht von selbst auf ihn gekommen?
»Kennt's ihr den auch?«, staunte Bruno.
»Freilich kenn'ma den.«
»Wieso habts'n dann ned gleich geholt?«
»Ich hab ja nicht gewusst, dass der dabei war.«
»Der ist doch immer dabei, wenn was is.«
»Des merk ich mir«, versprach ich.

Petra verließ das Zimmer, um die Fahndung einzuleiten. Später würden wir überlegen, warum wir nicht von selbst auf den

Gerner Lucki gekommen waren. Noch später würde sich herausstellen, dass es an der Beschreibung lag, die die Kassiererin im Tengelmann meinem Kollegen Felix Tixel gegeben hatte. Der Lucki war weder 1,90 m noch muskulös. Er war ein ausgemergelter Säufer, aber durchaus gefährlich, weil er praktisch mitgefühlsfrei lebte und in seiner Jugend irgendeinen Kampfsport betrieben hatte. Da war einiges hängen geblieben, wie eine Reihe seiner Kumpels erfahren mussten. Warum sie sich trotzdem immer wieder um ihn scharten, gehört zu den Geheimnissen dieses Milieus.

Viele Täter, von denen wir hören, sind groß und haben breite Schultern. So werden sie von ihren Opfern wahrgenommen. Ein kleines Hutzelmännchen macht mir doch keine Angst, nein, der war groß, was sag ich denn: Ein Riese war das! Die Zeugen lügen nicht, denn genauso haben sie die Angreifer wahrgenommen. Das wissen wir natürlich, und manchmal versuchen wir, einen Angreifer sozusagen auf Diät zu setzen, seine Heldenmaße abzuspecken. Wir bitten denjenigen, der die Person beschreibt, sich selbst von außen zu betrachten während der Tat. So hoffen wir, dass er aus der Adlerperspektive zu einer objektiven Beschreibung gelangt. Dieses Verfahren beinhaltet jedoch einen Unsicherheitsfaktor, da hier Fantasie und Realität vermischt werden. Der Zeuge soll kraft seiner Fantasie eine reale Situation beschreiben – das schaffen meiner Erfahrung nach die wenigsten, deshalb sollte man diese Technik nur einsetzen, wenn man sicher ist, das Gegenüber nicht völlig zu verwirren. Hinzu kommt, dass es ein Vertrauensverhältnis kaum befördert, wenn ich mich so offensichtlich unzufrieden mit einer Personenbeschreibung zeige. Womöglich vermutet der Zeuge, ich unterstelle ihm, mich anzulügen. Keine guten Startbedingungen für eine erfolgreiche Vernehmung! Diese Methode will also vorher gut erklärt sein.

»Woher willst du wissen, dass der Lucki dabei war, wenn du nicht dabei gewesen bist?«, fragte ich Bruno.
»Gesagt hat er mir's. Mir selber. Wir saufen ja jede Woche einmal miteinander. Im Suff redet der immer viel. Ich halt mich da eher zurück. Aber der Lucki, der gibt besoffen erst recht an. Der war stolz drauf, dass er dem Milchgesicht Bescheid gestoßen hat. Der hat mir sogar sein Messer gezeigt. Frag ich ihn: Spinnst du, dass du des noch hast. Da hat er es weggeschmissen. Weil ich ihm den Tipp gegeben hab.«
»Wo hat er es weggeschmissen?«
»Irgendwo an der Amper. Ins Gebüsch.«
Ich machte mir eine kurze Notiz zu diesem neuen Ermittlungsansatz: Tatmesser, Blut, DNA.
»Und wer waren die anderen zwei?«, fragte ich. Brunos Hürde lag nun am Boden. Er konnte sie ohne Anstrengung in einem bequemen Schritt überqueren.
»Jetzt is eh scho wurscht«, dachte er laut und verriet den Rest des Trios: »Der Kaindl Karli und der Schmidinger Basti.«

Erkennungsdienstliche Behandlung

Der Rest für heute war reine Formsache: das Standardprogramm. Ich rief den Staatsanwalt an, um einen Haftbefehl für die drei Beschuldigten zu bekommen. Dann leitete ich die Fahndung ein und faxte alle Unterlagen an den Staatsanwalt, zur schriftlichen Beantragung der Haftbefehle beim Ermittlungsrichter. Die Kollegen vom K7 waren abermals erfolgreich. Als ich am nächsten Morgen in die KPI kam, saßen Ludwig Gerner, Karl-Heinz Kaindl und Sebastian Schmidinger in je einer Zelle. Da es Freitag war, brauchte ich dringend Unterstützung. Der Freitag ist quasi nur ein halber Arbeitstag, weil so viele Ämter mittags schließen. Zudem geht der Ermittlungsrichter freitags gern pünktlich heim, was für uns bedeutete: Wenig Zeit und viel zu tun für drei Teams. Jedes Team schnappte sich einen Verdächtigen und arbeitete das volle Programm ab: erkennungsdienstliche Behandlung, Wohnungsdurchsuchung, Sicherstellen der Tatkleidung, falls noch vorhanden. Haftbefehle werden in der Regel in Kombination mit Wohnungsdurchsuchungen angeordnet, weil das Tatwerkzeug gesucht wird, und die Bekleidung zur Tatzeit als Spurenträger für den gegenseitigen körperlichen Kontakt wichtig ist. Vielleicht würden wir in einer der Wohnungen eine blutige Jacke finden.

Außerdem würden wir natürlich nach der Tatwaffe suchen – vielleicht konnte Bruno Krumrey den Ort, wo Ludwig Gerner das Messer weggeworfen hatte, beschreiben. Und nicht zuletzt die Beschuldigtenvernehmung der Täter, denn jeder Beschuldigte hat ein Recht auf Gehör.

Zwar waren die drei Männer bereits erkennungsdienstlich erfasst, doch wir ließen uns die Gelegenheit nicht entgehen, unsere Daten auf den neuesten Stand zu bringen, so bleiben wir stets aktuell. Das Trio wurde fotografiert, gewogen, gemessen und in Bezug auf Narben und Tätowierungen beschrieben, Fingerabdrücke wurden genommen. Einen besseren Grund als ein Kapitaldelikt gibt es nicht für die erkennungsdienstliche Behandlung. Hält man die Fotos einer solchen Kundschaft nebeneinander, erschrickt man, wie schnell manche abbauen, man sieht deutlich die zerstörerische Wirkung des Alkohols.

Bevor die drei Männer zur rechtsmedizinischen Untersuchung nach München gefahren wurden, musste ich die Teilakte für die Ärzte vorbereiten, damit sie an den richtigen Körperstellen nach Verletzungen suchten. Auch ein toxikologisches Gutachten wurde vom Staatsanwalt in Auftrag gegeben. Hierzu wird Blut abgenommen, in dem Reste von Suchtstoffen wie Cannabis oder Kokain enthalten sein können. Wenn bekannt ist, dass jemand Medikamente eingenommen hat, ist es sinnvoll, dies dem Institut für Rechtsmedizin mitzuteilen, damit ein spezielles Screening durchgeführt werden kann. Der Erfolg der Ärzte bei der Spurensuche hängt maßgeblich davon ab, was die Kripo ihnen mitteilt. Deshalb ist diese Zusammenarbeit so wichtig.

Zu diesem Zeitpunkt hat für mich der Bericht für den Staatsanwalt höchste Priorität. Er muss den Haftbefehl begründen, damit er vor dem Ermittlungsrichter standhält. Der Bericht wird ständig aktualisiert, da mir meine Teams jede Änderung im Sachverhalt melden, die ich dann an den Staatsanwalt weitergebe, per Fax oder Telefon, damit er seinen Haftbefehl »pinseln« kann, wie wir sagen. Der Ermittlungsrichter möchte vor der Haftbefehlseröffnung verständlicherweise so viele Informationen wie möglich, denn er wird darüber entscheiden, ob jemand ins Gefängnis geht oder über Los, also in Freiheit bleibt. Wir Kriminaler und der Staatsanwalt bereiten diese Entscheidung vor, indem wir das Material bestmöglich zusammenstellen. Das bedeutet: sehr viel Papier und viele Verteiler. Da vergeht ein Vormittag wie im Flug und reicht kaum aus für die umfangreichen internen Berichtspflichten. Und dann ist da noch die Pressestelle, die ganz genau wissen will, worum es geht. Ein solcher Fall ist eine Schlagzeile wert, wenn auch nicht auf der Titelseite. Das zieht lange Telefonate nach sich, um eine Fassung zu erarbeiten, die unsere weiteren Ermittlungen nicht behindert und dennoch die Presse zufrie-

denstellt. Dazu bespricht sich die Pressestelle zusätzlich mit der Staatsanwaltschaft, die die Ermittlungshoheit und somit auch die Pressehoheit hat. Zwischendurch möchte man vielleicht mal eine Tasse Kaffee trinken oder schnell irgendwas essen. Schön, dass einen die Kollegen nicht vergessen. »Soll ich dir a Wurstsemmel mitbringen?«
»Gern!«
»Bischisalamigu?«
»Wie immer.«

Die drei Verdächtigen verzichteten auf den Beistand eines Rechtsanwalts. Ein solcher kann nach einer gewissen Zeit einen Haftprüfungstermin beantragen. Das ist auch im Sinne der Justiz, wenn sich bei Ermittlungen wie in diesem Fall herausstellt, dass zwei der Festgenommen einen geringen Tatbeitrag geliefert haben. Karl-Heinz Kaindl und Sebastian Schmiedinger waren lediglich dabei gewesen, keiner von ihnen hatte zugestochen. So wurden die beiden nach drei Wochen auf freien Fuß gesetzt, während Ludwig Gerner bei uns beziehungsweise in Untersuchungshaft in der Justizvollzugsanstalt JVA München-Stadelheim verblieb.

Das Motiv

Mittlerweile sind Sie in der Polizeiarbeit so souverän, dass Sie den Fall auch ohne meine Hilfe vollständig aufklären können. Es ist Ihnen sicher klar, warum die Zeugen gelogen haben. Den wichtigsten Grund zu lügen hatte Sabine Radeck. Ihr provokantes Benehmen war der Auslöser für die Tat. Ihre Bemerkungen führten zur Eskalation, die wiederum von Detlev Sieber ausging, der als Erster zuschlug. Entsprechend groß

war ihr schlechtes Gewissen, auch wenn man es ihr nicht ansah. Wie nicht anders zu erwarten, war auch die zweite Vernehmung von Frau Radeck kein Vergnügen für mich, obwohl ich ihren Kaugummi zu Beginn im Papierkorb inhaftierte. In diesem Zusammenhang stellt sich die Frage, ob das Verhalten von Frau Radeck strafrechtlich relevant ist und man gegen sie ermitteln sollte.
Sabine Radecks Freund Detlev Sieber konnte sich nach wie vor an nichts erinnern. Für ihn ein sehr bequemer Weg.
Der Geschädigte, Florian Gruber, konnte sich auch später nur an wenig erinnern, räumte jedoch die Provokation von Sabine Radeck ein, die ihn dazu veranlasst hatte, die Straßenseite zu wechseln, da er damit nichts zu tun haben wollte. Auch mit den beiden aus der Drückerkolonne wollte er in Zukunft nichts mehr zu tun haben.

Bruno konnte aufatmen. Da Lucki auf Bewährung draußen war und dies zusätzlich mitverhandelt wurde, würde er nun mehrere Jahre keine Angst vor ihm haben müssen.

Blaulicht

- Auch wenn es im Fernsehkrimi Alleingänge gibt: Richtig gut sind wir nur als Team. Überprüfen Sie kritisch Ihre eigene Teamfähigkeit. Gerade in einem temporären Team hat Statusgerangel keinen Platz. Erkennen Sie den Teamleiter an, unabhängig von seinem Rang.
- Achten Sie auf Ihre Mitspieler. Nach zwei Tagen Vollgas kommt ein tiefes Loch. Nicht nur bei der Ermittlungsarbeit. Planen Sie das ein und motivieren Sie sich und andere, auch wenn es noch ein wenig dauern sollte, bis ein Fall

oder Projekt in kühlen Handschellen oder in trockenen Tüchern ist.
- Wer provoziert, will etwas erreichen. Lassen Sie sich nicht manipulieren. Behalten Sie mit sachlichem und besonnenem Verhalten die Führung.
- Auch für die Provokation gibt es ein Motiv. Vielleicht ist es nur Unsicherheit, aber es kann auch eine Lüge dahinterstecken. Indem Sie das Motiv dingfest machen, ziehen Sie eine kugelsichere Weste an: Das Verhalten Ihres Gegenübers prallt an Ihnen ab.
- Lassen Sie sich nicht von Ihrem Ziel ablenken, auch nicht durch Anfeindungen. Genau das kann nämlich das Ziel des Gegenübers sein. Er erspart sich dadurch eine unangenehme Frage, auf die er lügen müsste.
- Setzen Sie Ihrem Gegenüber Grenzen, und zwar immer an der gleichen Stelle. Einen Kaugummi, den Sie gestern nicht tolerierten, können Sie heute nicht gutheißen. So bleiben Sie authentisch.
- Suchen und finden Sie bei jedem Menschen eine positive Eigenschaft. Damit Türen und Schubladen offen bleiben
- Geben Sie jedem Menschen die gleiche Chance. Schieben Sie Ihre Vorurteile bewusst zur Seite. Sie werden überrascht sein, wie überrascht der Vorurteil-Behaftete reagiert. Da geht die Tür noch ein Stück weiter auf.
- Druck und Drohung können zwar schneller zum Ziel führen – doch wie geht es danach weiter? Diese Frage sollten Sie sich beantworten, ehe Sie solche Mittel einsetzen. Außerdem müssen Sie sich bewusst sein, dass Sie mit Druck und Drohung den Weg zur ausweichenden Lüge ebnen.
- Gehen Sie durchs Leben wie ein guter Cop: Geben Sie allen eine Chance und verdächtigen und verhaften Sie die Richtigen!

Schlussbericht

Im vorliegenden Fall erstreckte sich die heiße Ermittlungsarbeit auf mehrere Schwerpunkte, die zeitlich voneinander getrennt waren. Werden die Täter ermittelt und festgenommen, stellt sich aufgrund der Schwere des Deliktes immer die Frage nach dem Haftbefehl. Es ist also wichtig, den zuständigen Staatsanwalt auf dem Laufenden zu halten. Die Akten gehen deshalb in Paketen, jeweils mit einem Zwischenbericht zum aktuellen Stand, an die StA, die Staatsanwaltschaft. Dies erleichtert das Verfassen des Schlussberichts, da auf die Ausführungen in den Zwischenberichten verwiesen werden kann.

Wegen der ungenügenden Angaben der Geschädigten ließ sich die Staatsanwaltschaft nicht auf die Begründung des Mordmerkmals der Heimtücke ein und klagte einen versuchten Totschlag an.

Sofern die Zeugen vor Gericht das gleiche Aussageverhalten wie bei der Polizei zeigen, worauf man sich nie verlassen kann, wird das Gericht gesonderte Verfahren wegen falscher uneidlicher Aussage bzw. Strafvereitelung einleiten und der Staatsanwalt ggf. eine sofortige Untersuchungshaft anordnen.

Kurzer Sachverhalt:
Herr Ludwig Gerner wird beschuldigt, einen versuchten Totschlag begangen zu haben, indem er Herrn Florian Gruber durch zwei Messerstiche in den Rücken verletzte.
Weiterhin werden Herr Ludwig Gerner, Herr Karl-Heinz Kaindl und Herr Sebastian Schmiedinger beschuldigt, eine

gefährliche Körperverletzung begangen zu haben, indem sie gemeinsam auf Herrn Detlef Sieber einschlugen.

Herr Gruber wurde schwer verletzt. Er erlitt zwei Stichverletzungen am Rücken und verließ das Klinikum nach zwei Tagen auf eigenen Wunsch.
Herr Sieber wurde leicht verletzt. Er erlitt mehrere kleine Hämatome im Bereich des Kopfes und Abwehrverletzungen an den Unterarmen.

Am Sachverhalt, wie er bei der Begründung der Haftbefehle angegeben wurde, haben sich keine Änderungen ergeben.

Anlass und Ergebnis der Ermittlungen:
Nach dem Ergebnis der Ermittlungen und den durchgeführten Vernehmungen ergibt sich folgender Sachverhalt.
Die Vernehmungen von Geschädigten und Beschuldigten gehen so weit auseinander, dass das Geschehen nur bruchstückhaft belegt werden kann.

Zur Tatzeit trafen die beiden Gruppen, drei Beschuldigte und drei Geschädigte, zufällig auf der Amperbrücke in Fürstenfeldbruck aufeinander. Nach mehrfachen verbalen Provokationen durch die Geschädigte Radeck wies Herr Kaindl sie durch eine kurze Berührung an der Stirn zurecht. Daraus entstand eine körperliche Auseinandersetzung zwischen den drei Beschuldigten und dem Geschädigten Sieber.

Herr Gruber, der zunächst Abstand zu der Auseinandersetzung hielt, kam seinem Kollegen zu Hilfe und versuchte, eine Person von ihm wegzuziehen. Das wiederum nahm Herr Gerner zum Anlass, Herrn Gruber von hinten anzuspringen.

Dabei stach er mit seinem Taschenmesser zweimal auf den Rücken des Geschädigten ein.

Die Beschuldigten flüchteten, die Geschädigten begaben sich selbständig ins Klinikum Fürstenfeldbruck.
Über die Notaufnahme wurde die PI Fürstenfeldbruck verständigt. Nach der Vernehmung der Geschädigten durch den KDD und der Tatbestandsaufnahme vor Ort ergaben sich keine Hinweise auf die Beschuldigten.
(Siehe Teil I der Ermittlungsunterlagen)

Am Folgetag übernahm das zuständige Fachkommissariat die weiteren Ermittlungen.
Die Nachvernehmung der Geschädigten erbrachte keine neuen Ermittlungsansätze. Die Geschädigten Radeck und Sieber waren nicht kooperativ und machten keine oder nur äußerst knappe Aussagen. Der Verletzte Gruber stand merklich unter dem Eindruck der Tat und äußerte sich zur Tathandlung ebenfalls nur oberflächlich. Herr Sieber ließ sich wegen einer Schwellung am Hinterkopf noch in der Tatnacht im Klinikum Fürstenfeldbruck untersuchen. Zu einer späteren Begutachtung im Institut für Rechtsmedizin war er nicht bereit. Frau Radek lehnte eine ärztliche Untersuchung komplett ab.
Am Tatort konnten mehrere Spurenträger, Bierflaschen und Scherben von Bierflaschen, sichergestellt werden, die zur spurentechnischen Behandlung, DNA und Daktyloskopie, dem BLKA übergeben wurden.

Die körperliche Untersuchung des Geschädigten durch Herrn Dr. Sauer vom Institut für Rechtsmedizin ergab, dass ein Einstich das Schulterblatt etwa mittig in der Untergrätengrube traf. Der zweite Einstich neben der Wirbelsäule traf auf einen Querfortsatz der Brustwirbel.

Vorbehaltlich des schriftlichen Gutachtens gab Herr Dr. Sauer an, dass der zweite Stich abstrakt lebensgefährlich war. Bereits eine leichte Veränderung des Stichwinkels hätte dazu führen können, dass die Klinge am Querfortsatz des Wirbels abrutscht und in die Lunge eintritt. Ein Eröffnen des Pleuraraumes hätte ein Zusammenfallen der Lunge zur Folge, was ohne sofortige intensivmedizinische Behandlung lebensbedrohlich wäre.

(Siehe Teil II der Ermittlungsunterlagen)

Über einen Zeugen, der sich selbst bei der Polizei meldete, gelang es, die Täter zu identifizieren. Die erlassenen Haftbefehle wurden noch am gleichen Abend vollzogen. Bei den jeweiligen Festnahmen kam es zu keinen Komplikationen. Die Beschuldigten hatten letztendlich bereits mit ihrer Festnahme gerechnet.

Herr Gerner äußerte sich nach Belehrung ausführlich. Er machte eine Notwehrsituation geltend. Herr Gruber habe derart brutal auf Kaindl und Schmiedinger eingetreten, dass ihm keine andere Wahl geblieben sei.

Kaindl und Schmiedinger schilderten den Sachverhalt so, wie er oben dargestellt ist. Sie gestanden das Gerangel, die »Rauferei unter Betrunkenen« ein. Dabei habe es einige unkontrollierte Schläge gegen Kopf und Körper des Geschädigten gegeben. Allerdings hätten sie auch »heftige Prügel« von Herrn Sieber einstecken müssen.

Bei der körperlichen Untersuchung der Beschuldigten konnten bei keinem der drei Täter Spuren von brutalen Tritten festgestellt werden.

Der zuständige Richter erließ Haftbefehl gegen die Beschuldigten, sie kamen in die JVA München-Stadelheim.
(Siehe Teil III der Ermittlungsakten bis zur Eröffnung der Haftbefehle)

Im weiteren Verlauf der Ermittlungen fanden sich noch zwei weitere Zeugen. Ihnen gegenüber prahlte Beschuldigter Gerner, dass er schon die Richtigen erwischt habe: »Die haben ja förmlich um eine Abreibung gebettelt.« Dabei unterschied er nicht zwischen den einzelnen Personen der Geschädigten.
Bei einer Lichtbildvorlage erkannten die Geschädigten Radeck und Gruber die Beschuldigten eindeutig wieder. Der Geschädigte Sieber konnte nicht mehr erreicht werden. Er ist momentan unbekannten Aufenthalts.

Die Suche nach der Tatwaffe, die der Beschuldigte im Bereich des Eingangs zum Emmeringer Hölzl weggeworfen haben soll, verlief ergebnislos. Nach der Beschreibung des Zeugen Krumrey handelte es sich um ein Schweizer Taschenmesser mit einer Klingenlänge von 7,5 cm. Fotos eines Vergleichsmessers liegen bei.

Bei der Spurenauswertung konnte auf der Täterkleidung kein Blut des Geschädigten festgestellt werden.
An den gesicherten Scherben auf der Amperbrücke (Flaschenhals) konnte die DNA des Beschuldigten Gerner analysiert werden.
An einer Bierflasche, sichergestellt bei einer Parkbank am Amperufer, waren daktyloskopische Spuren vorhanden, die dem Beschuldigten Schmiedinger zuordenbar waren.
Die DNA auf den gesicherten blutdurchtränkten Einmaltaschentüchern stammt vom Geschädigten.

Die weiteren Asservate, Zigarettenkippen auf der Brücke, diverse Zettel aus dem Mülleimer bei der Parkbank, Faserabzüge von der Täter- und Opferbekleidung, werden als Spurenträger asserviert und können auf Antrag zur Auswertung gegeben werden.
Das Ergebnis der toxikologischen Untersuchungen, der Blutproben und der Haarproben der Beschuldigten steht noch aus. Es wird nachberichtet.

Die Ermittlungen sind abgeschlossen.
Sachbearbeiter
Bindig, KHK

Die Freitagnachmittagsleiche

Freitagmittag – häufig eine Zeit der Entspannung bei uns im Kommissariat. In der Mittagsrunde erzählt man sich vielleicht, was am Wochenende geplant ist. Allgemeine Vorfreude wabert durch den Raum. Wieder eine Woche geschafft – und die Ruhe vor dem Sturm, der am Montag oftmals ausbricht. Freitagmittagsrunden sind energetisch völlig anders als Montagmorgenrunden. Viele Straftaten werden am Wochenende verübt. Darum kümmert sich zuerst der KDD. Was nicht bedeutet, dass die Ermittlungsarbeit bis Montag schläft. Bei einem Kapitaldelikt übersteigt der Aufwand der Ermittlungen die Kapazitäten des KDD. Die Kollegen müssen bei der nächsten Leiche wieder ausrücken. Pro Jahr bearbeiten wir bei der Kripo in Fürstenfeldbruck circa 380 Sterbefälle. Davon werden etwa 20 Fälle mit größerem Ermittlungsaufwand vom K1 bearbeitet. Wenn etwas passiert, schalten wir das Blaulicht auch am Wochenende ein. Aber Freitagmittag ... da freut man sich vor allem auf die freien Tage. Ich gehöre zu den Kollegen, die das Wochenende mit Polizeisport beginnen, der wird bei uns am Freitagnachmittag unter dem Decknamen Dienstsport angeboten. Schließlich sollen wir Kriminaler fit sein, obwohl es praktisch nie vorkommt, dass wir wie unsere Fernsehkollegen einem Verdächtigen durch Hinterhöfe nachhetzen. Wir haben die Täter meistens festgenommen, bevor sie fliehen können ...
Bei mir wollen im Dienstsport über hundert Kilo pure Muskelkraft, verteilt auf 1,90 m Körpergröße, bewegt werden. Zugegeben: Die meisten Muskeln befinden sich in der Region um die Körpermitte und tarnen mein Sixpack hervorragend.

Als es den KDD noch nicht gab, kursierte bei uns in der KPI der Begriff der Freitagnachmittagsleiche. Ich kann mir gut vorstellen, dass es die auch in anderen Dienststellen gibt. Freitags, kurz nach der Mittagspause, scheinen Straftaten signifikant häufig sichtbar zu werden. Kann sein, dass das eine selektive Wahrnehmung meinerseits ist, ich habe diesbezüglich nicht recherchiert. Jedenfalls erinnere ich mich an einige solcher Freitage. Wie gesagt, immer gern nach der Mittagspause, wenn man dabei ist, seinen Schreibtisch aufzuräumen oder sich innerlich auf den Dienstsport einstellt. Manchmal platzt die Leiche schon in die Mittagsrunde. Und sprengt sie: In einem unserer vier Landkreise Fürstenfeldbruck, Dachau, Landsberg am Lech und Starnberg, eine Fläche, etwa so groß wie das Saarland, ist irgendwo ein Todesfall passiert, um den sich die Polizei kümmern muss. Freitagsfälle halten sich gern in den Randbezirken unseres Reviers auf. Etwa im Fuchstal oder in Petershausen: lange Anfahrt. Noch ein Grund mehr, froh zu sein, dass uns diese Arbeit jetzt erst mal der KDD abnimmt. Erst mal – denn sollte es sich um einen Fall für ein Fachkommissariat handeln, sind wir doch dran.

Wenn ab Freitagmittag ein neuer Fall beginnt, teilt den unser Erster Kriminalhauptkommissar Chefbauer nicht unbedingt einem Kollegen zu. Da wird schon geschaut, wer den geringsten Widerstand entgegensetzt, wer sein Wochenende noch nicht so verplant hat, dass es wirklich weh tun würde. Freiwillige vor. Irgendeinen gibt es immer. Wie gesagt: Wir sind eine Supertruppe und lassen uns gegenseitig nicht hängen, auch nicht am Wochenende.
An diesem Freitag im August meldete ich mich. Ein bisschen zwickte das zwar, im Garten gab es eine Menge zu tun, und am Samstag war ein Großeinkauf geplant; meiner Frau wären

diese Überstunden bestimmt nicht recht, außerdem wollte ich mit meiner jüngsten Tochter Mathe lernen – wobei ich mich im Stillen immer fragte, wer von wem lernte –, aber das alles waren keine unaufschiebbaren Termine wie die mancher Kollegen: Kindergeburtstag, Fußballtraining für die Bezirksliga, Terrasse pflastern, Hochzeitstag.
»Ich bin auch dabei«, meldete sich Heiner. Das freute mich. Wir waren ein eingespieltes Team und hatten bereits viele Fälle gelöst. Vielleicht waren wir heute Abend schon fertig? Worum ging es überhaupt?

Die Joggerin im Maisfeld

Keine Leiche, eine versuchte Vergewaltigung.
»Dann schauts mal, was da los ist«, beauftragte uns der Chef. Wir nickten.
»Und wenn ihr noch jemanden brauchts«, fügte er seinen üblichen Spruch an, »bis um drei ist ja noch jemand da.«
Heiner und ich verließen die Kollegenrunde und machten uns an die Arbeit. Ich telefonierte mit der Einsatzzentrale in Ingolstadt, Heiner mit der Inspektion in Landsberg. Die Einsatzzentrale hatte nur wenige Informationen für uns. Eine 33-jährige Frau war beim Joggen am Lech irgendwo bei Pitzling in einem Maisfeld überfallen worden. Diese Meldung hatte die Einsatzzentrale auch an die Inspektion in Landsberg weitergeleitet und den Auftrag erteilt, die Wohnanschrift der Frau anzufahren, wo die uniformierten Beamten sich nun aufhielten. Heiner rief die Kollegen an, erkundigte sich kurz nach dem Tathergang und bat sie, die Bekleidung der Frau sicherzustellen und sie nach Fürstenfeldbruck zu bringen. Eine Freundin würde die Geschädigte, Frau Wolff, mit dem

Auto zu uns bringen. Das war uns sehr recht, so ersparten wir uns die Fahrt nach Landsberg. Organisatorisch war es günstig, dass die Freundin dabei war. Psychisch wahrscheinlich auch. Dennoch könnte die Freundin zum Problem werden – aber darüber würde ich mir erst später Gedanken machen.
Heiner erteilte der Streife den Auftrag, sich die Tatörtlichkeit genau beschreiben zu lassen und dort gegebenenfalls abzusperren und nach Spuren zu suchen.
Unser Chef streckte den Kopf zur Tür herein. »Alles klar?«
»Läuft«, nickte ich.
»In einer halben Stunde ist die Geschädigte bei uns«, fügte Heiner hinzu.
Aus der halben Stunde wurde eine Stunde, da sich die Streife den Tatort lieber zeigen ließ. Den Kollegen war die Beschreibung der Joggingstrecke zu vage: am Lech entlang und den Höhenweg hinauf und wieder hinunter. Wir erfuhren, dass es in dem von der Geschädigten beschriebenen Maisfeld, in das der Täter sie gezerrt hatte, im Umkreis von circa zwei Metern etliche abgeknickte Pflanzen gab. Die Erde war stellenweise aufgewühlt, als hätte ein Kampf stattgefunden. Ferner stellten die Kollegen den abgerissenen Bügel einer Sonnenbrille sicher.

Die bislang zusammengetragenen Informationen deuteten klar in eine Richtung: Wir benötigten die Unterstützung des K7, der Spurensicherung. Ich schaute auf die Uhr: 14:10. Die Kollegen durften noch nicht ins Wochenende, oder ihre Bereitschaft sollte den Fall übernehmen. Selbstverständlich unterhält auch das K7 einen Bereitschaftsdienst. Er beginnt am Freitagnachmittag, doch oft sind die diensthabenden Kollegen schon vorher auf der KPI.

Mit Heiner besprach ich unsere Rollenaufteilung bei der Vernehmung. Bei einem solchen Delikt wird eine Geschädigte niemals allein vernommen. Erstens muss ein Kollege jederzeit das Zimmer verlassen können, um gegebenenfalls eine Fahndung einzuleiten, die sich aufgrund der Aussage ergibt. Zweitens kann eine solche Vernehmung sehr emotional werden. Die Geschädigte kann zusammenbrechen, ärztliche Hilfe benötigen – da ist es besser, zu zweit zu sein, um sie optimal unterstützen zu können. Heiner und ich stellten fest, dass alle Kolleginnen auf Terminen oder bereits nach Hause gegangen waren. Bei uns im K1 beträgt das Verhältnis vier Frauen zu neun Männern, wobei zwei unserer Kolleginnen aktive Mütter und somit »Halbtagsmädels« sind, wie wir sie nennen. Ganze Arbeit leisten sie trotzdem. Es war möglich, dass die Geschädigte mit einer Beamtin sprechen wollte. Das würden wir ihr nicht ausreden. Aber eben auch nicht einreden. Meine Erfahrung ist, dass der persönliche Eindruck wichtiger ist als die prinzipielle Frage, ob eine vergewaltigte Frau von einem Mann vernommen werden kann. Nichtsdestotrotz würden wir auf Verlangen eine Kollegin organisieren.
Ich informierte die Wache. »Wir kriegen gleich Besuch von zwei Frauen. Es handelt sich um eine versuchte Vergewaltigung. Lassts die nicht warten, rufts mich gleich an.«
Manchmal geht es auf der Wache hoch her, da bringen die Bürgerinnen und Bürger schließlich ihre Anliegen vor – oder wurden von einer Streife »eingesammelt«. Ich wollte nicht, dass die Geschädigte und ihre Freundin sich hinten in der Schlange anstellen mussten.
Etwas später rief mein Kollege mich an »Die zwei Damen sind da.«
Ich machte mich sofort auf den Weg ins Erdgeschoss. Auf den

ersten Blick erkannte ich die Geschädigte. Ein Häufchen Elend stand mit zu Boden gesenktem Blick vor der Panzerglastür. Hängende Schultern, zusammengesunken, verweintes Gesicht, unsicheres Auftreten. Ganz anders die Freundin. Sie schritt entschlossen auf mich zu. »Florentine Geiger, wir kommen aus Landsberg.«
Ein fester Händedruck folgte. Prima. Die hatte die Sache im Griff und ihrer Freundin sicher gutgetan. Ich stellte mich beiden Frauen vor, der Händedruck von Miriam Wolff war kraftlos. Im Büro stellte ich Heiner vor. »Das ist mein Kollege, Heiner Deutz. Bitte nehmen Sie doch erst einmal Platz. Ach, da fehlt ja noch ein Stuhl.«
Umständlich holte ich einen Stuhl aus dem Nebenzimmer. Es ging mir darum, Zeit zu gewinnen, einen Eindruck von Frau Wolff zu erhalten, denn, das muss leider gesagt werden, eine Reihe von angezeigten Vergewaltigungen stellen sich im Lauf der Ermittlungen als unwahr heraus. Natürlich wollen wir die Geschädigte schonend behandeln, gleichzeitig müssen wir herausfinden, was wirklich geschehen ist, sonst tun wir einem anderen Unrecht.
Während ich im Nebenzimmer Stühle rückte, wechselte Heiner ein paar Worte mit den Frauen. Gut so. Sie sollten sich an ihn und seine Stimme gewöhnen, nicht bloß sein »Grüß Gott« im Ohr haben.
Ich brachte den zweiten Stuhl und plazierte ihn, wo ich ihn haben wollte. Beide Frauen setzten sich so, wie ich es vorgesehen hatte.
»Wie geht es Ihnen im Moment?«, stellte ich meine Eröffnungsfrage – und war auf alles gefasst. Die Antwort würde die Richtung für unsere Vernehmung weisen. Hier ging es um mehrere Fragen: Würde Frau Wolff den Wunsch äußern, mit einer Beamtin zu sprechen oder konnte sie mir aufgrund der

kurzen Zeit, die sie mich nun kannte, vertrauen? Und: Wie würde ich die Freundin »loswerden«?
Als Geschädigte hatte Frau Wolff Anspruch auf eine Vertrauensperson während der Vernehmung. Doch ich wollte sie alleine vernehmen. Die Erfahrung zeigt, dass man alleine freier spricht. Ich konnte nicht wissen, wie Frau Wolff ihrer Freundin die Tat berichtet hatte – anders, als sie sich abgespielt hatte? Um der Freundin zu imponieren oder sich selbst besser darzustellen oder bemitleidenswerter? So etwas kennen wir doch alle, wenn auch hoffentlich aus anderen Zusammenhängen. Im Gespräch mit Freunden lassen wir uns gerne mal zu etwas hinreißen, was vielleicht nicht so ganz den Tatsachen entspricht. Da erzählt man schon mal, wie man dem Kollegen Bescheid gestoßen, wie man sich an der Kasse beschwert hätte, weil das Wechselgeld nicht stimmte. Die Gegenwart des Freundes ermöglicht quasi die Wiederherstellung der eigenen Ehre. Jetzt erzählt man es so, wie es hätte sein sollen. Es gibt noch viele andere Gründe, warum Frau Wolff ihrer Freundin eine abweichende Variante erzählt haben könnte. Aus Scham könnte sie entscheidende Handlungen verschwiegen haben. Und was wäre, wenn der Täter ein Bekannter ihrer Freundin wäre? Um die Freundschaft nicht zu belasten, um das eigene Gesicht zu wahren, müsste Frau Wolff ihre ursprünglichen Darstellungen in Anwesenheit der Freundin wiederholen. Deshalb wollte ich sie allein vernehmen. Damit sie sich ihrer Freundin gegenüber, die sich so fürsorglich um sie kümmerte, nicht verpflichtet fühlte. Damit sie sich ausschließlich auf die Tat konzentrierte und nicht auf den ständigen Abgleich, was sie ihrer Freundin in der ersten atemlosen Aufregung erzählt hatte und deshalb mir erzählen musste.
Ich drückte meine Gedanken offen aus. »Frau Wolff, es ist mir wichtig, Sie allein zu vernehmen. Ich verstehe es aber

auch, wenn Sie gern hätten, dass Ihre Freundin dabei ist. Deshalb biete ich Ihnen an, dass Ihre Freundin draußen auf der Sitzgruppe wartet. Da ist sie gleich in der Nähe, wenn Sie Beistand brauchen. Wir können die Tür angelehnt lassen.«
Miriam Wolff und ihre Freundin schauten sich an. Lang. Dann stand Florentine Geiger auf.
»Nein, nein!« Ich bat Frau Geiger, wieder Platz zu nehmen. »Jetzt noch nicht. Erst bei der Vernehmung. Vorher müssen wir noch einige Formalitäten erledigen.«
»Das ist ja hier wie im Krankenhaus bei der Notaufnahme«, stellte Frau Geiger fest und drückte ihrer Freundin die Hand.
»Ein bisschen«, gab ich zu und nutzte den relativ entspannten Moment. »Wir haben hier ein kleines Problem. Es ist nämlich so, dass gerade keine Kollegin im Haus ist. Können Sie sich vorstellen«, ich wandte mich direkt an Frau Wolff, »die Vernehmung bei mir zu machen? Ich denke schon, dass wir miteinander zurechtkommen. Und wie gesagt – Ihre Freundin ist in Reichweite.«
Frau Wolff musterte mich kurz. Ihrem Blick entnahm ich, dass sie sich die Frage nach einer Beamtin gar nicht gestellt hatte. »Ja.«
Ich nickte ihr freundlich zu. »Schön.« Der Smalltalk, den ich bei anderen Vernehmungen gern einsetze, war hier nicht nötig. Ich würde Frau Wolff beim Ausfüllen der Formulare ein wenig kennenlernen. Im Folgenden bereitete ich sie auch auf die Untersuchung im Institut für Rechtsmedizin in München vor. »Diese Untersuchung ist freiwillig. Sie müssen nicht zustimmen. Aber bei einem Sexualdelikt ist sie sehr wichtig, da wir auch über die Spuren an Ihrem Körper den Täter ermitteln können.«
»Aber er hat mich ja nicht …«, Frau Wolff stockte.
»Da genügen minimale Spuren. Wenn der Täter Sie beispiels-

weise am Arm festgehalten hat, können wir dort womöglich etwas finden.«
»So was hab ich mal im Fernsehen gesehen«, bestätigte die Freundin. »Da reichen schon kleinste Winzigkeiten, oder?« Fragend schaute sie mich an.
Ich nickte.
»Okay«, stimmte Frau Wolff zu. »Jetzt gleich?«
»Nach der Vernehmung.«
»Okay«, sagte sie noch einmal. Ich hatte den Eindruck, sie gewann an Sicherheit, jetzt, wo die Dinge in Bewegung kamen.
»Ich sage Ihnen das bloß, damit Sie wissen, dass die ganze Sache hier bei uns noch eine Weile dauert.«
Sie nickte.
Die Weile würde meiner Schätzung nach mindestens bis 18 Uhr dauern, wenn es nicht 21 oder 22 Uhr werden würde.

Spurensicherung ohne Anzeige

Jedes Sexualdelikt, das bei der Polizei angezeigt wird, muss verfolgt werden. Das stellt für viele Frauen ein großes Hemmnis dar. Es gibt zahlreiche Berichte von Frauen, die sich bei der Vernehmung nicht gut aufgehoben gefühlt haben, im Gegenteil, ihren Leidensgenossinnen sogar raten, lieber keine Polizei zu rufen, denn das, was man dort erlebe, sei schlimmer als die Tat. So etwas trifft mich persönlich sehr. Denn es geht immerhin darum, dass der Täter in einem Kapitaldelikt nicht ungestraft davonkommen sollte. Ja, die Vernehmung in einer solchen Sache ist extrem unangenehm. Eine Frau wird detailliert nach »Peinlichkeiten« ausgefragt, muss fremden Personen sagen, was sie kaum über die Lippen bringt, wird nach ihrer letzten Regelblutung gefragt und gegebenenfalls, wie weit ein Täter ihre Beine gespreizt habe und viele andere höchst unangenehme, schreckliche Details ... Und das kurz nach der Tat. Sicher fehlt es hier manchmal am Einfühlungsvermögen in die Situation der Geschädigten, doch das ist leider nicht jedermanns Sache.

Ich bin sehr froh, dass es in München seit einiger Zeit eine Möglichkeit gibt, Spuren zu sichern, ohne dass diese an die Polizei weitergegeben werden. Hintergrund ist es, den betroffenen Frauen Zeit zu lassen für die Entscheidung, ob sie die Tat anzeigen möchten. Ob einen Tag, eine Woche, einen Monat – oder nie. Die Spuren sind jedenfalls da. Manche Geschädigte entscheidet sich erst, wenn sie nach einigen Wochen erfährt, mit dem HIV-Virus angesteckt worden zu sein.

Wenn eine Frau sich ein, zwei Tage nach einem Sexualdelikt entschließt, es anzuzeigen, sind die meisten Spuren häufig schon verschwunden ... also die sichtbaren. Um die unsichtbaren Wunden geht es bei der Rechtsmedizin nicht. Ihre Spurensicherung führt dazu, dass bei einer späteren Anzeige der Täter leichter gefasst werden kann. So vermeidet eine Frau die häufig vorkommende Situation, dass vor Gericht aufgrund fehlender Beweise Aussage gegen Aussage steht. Das Gericht muss dann schlichtweg entscheiden, wem es mehr glaubt.

Die Erfahrung lehrt, dass es für viele Frauen, die eine Vergewaltigung im ersten Schock nicht anzeigten, später zu einem großen Problem werden kann, diesen Schritt unterlassen zu haben. Irgendwo läuft der Täter frei herum. Lebt sein Leben weiter, als wäre nichts gewesen – und gefährdet womöglich das anderer Frauen. Es kommt auch vor, dass die Frauen ihre Pei-

niger kennen. Immerhin: Bei 75 Prozent aller Vergewaltigungen stammt der Täter aus dem engen persönlichen Bereich.
Die Bestrafung eines Täters kann zu einer großen Erleichterung führen. Wenn sie auch manchmal zu gering für ein durch eine Tat zerstörtes Leben zu sein scheint. Manche Opfer leiden jahre- und jahrzehntelang unter den Folgen, und ihr Leben verläuft nie mehr frei und unbeschwert.

Ich wünsche mir, dass dieses kostenlose Angebot der Rechtsmedizin in München die Hürde bei jenen Frauen, die erst einmal nicht zur Polizei gehen wollen, deutlich tiefer legt.

Tatbestand Vergewaltigung?

Miriam Wolff hatte alle bereits bekannten Formulare unterschrieben, und noch einige zusätzliche, beispielsweise die Schweigepflichtentbindung für die Ärzte, die Einverständnis, dass wir ihre Daten an das Ministerium weiterleiten durften, damit von dort aus Maßnahmen für den Opferschutz getroffen werden konnten, und die Bestätigung, dass ihr das Merkblatt für die Rechte der Geschädigten im Strafverfahren ausgehändigt wurde. Florentine Geiger hatte, von Heiner mit Wasser, Kaffee und Keksen versorgt, auf unserer Sitzgruppe Platz genommen.
»Ich esse doch jetzt nichts!«
»Die Vernehmung wird eine Zeitlang dauern.«

Ich hatte das Gefühl, Frau Wolff fieberte förmlich danach, dass wir endlich begannen. Sie war zunehmend ungeduldig geworden bei all dem Papierkram. Die Geschädigte brauchte keine weiteren Vorbereitungen, kein besonders angenehmes

Klima, wie viele andere Frauen in ihrer Situation. Sie wusste, worum es ging: Den Täter fassen. Dafür wollte sie alles tun. Mit aller Macht. Und zwar jetzt.

»Was ist passiert?«, startete ich die Vernehmung.

»Also«, sie atmete tief durch, schloss kurz die Augen, sammelte sich. »Ich war joggen. Meine Stammstrecke am Lech. Wildpark, Pitzling, hoch zur Staatsstraße, Richtung Pürgen, über Feldwege zurück Richtung Campingplatz, Pössinger Au, am Waldrand entlang wieder hinunter zum Wildpark. Gute zehn Kilometer. Passiert ist es auf dem Feldweg am Mais. Schwer zu beschreiben, wo. Deshalb bin ich mit Ihren Kollegen hingefahren und habe es ihnen gezeigt. Damit die nicht lange rumsuchen müssen.«

In einer anderen Situation hätte ich diese Einleitung vielleicht zum Kontaktvertiefen genutzt. Ich hätte bemerkt, dass 10 km ganz schön weit sind, und anerkennend gefragt, wie oft Frau Wolff – sie machte einen sportlichen Eindruck in ihrer geraden Körperhaltung, schlank und geschmeidig – joggte. Doch damit hätte ich ihre Konzentration gestört. Sie schaute starr nach vorne, und ich vermutete, vor ihrem inneren Auge lief ein Film ab.

Achten Sie niemals nur auf den Inhalt des Gesprochenen. Nehmen Sie wahr, wie jemand etwas erzählt, und erkennen Sie, dass Pausen zum Nachdenken oder zur inneren Sammlung dazugehören. Es gibt Momente, in denen sind Unterbrechungen sehr schädlich, da sie den Kontakt stören. Lassen Sie anderen Zeit, nachzudenken. Wenn die Augen Ihres Gegenübers im Raum herumirren, bedeutet das nicht, dass ihm langweilig ist. Er ist vielmehr dabei, sich zu sortieren. Besonders in wichtigen Angelegenheiten sollten Sie anderen die Zeit geben, die sie brauchen. Nicht Sie.

»Oft begegnet mir niemand unterwegs, aber bei schönem Wetter wie heute sind natürlich Leute unterwegs. Besonders am Lech, im Wildpark. Oben dann eher selten. Der Typ ist vom Campingplatz gekommen. Am Maisfeld ist er schnurgerade auf mich zugegangen. Irgendwie kam mir das komisch vor. Keine Ahnung, warum. Als wäre ... da war so was Seltsames um den rum. Und dann hat er mich auch noch begrüßt. Von weitem hat er mir zugewinkt. Komisch. Wie wir uns dann begegnen, streckt er doch glatt die Hand aus. Ich wollte nicht unhöflich sein. Vielleicht war der ja ganz nett, aber halt geistig ein bisschen zurückgeblieben, solche Leute sind oft sehr kontaktfreudig, wenn Sie wissen, was ich meine.«
Ich nickte.
»Dann hat er mich umarmt, und da hat der Spaß für mich aufgehört. Ich kenne den doch gar nicht!, hab ihn weggedrückt. Da hat er mich ins Gesicht geküsst. Auch auf den Mund. Eklig. Nass.« Frau Wolff verzog angewidert das Gesicht. Ich konnte die Übelkeit, die in ihr aufstieg, gut erkennen. Spinnt der?, hab ich gedacht. Da meint der doch glatt: ›Hab dich nicht so.‹ Ach ja, er hat ein Fußball-T-Shirt, so ein Trikot getragen. Rot. FC Bayern. Nummer zehn. Robben. Ich interessiere mich nicht für Fußball, ich habe es mir wegen Robben gemerkt.«
Es dauerte zwei, drei Sekunden, ehe ich hier einen Zusammenhang herstellen konnte, denn im Gegensatz zu Frau Wolff interessiere ich mich sehr wohl für Fußball. Plötzlich schaute mich Frau Wolff ernst an. »Bin ich mit schuld?«, fragte sie mich leise.
»Wie kommen Sie zu dieser Annahme?«
»Ich hab heute zum ersten Mal meinen neuen Laufdress angezogen. Nach so einem Teil habe ich lang gesucht. Hauteng. Fühlt sich super an und sieht echt spitze aus ...« – sie zögerte.

Schließlich gab sie sich die Antwort selbst. »Blödsinn! Wir leben doch nicht irgendwo im Islam. Ich meine, ich bin doch kein Freiwild, wenn ich mich flott anziehe! Das kann ja wohl nicht sein, dieses Schwein!«
Wir näherten uns dem unangenehmen Teil der Vernehmung. Frau Wolff schweifte ab. Sie wollte da nicht hin. Verständlich. Aber wir mussten. Behutsam führte ich sie weiter.

»Der hatte so einen Glanz in den Augen. Fast schon ein Flackern. Irre, hab ich gedacht. Der ist irre. Mit dem stimmt was nicht. Kennen Sie Shining, den Film?«
Ich nickte.
»Da gibt es doch die Szene, wo der Schauspieler mit dem Messer durch den Duschvorhang sticht. John Nicholson oder so heißt der. Genauso hat der geschaut. So ... durchgeknallt ... schlimm!« Frau Wolff atmete schwer. Selbstverständlich korrigierte ich den Namen nicht. Ob John oder Jack, wichtig war, dass Frau Wolff weitererzählte. Unterbrechen Sie niemals wegen Nebensächlichkeiten! Auch nicht, wenn Jack Nicholson zu Ihren Lieblingsschauspielern gehört.
»Aber natürlich jünger«, fuhr sie fort. »Sonst sah er ihm nicht ähnlich. Es war nur der Blick. Ich will also weg. So schnell wie möglich. Ich hab mir noch gedacht, dass ich unten am Lech sofort mein Gesicht wasche. Mir hat es so gegraust vor dem. Was für ein Arschloch. Ich drehe mich seitlich und will lospurten, da greift er mir mit beiden Händen an den Busen, so«, sie zeigte es mir, indem sie die Hände wie zwei Schalen in die Luft hielt. »Das ging alles wahnsinnig schnell, also zwischen dieser Ekelzunge und dem Grabschen, das waren Sekunden, da wäre ich gar nicht weggekommen, der hat ja den Weg blockiert. Und dann hat er mich auch schon gepackt. Hier um den Brustkorb, bis hoch zum Hals«,

sie deutete den Griff an. »Da habe ich gemerkt, dass es jetzt echt ernst wird.«

»Hat der Mann Sie gewürgt?«

»Nicht direkt am Hals. Also ich hab schwer Luft gekriegt, aber vielleicht eher im Schreck? Hier, hier oben waren seine Hände.« Sie wies auf die Schlüsselbeinregion. »Er hat mich regelrecht umklammert, ich konnte meine Arme nicht mehr bewegen! Das war furchtbar! Schlimm! Total schlimm war das!« Sie zitterte, und ihre Augen füllten sich mit Tränen, die über ihr Gesicht rannen. Frau Wolff strich sie mit dem Handrücken weg. Ich reichte ihr ein Taschentuch. »Das war überhaupt am furchtbarsten«, schluchzte sie. »Dass man ... so ... so ... ohnmächtig ... so ...« Dann erlangte ihre Wut erneut die Oberhand. »Dieses Schwein! Ich habe geschrien wie noch nie in meinem Leben. ›Lassen Sie mich los, hören Sie sofort auf, was soll das!‹ Währenddessen habe ich in totaler Panik überlegt, ob ich jemanden gesehen habe, vorher. Aber da war niemand. Irgendwie hat er es geschafft, mich nach unten zu drücken. Bestimmt lag das auch daran, dass ich null mit so was gerechnet habe. Und alles ging so rasend schnell. Ich bin eingeknickt, und dann hat er mich rückwärts in das Maisfeld neben der Straße geschleift. Ich habe mich total gewehrt, aber ich habe ihn einfach nicht zu fassen gekriegt, der war riesig und wahnsinnig stark. Ich meine, ich mache Krafttraining, zweimal die Woche. Aber ich hatte keine Chance, keine! Ich bin nicht aus dem Griff rausgekommen. Ich war ... wie im Schraubstock. Nein, nein, wie in einer Zwangsjacke! Da kann man die Arme doch auch nicht bewegen?« Fragend schaute sie mich an.

Ich nickte.

»Weil er mich rückwärtsgezogen hat, fand ich mit den Füßen keinen Halt. Ich habe mir das während der Fahrt hierher

überlegt. Warum bin ich nicht freigekommen? Meine Freundin Florentine sagt, das geht nicht, wenn einen jemand rückwärtsschleift.«
»Da hat sie recht«, bestätigte ich.
Frau Wolff schneuzte und sammelte sich erneut. Wir näherten uns der eigentlichen Tat. Ich gab ihr die Zeit, die sie brauchte. Hoch konzentriert versuchte ich herauszufinden, ob sie meine Unterstützung benötigte. Nein, sie erwartete keine Fragen, sie erzählte weiter.
»Wir waren noch gar nicht richtig im Maisfeld, da hat er sich auf mich geschmissen, und versucht, meine Trainingshose runterzuschieben. Aber, hahaha, jetzt hat es doch geholfen, dass sie so eng war. Die ist nämlich nicht gerutscht. Außerdem habe ich ziemlich geschwitzt. Das Schwein ist mir dann mit der Hand in die Hose. Direkt dahin, wo ... also wo keiner hinzulangen hat, wenn ich das nicht will. Da habe ich erst recht geschrien. ›Hilfe, Hilfe!‹, habe ich gerufen. Und gehofft, dass mich irgendjemand hört. Dann konnte ich mich wegdrehen, weil er ja nur noch eine Hand hatte, um mich festzuhalten. Ich habe ihm meinen Ellbogen ins Gesicht gerammt. Und ich habe getroffen. An der Wange. Die war dann knallrot.«
Ein wenig stolz schaute sie mich an. »Wenn Sie mir heute Morgen erzählt hätten, dass ich einem meinen Ellbogen ins Gesicht dresche. Das hätte ich nicht geglaubt. Ich hätte nicht gedacht, dass ich das mache. Und es tut mir überhaupt nicht leid!«
»Wie hat er reagiert?«
Er hat sich aufgerichtet, hat mich blöd angeschaut, und den Kopf so komisch hin und her gedreht, wie ein Hund, der sein Spielzeug sucht.« Frau Wolff schnappte nach Luft. Riss die Augen auf. Starrte mich an. »Ja! Jetzt weiß ich es! Jetzt fällt es mir ein, woher ich den kenne! Aus dem Römerkeller! Die

ganze Zeit schon habe ich mir gedacht, da war doch was. Und jetzt, ja, genau! Der hat da bedient! Wie der den Kopf so bewegt hat. Und die Nase. Ja! Das ist der!«
Ich wollte mir die Geschichte noch zu Ende erzählen lassen.
»Wie ist es weitergegangen? Ist er einfach sitzen geblieben?«
»Ich habe losgeschrien, als ob ich jemanden kommen hören würde. ›Helfen Sie mir! Der will mich vergewaltigen!‹, habe ich gerufen. ›Kommen Sie hierher! Helfen Sie mir!‹ Da ist er aufgestanden. So ganz fies. So wie einer aufsteht, der überhaupt nichts gemacht hat. Und dann ist er durchs Maisfeld zur Straße. Als wäre er ein harmloser Spaziergänger.«
»In welche Richtung?«
»Zum Campingplatz. Von da ist dann auch eine Radfahrerin gekommen. Die hat ihn gesehen. Er sie wahrscheinlich auch. Vielleicht ist er deshalb so langsam gegangen. Damit er nicht auffällt. Ich war so froh! So froh! Bin auf die Radfahrerin zugerannt, hab gar nicht gemerkt, dass mir die Hose halb über dem Po hing. Jetzt hat die aber zuerst geglaubt, ich will was von ihr. Also, das wollte ich ja auch, aber sie hat geglaubt, mit mir stimmt was nicht, wie ich da brüllend aus dem Maisfeld gestürmt bin. Wie wild ist sie in die Pedale getreten und ich hinterher und sie immer schneller weg von mir, bis sie es endlich kapiert hat, weil ich gerufen habe, dass ich überfallen worden bin und Hilfe brauche. Blöderweise hatte sie kein Handy dabei. Aber sie ist mit mir bis zur Staatsstraße und hat einen Autofahrer angehalten. Der hat mich nach Hause gebracht. Da habe ich zuerst meine Freundin angerufen, die ist gleich gekommen. Den Namen von der Radfahrerin habe ich. Auch das Kennzeichen des Autos, also bis auf die letzten zwei Zahlen, da bin ich mir nicht mehr sicher. Aber vorne, das sind nämlich meine Initialen. LL-MW. Die Florentine wohnt nur zwei Straßen weiter. Zum Glück war sie schon daheim, sie hat

dann sofort die Polizei angerufen. Sie hat gemeint, ich hätte den Autofahrer bei der Polizei anrufen lassen sollen, aber ich wollte dem nicht erzählen, was passiert ist, den kenne ich doch gar nicht, nein, ich wollte erst mal heim.«

Ich nickte. Frau Wolffs Erzählung erschien mir schlüssig, und ich konnte ihre Gedankengänge, viele davon typisch für Frauen in ihrer Situation, nachvollziehen. Jetzt, wo alles einmal ausgesprochen war, litt sie auch nicht mehr unter Schamgefühlen. Diese sind vorher oft schlimmer als während der Vernehmung, wo es darum geht, den Täter zu finden. Doch nun würden wir auf die Details zu sprechen kommen, es würde unangenehm für Frau Wolff werden. Zur Prüfung des Tatbestandes brauchte ich insbesondere die Aussage, ob ein Eindringen in den Körper stattgefunden hatte. Dies macht den Unterschied zwischen sexueller Nötigung und Vergewaltigung als Tatbestand schwerer sexueller Nötigung aus. Mit Eindringen sind alle Körperöffnungen gemeint, auch ein Zungenkuss ist ein Eindringen in den Körper. Gerade in diesem Bereich wurde in den letzten Jahren vom Gesetzgeber sehr viel zugunsten der Opfer verändert. Längst sind die Zeiten vorbei, in denen beispielsweise Oralverkehr nicht als Vergewaltigung geahndet wurde, das Gleiche gilt für die Vergewaltigung in der Ehe.

Ein erzwungener Zungenkuss kann mit einer Haftstrafe nicht unter zwei Jahren geahndet werden. Die sexuelle Nötigung wird mit einer Haftstrafe nicht unter einem Jahr geahndet.

Die wollte das so, schließlich hat sie sich nicht gewehrt

Die Kernfrage bei der Vergewaltigung lautet: gewehrt oder nicht gewehrt. Hat der Täter Gewalt angewendet oder redet er sich heraus: »Ich habe der doch keine Gewalt angetan. Das war alles freiwillig, sonst hätte sie sich ja wohl geweigert, oder?«
So kommen wir zu einem schwierigen juristischen Problem. Nicht wenige Frauen entscheiden sich aus der Angst heraus, den Täter womöglich zu provozieren oder noch mehr Schmerzen zu erleiden, das Ganze lieber ohne Widerstand über sich ergehen zu lassen und es dann später irgendwie zu verkraften.

Nur einmal angenommen:
Der Täter im aktuellen Fall wäre nicht Frau Wolff begegnet, sondern einer schüchternen, völlig überforderten, zu Tode geängstigten 18-Jährigen, die in eine Art Schreckstarre verfallen wäre. Juristisch betrachtet hätte diese junge Frau ein Problem. Der Täter würde behaupten, keine Gewalt angewendet zu haben. »Ich habe doch gemerkt, dass ihr das gefallen hat.«
So steht Aussage gegen Aussage. Das Gericht ist in der Bredouille. Das Opfer sagt aus, gezwungen worden zu sein, der Täter behauptet, es habe sich nicht gewehrt, also war der Geschlechtsverkehr einvernehmlich. Die Staatsanwaltschaft muss nun erläutern, warum der Täter trotz fehlender Gegenwehr gegen den Willen der Frau gehandelt hat. Im Gesetzestext heißt es: »Wer eine andere Person 1. mit Gewalt, 2. durch Drohung mit gegenwärtiger Gefahr für Leib oder Leben oder 3. unter Ausnutzung einer Lage, in der das Opfer der Einwirkung des Täters schutzlos ausgeliefert ist, nötigt, sexuelle Handlungen des Täters oder eines Dritten an sich zu dulden

oder an dem Täter oder einem Dritten vorzunehmen, wird mit Freiheitsstrafe nicht unter einem Jahr bestraft.«

Juristisch einfacher ist es, wenn ein Täter Gewalt anwenden muss, um Widerstand zu brechen. Einfacher ist es, wenn eine Frau sich wehrt. Und übrigens auch ratsam: Von allen Frauen, die sich massiv gewehrt haben, wurden lediglich 15 Prozent vergewaltigt. Anders bei den Frauen, die sich nicht wehren konnten. Da kam es bei 74 Prozent der Fälle zur Vollendung der Tat. Der verbleibende Rest der Täter ließ im Übrigen nicht von sich aus ab, sondern durch Störungen von außen. Ansonsten hätten diese Täter womöglich weitergemacht. Also: Gegenwehr ist sinnvoll! Sollte der Täter bewaffnet sein, ist dies im Gesetz berücksichtigt »durch Drohung mit gegenwärtiger Gefahr für Leib oder Leben«. Im Angesicht eines Messers oder Revolvers wird keine Gegenwehr erwartet, die Gewalt geht von der Waffe aus.

Zugriff!

Aus vorgenannten Gründen ist es unverzichtbar, alle Details abzufragen, denn sie begründen später die Paragraphen, die zur Anwendung kommen. Die Polizei fragt nicht aus Voyeurismus, sondern um die Tat so genau wie möglich einstufen zu können.

Miriam Wolff hatte aus meiner Sicht vorbildlich gehandelt, und das sagte ich ihr auch. »Sie haben super reagiert! Gut war, dass Sie laut geworden sind. Dass Sie den Mann direkt angesprochen und ihm gesagt haben, er soll Sie in Ruhe lassen. Auch dass Sie ihn nicht geduzt haben, war richtig. Dadurch

haben Sie Distanz geschaffen. Wenn Sie jemand gehört hätte, wäre klar gewesen, dass sich hier kein Pärchen im Maisfeld streitet. Gut war ebenfalls, dass Sie später nach anderen Personen gerufen haben. Obwohl erst mal keine in der Nähe waren. Außerdem waren Sie resolut im Auftreten. Das beeindruckt. Ihr Ellbogencheck hat mir auch gefallen. Der tat sicher ordentlich weh.«
»Das hoffe ich«, stieß sie hervor.
»Wenn wehren, dann kräftig. Nicht zögern, alles geben. Vielleicht haben Sie nur einen Tritt oder Schlag. Der muss sitzen.«
»Das tut mir gut, wenn Sie das jetzt sagen.«

Im Augenwinkel sah ich, dass Heiners Zeichen immer weiträumiger wurden. Er wollte endlich mehr über den Täter wissen. Aber ich hatte gespürt, dass diese kurze Absicherung von Frau Wolff, ob sie sich richtig verhalten hatte, im Moment sehr wichtig für sie war.
Im Folgenden gab ich die Vernehmung an Heiner ab, der Frau Wolff nach einer Personenbeschreibung fragte, um die Fahndung einzuleiten. Es ist zielführend, wenn derjenige, der die Fahndung herausgibt, die Beschreibung abfragt. Jeder hat sein eigenes Raster im Kopf. So erleichterten wir Frau Wolff auch das Umschalten. Ich war der Polizist für die Emotionen, Heiner der für die sachlichen Beschreibungen, bei denen das Tatverhalten kurzzeitig ausgeblendet wird.
Konzentriert beantwortete Frau Wolff alle Fragen. Sie konnte uns sogar einige weitere Informationen zum Gesuchten geben: Wann sie ihn im Römerkeller gesehen hatte zum Beispiel. Dies war ein hilfreicher Hinweis, da Bedienungen in der Gastronomie häufig wechseln und noch dazu im Dreischichtbetrieb arbeiten. »Nur an Donnerstagen«, erklärte Frau Wolff

präzise, »nach dem Yoga. Da sind wir in der Gruppe öfter ausgegangen.«

Als Heiner alle notwendigen Informationen hatte, verließ er das Zimmer. Seine Anwesenheit war auch nicht mehr nötig, alles »Schlimme« war einmal ausgesprochen. Nun würde ich mich um die Details kümmern. Wenn wir Glück hatten, schnappten wir den Täter im Laufe des Abends – vorausgesetzt, Frau Wolffs Erinnerungsvermögen hatte ihr keinen Streich gespielt, so etwas kommt durchaus vor.
Im ersten Vernehmungsteil hatte ich Frau Wolff über weite Strecken frei erzählen lassen. Nun würde ich öfter eingreifen, Fragen stellen. Ich startete wie üblich mit dem Tagesablauf, um die Tat zeitlich einzubetten. Dann fragte ich den Tathergang chronologisch ab. Schließlich folgte ich den Schilderungen von Frau Wolff. Ich konnte gut erkennen, welche Abläufe ihr Schwierigkeiten in der Erzählung machten, und fasste diese zu Blöcken zusammen, die dann auch mal aus der Chronologie fallen konnten. Alle körperlichen Übergriffe ließ ich mir detailliert einzeln schildern. Unangenehm für die Geschädigte?
Ja.
Anstrengend?
Ja. Aber unverzichtbar, um die Tat einzuordnen. Die Schlüsselfrage lautete: »Hat er den Finger in die Scheide eingeführt?«

Nachdem die Fahndung über die Einsatzzentrale via Funk an die Kollegen gegangen war, telefonierte Heiner mit der Inspektion, erkundigte sich nach dem Römerkeller, recherchierte die Pächter des Lokals, die als Gaststättenbetreiber in den Akten ihrer jeweils zuständigen Inspektionen abgeheftet sind. Der Römerkeller wurde von einem Ehepaar betrieben, Heiner schickte Kollegen an ihre Adresse für eine Festlegevernehmung zur Einholung von Informationen. Dazu braucht es keine Kripo, das kann auch die Streife erledigen, um herauszufinden, ob die Beschreibung auf einen ihrer Mitarbeiter passte. Ich war noch immer mit den Details beschäftigt, da reichte mir Heiner einen Zettel. Die Festlegevernehmung hatte zum Namen des Gesuchten geführt: Roland Koppmair. Um diesen ergänzt, konnte Heiner nun unsere Fahnder vom K7 losschicken, die – wie Sie wissen – an Einsätze außerhalb der normalen Dienstzeit gewöhnt sind, insbesondere Freitag und Samstag.

Am Ende meiner Vernehmung bereitete ich Frau Wolff auf den nächsten Schritt vor. »Sie haben mir berichtet, dass der Täter sie geküsst und angefasst hat.«
Sie grinste schief. »Das ist aber keine detaillierte Beschreibung.«
Ich schmunzelte. »Nein, da haben Sie recht. Jetzt quetsch ich Sie die ganze Zeit wie eine Zitrone aus und bin dann selber so vage, gell.«
Sie wurde wieder ernst. »Ist auch besser so.«
»Ich würde jetzt noch gern wissen, ob Sie sich nach der Tat abgewaschen haben. Oder geduscht?«
»Nein. Wir haben gleich bei der Polizei angerufen. Also ich hätte schon gerne geduscht, aber Florentine meinte, ich sollte es bleiben lassen. Sie hat da mal eine Dokumentation im Fernsehen gesehen. Dass man die Spuren sichert.«
»Da hat Sie Ihre Freundin klug beraten. Wir haben jetzt tatsächlich gute Chancen, Spuren zu finden.«
»Aber ich hab mir bestimmt öfter ins Gesicht gefasst, dorthin, wo er mich ...«
»Das macht nichts. Wir sollten es einfach mal versuchen. Des-

halb würde ich Sie jetzt gerne zu einer Kollegin vom K7 bringen. Sie kennt Ihren Fall und wartet schon auf Sie. Wenn es Ihnen recht ist, möchte sie eine Spurensicherung an Ihrem Körper durchführen. Dazu wird sie Watteabriebe von der Haut nehmen, Sie auch gründlich anschauen, ob Sie irgendwo Kratzer haben oder Rötungen, vielleicht am Rücken, wo Sie am Boden gelegen sind. Diese Spuren wird die Kollegin dann fotografieren. Ist das in Ordnung?«
»Ja. Hauptsache, es bringt die Ermittlungen weiter. Ich hab das Schlimmste jetzt hinter mir!«
»Das meine ich aber auch«, bestätigte ich Frau Wolff. »Zur Kollegin kann Ihre Freundin gern mit. Wenn Sie das wollen.«
»Das wäre schön!«
Ich begleitete Frau Wolff und Frau Geiger zu meiner Kollegin Christine. »Ich bring die Damen dann wieder zurück.«
»Also Pakete sind wir fei keine«, feixte Frau Wolff, und ich freute mich, dass Sie minütlich, so schien es mir, Kraft tankte. Ich wusste nicht, wie weit weg sie von »ganz die Alte« war, aber ich hoffte sehr, sie würde den Überfall so gut verarbeiten, wie es mir im Moment den Anschein machte. Leider kommt so etwas nur selten vor. Bei den meisten Frauen wirkt eine wenn auch »nur« versuchte Vergewaltigung lange nach. Es geht um das entsetzliche Gefühl der Ohnmacht, das man nicht wegwaschen kann, das einen verfolgt auf Schritt und Tritt – und manchmal dazu führt, dass sich die Opfer völlig zurückziehen. Weil sie niemandem mehr vertrauen können. Dieses Trauma kann auch keine Verurteilung des Täters heilen.

Von meinem Büro aus rief ich den Jourdienst der Staatsanwaltschaft an, berichtete kurz den Stand der Dinge, kündigte eine schriftliche Zusammenfassung an und bat um einen Haftbefehl.«

»Ich benötige die Vernehmung«, teilte mir der Staatsanwalt mit.
»Die ist diktiert.«
»Das hilft mir aber nichts. Wenn der Täter zeitnah festgenommen wird, brauche ich die abgetippte Vernehmung spätestens morgen. Und den Sachverhalt auch. Umfangreich.«
»Ich kümmere mich darum.«
Der Abend würde lang werden und weit in die Nacht hineinreichen. Nicht nur für mich. Für alle Kolleginnen und Kollegen, die aktuell an dem Fall arbeiteten. Und ich hole noch eine ins Boot. Ich rief unsere Schreibkraft Sigrid an und störte sie beim Abendessen. »Hättest du morgen Zeit?«, fragte ich.
»Nur am Vormittag.«
»Bei deinem Tempo reicht das.« Ich erklärte ihr, worum es ging.
Sigrid schnaufte einmal tief durch. Dann sagte sie. »Okay. Ich komme gleich. In einer halben Stunde bin ich da. Ihr habt bestimmt wieder endlos diktiert.«
Was für uns gut ist, ist für die Schreibkräfte schlecht.
»Danke!« Ich riss einen gelben Notizzettel von meinem geistigen Merkblock: Toffifee für Sigrid. Wenn wir den Täter in den nächsten Stunden schnappen würden, könnte die Nacht auch für Sigrid lang werden, denn sie würde diese Vernehmung zusätzlich tippen, diesmal live.

Terminsachen setzen uns oft unter großen Druck. Wenn jemand festgenommen wird, muss er am Ende des darauffolgenden Tages vor dem Ermittlungsrichter erscheinen. Es war nun kurz nach 18 Uhr. Wenn wir Roland Koppmair vor Mitternacht festnahmen, musste er am Samstag vorgeführt werden. Davor musste allerdings das komplette Programm absolviert werden. Von der erkennungsdienstlichen Behandlung

über die Spurensicherung zur Vernehmung und schließlich Rechtsmedizin. So hört sich Stress an! Nicht nur für den Beschuldigten, sondern auch für uns.
Aber vielleicht würde alles auch ganz anders kommen. Noch hatten wir den Verdächtigen nicht. Oder doch? Heiner telefonierte noch immer, nickte mir aber optimistisch zu, als ich in sein Büro trat. Kurz darauf teilte er mir mit »Sieht super aus. Eigentlich wissen wir schon alles. Wo er wohnt, wo er arbeitet, wo seine Freundin wohnt, wo die Mutter. Die Fahndung ist unterwegs und hat sich aufgestellt.«
»Dann können wir drauf warten.«
»Schau ma mal.«

»Hallo«, rief Christine vor meiner Bürotür, »wir wären so weit.«
Wir trafen uns auf dem Flur, Christine verabschiedete sich von Frau Wolff und Frau Geiger.
»Soll ich wieder zur Sitzgruppe?«
»Nein, nein, das war bloß während der Vernehmung.« Ich bat die beiden Damen in mein Büro.
»Und was passiert jetzt?«, wollte Frau Wolff wissen.
»Hier bei uns haben Sie jetzt alles geschafft. Aber es kommt noch einmal etwas Unangenehmes. Danach ist alles vorbei. Wir haben ja eingangs schon über das Institut für Rechtsmedizin gesprochen, dass Sie da noch nach München müssen.«
Frau Wolff seufzte.
»Aber dann haben Sie es wirklich geschafft und können nach Hause. Diese Untersuchung ist sehr wichtig, denn auch, wenn Sie selbst vielleicht nichts gespürt haben, können die Rechtsmediziner unter Umständen feststellen, ob der Täter mit dem Finger eingedrungen ist. Vielleicht finden sie eine kleine Verletzung.«

Miriam Wolff seufzte noch einmal »Das hat mir Ihre Kollegin eben schon erklärt.«
Florentine Geiger fragte mich »Fahren wir da jetzt zu zweit hin, also Miriam und ich, oder mit Ihnen in einem Auto?«
»Mein Kollege und ich begleiten Sie, aber wir können gern mit zwei Autos fahren, dann können Sie danach gleich nach Hause.«
»Ja, dann machen wir das so«, beschloss Florentine, »okay, Miriam?«
»Ich bin froh, wenn wir daheim sind. Endlich duschen!«
»Jetzt haben Sie es wirklich gleich geschafft«, versprach ich.

Heiners Telefon klingelte. Wir wechselten einen Blick. So schnell? Konnte das sein?
»Deutz«, meldete Heiner sich. Und dann breitete sich ein Grinsen über seinem Gesicht aus. Er reckte den Daumen in die Höhe. Und obwohl die beiden Freundinnen ihn nicht gut kannten, wussten sie spätestens, als er fragte »Und wo?«, dass der Täter gefasst war.

Blaulicht

- Unterbrechen Sie andere nicht in Ihren Gedankengängen. Sonst unterbrechen Sie womöglich ein Geständnis.
- Ein freier Bericht mit Gedankensprüngen, teils Erinnerungslücken, unverstandenen Handlungen, Vergleichen mit anderen Erinnerungen lässt keinen Spielraum für Lügen. Das ist authentisch: Erlebtes wird berichtet.
- Achten Sie auf die nonverbalen Zeichen: Wann ist Ihr Gegenüber auf »Empfang« eingestellt? Vorher zu senden ist zwecklos.

- Jeder Mensch ist anders. Vergessen Sie nie, dass jeder ein Verbrechen anders verarbeitet. Was bei einem vielleicht in zwei, drei Wochen »verheilt« ist, beeinträchtigt das Leben eines anderen noch jahrelang.
- In einem Vieraugengespräch steht die Chance höher, die Wahrheit zu erfahren. Bringen Sie andere nicht in die Situation, lügen zu müssen, um ihr Gesicht zu wahren. Schließen Sie diese anderen von vornherein aus.
- Wenn Ihr Gegenüber in einem unangenehmen Gespräch ausweicht oder abschweift, geben Sie ihm ein wenig Zeit, sich vorwärtszutasten. Sie können ihn auch behutsam führen. Versuchen Sie sich stets in Ihr Gegenüber einzufühlen. Wenn ein Mensch etwas ihm Unangenehmes erzählt, durchlebt er es erneut. Wer will das schon.
- Gehen Sie durchs Leben wie ein guter Cop: Geben Sie allen eine Chance und verdächtigen und verhaften Sie die Richtigen!

Schlussbericht

Auch im vorliegenden Sachverhalt handelt es sich um eine Haftsache. Der Täter räumte die Handlungen teilweise ein. Etwa vor drei Jahren beging er einen ähnlichen Überfall auf eine Studentin. Dabei kam es ebenfalls zu Küssen und zu Berührungen. Der Nachweis erfolgte über DNA-Spuren vom Gesicht der damaligen Geschädigten.
Mit diesem Wissen räumte er nun die Anwesenheit, die Umarmung und die Küsse ein, bestritt aber die sexuellen Handlungen.
Durch die Frau auf dem Fahrrad, die den verstörten Zustand der Geschädigten glaubwürdig schilderte, wurde die Aussage

von Frau Wolff in ihrem Wahrheitsgehalt bestätigt und eins zu eins als Sachverhalt übernommen.
Am Samstag erließ der Ermittlungsrichter den beantragten Haftbefehl gegen den Beschuldigten.

Kurzer Sachverhalt:
Herr Roland Koppmair wird beschuldigt, eine versuchte schwere sexuelle Nötigung begangen zu haben, indem er den Widerstand der Geschädigten Miriam Wolff mit Gewalt überwand, sie in ein Maisfeld zerrte und versuchte, sie zu vergewaltigen. Es gelang ihm, seine Hand unter der Bekleidung bis in den Genitalbereich zu schieben. Wegen der heftigen Gegenwehr und der lauten Hilferufe von Frau Wolff ließ er von ihr ab und flüchtete.
Ein Eindringen in die Scheide konnte durch die Untersuchungen nicht festgestellt, aber auch nicht ausgeschlossen werden.
Frau Wolff wurde leicht verletzt. Sie erlitt oberflächliche Schürfwunden im Bereich des Gesäßes und der Hände.
Auf Anraten der Sachbearbeiter der Hilfsorganisation Weißer Ring begab sich Frau Wolff in therapeutische Behandlung.
Am Sachverhalt, wie er im Haftbefehl aufgeführt ist, haben sich keine Änderungen ergeben.

Anlass und Ergebnis der Ermittlungen:
Zur Mitteilungszeit meldete sich Frau Wolff von ihrer Wohnung aus telefonisch bei der Einsatzzentrale und gab an, dass sie soeben überfallen worden sei.
Die PI Landsberg übernahm die ersten Ermittlungen. Es stellte sich heraus, dass es sich um eine versuchte Vergewaltigung handelte.
Die weiteren Ermittlungen übernahm das zuständige Fachkommissariat direkt.

Die PI Landsberg sicherte den vorgewiesenen Tatort bis zum Eintreffen des K7 Spurensicherung, stellte die Opferbekleidung in der Wohnung der Geschädigten sicher und verwahrte diese.
In der Nahbereichsfahndung unterstützten mehrere Fahrzeuge anderer Dienststellen.

Die Geschädigte fuhr mit ihrer Bekannten Florentine Geiger selbständig zur KPI Fürstenfeldbruck. In ihrer Vernehmung schilderte die Geschädigte sehr lebhaft und authentisch den Handlungsablauf. Dem Beschuldigten gelang es wegen ihrer heftigen Gegenwehr lediglich, seine Hand in ihre Hose zu schieben. Letztendlich führte ein kräftiger Ellbogencheck dazu, dass er von ihr abließ und sich vom Tatort entfernte.
Während der Vernehmung erinnerte sich Frau Wolff, woher sie den Täter kannte, und teilte eine detaillierte Personenbeschreibung sowie Ermittlungsansätze zu seiner Arbeitsstelle mit.

Herr Koppmair konnte als Beschuldigter ermittelt werden. Die Geschädigte identifizierte ihn anhand einer Wahl-Lichtbildvorlage eindeutig als den Täter.
Die Festnahme des Herrn Koppmair erfolgte wenige Stunden nach der Tat.

In seiner Beschuldigtenvernehmung gab er die Anwesenheit am Tatort, die Umarmung und einen Kuss auf die Wange der Geschädigten zu. Er kannte sie von verschiedenen Besuchen der Gaststätte, in der er bediente. Sexuelle Handlungen bestritt er oder schwieg auf entsprechende Vorwürfe.

Ein durchgeführter Alco-Test ergab ein Ergebnis von 0,25 Promille.
(Siehe Ermittlungsvorgang zur Eröffnung des Haftbefehls)
Das Ergebnis der BAK-Untersuchung (Blut-Alkohol-Konzentration) kann dem beiliegenden Gutachten entnommen werden.
Die Toxikologische Untersuchung des Bluts und der abgenommenen Haare ergab keine Hinweise auf kurzfristigen oder langfristigen Betäubungsmittelkonsum.
Bei der körperlichen Untersuchung im Institut für Rechtsmedizin konnte eine deutliche Rötung am linken Wangenknochen festgestellt werden. Weiterhin fanden sich Kratzer an den Unterarmen und am Hals.

Ein Vergleich des gesicherten Fingernagelschmutzes mit einer Probe des Erdreichs vom Tatort wurde zunächst zurückgestellt, da der Täter die Anwesenheit am Tatort und den Kontakt mit der Geschädigten einräumte.
Ebenso sind DNA und Faserspuren von der Opfer- und Täterbekleidung nur archiviert.
Entsprechende Untersuchungen können jederzeit in Auftrag gegeben werden.
(Siehe Gutachten und Asservate)

Die Fahrradfahrerin bestätigte als neutrale Zeugin die Aussage der Geschädigten. Ihr sei zunächst ein verstört wirkender Mann entgegengekommen. Wenige Meter später sei die Geschädigte »zerzaust und verdreckt« aus dem Maisfeld auf sie zugerannt und habe um Hilfe gebeten.

Der benannte Fahrzeugführer meldete sich aufgrund der Berichterstattung in der örtlichen Presse. Er konnte aber nur

Angaben zum zeitlichen Ablauf und zum Zustand der Geschädigten machen. Über den Vorfall wurde während der Fahrt nicht gesprochen.

Die Ermittlungen an der Arbeitsstelle des Beschuldigten ergaben, dass er dort durch anzügliche Bemerkungen und »Grapschereien« gegenüber seinen weiblichen Arbeitskolleginnen negativ aufgefallen ist.
(Siehe Vernehmungen)

Zur Situation am Tatort wird auf den ausführlichen Spurensicherungsbericht verwiesen.

Die Ermittlungen sind abgeschlossen.
Sachbearbeiter:
Bindig, KHK

Das volle Programm

Wo bleibt der Mord als Krönung unserer Ermittlungsarbeit? Nun, ein Mordfall ist zwar spektakulär und steht tage-, manchmal wochenlang in der Zeitung, doch vom kriminalistischen Arbeitsaufwand betrachtet ist er nichts Besonderes. Mord – unser tägliches Geschäft? Eher nein. Morde kommen zum Glück selten vor, und die Ermittlungsarbeit ist im Gegensatz zur Darstellung im Fernsehkrimi lang nicht so interessant wie in anderen Fällen. Also verpassen Sie nichts, wenn ich Sie jetzt dann bald in den wohlverdienten Urlaub schicke.

Der extrem hohe Arbeitsaufwand bei einem Mordfall liegt daran, dass von Seiten der Staatsanwaltschaft alles unternommen wird, was technisch und praktisch möglich ist. Nichts wird ausgelassen, um das Risiko zu vermeiden, vor Gericht die verhängnisvolle Frage gestellt zu bekommen: »Warum haben Sie dieses und jenes unterlassen?«
Kein Richter wird in einem solchen Fall verständnisvoll von himmelblauen Augen sprechen. Es geht um Mord. Da gibt es kein Pardon, sondern die Höchststrafe.

Während bei einer schweren Körperverletzung routinemäßig Blutentnahmen auf Alkohol untersucht werden, wird bei einem Mordfall zusätzlich DNA genommen, das Täterblut wird auf diverse Gift- und Suchtstoffe sowie Medikamente untersucht, auch durch Haarproben. Bei Mord geht es um Vollständigkeit. Nichts darf übersehen werden. Während bei vielen anderen Fällen – wie auch im vorangegangenen Sittendelikt – Beweismittel nur asserviert werden, um sie später gegebenenfalls untersuchen zu lassen, wird bei Mord alles untersucht, und zwar sofort. Mord hat höchste Priorität, auch wenn die Ergebnisse der Untersuchungen die Ermittlungen nicht weiterbringen. Bei Mord fragt man nicht nach dem Sinn einer Untersuchung. Sie wird einfach gemacht. Arbeitsökonomie ist bei Mord ein Fremdwort. Da gibt es nur das volle Programm, und das ist akribisches, prozedurales Abarbeiten der einzelnen Punkte.

Wenn ein Mensch gewaltsam zu Tode gekommen ist, wird der komplette Bekanntenkreis von Täter und Opfer vernommen. Man beginnt mit der Familie, engen Freunden, die Kreise werden weiter, man bekommt Tipps, wer das Opfer, den Täter noch gekannt hat. So hangelt man sich von Vernehmung zu Vernehmung, um die Persönlichkeit von Opfer und Täter möglichst klar darstellen zu können. Beim Täter wird bis in die Kindheit geforscht, Schul- und Arbeitszeugnisse werden herangezogen, auch wenn der Täter bereits in Rente ist. Bei Mordfällen werden häufig auch psychiatrische Gutachten erstellt, um beispielsweise eine eingeschränkte Schuldfähigkeit ausschließen zu können.

Über die Angehörigen- und Bekanntschaftsverhältnisse eines Opfers gelangen wir mit 99,9-prozentiger Sicherheit zum Täter. Denn der hatte ja einen Grund, warum er das Opfer ermordete. Der Mord ohne Motiv kommt so gut wie nie vor. Also, dass beispielsweise jemand im Wald auf einen ihm unbekannten Spaziergänger schießt, von dem er womöglich nicht einmal weiß, ob es sich um Mann oder Frau handelt. Bei 99,9 Prozent »Beziehungstaten« im weitesten Sinne ist nachvollziehbar, warum wir zahlreiche Vernehmungen führen: Es gab eine Begegnung zwischen Opfer und Täter vor dem

Mord, beide standen irgendwann in irgendeiner Beziehung zueinander. Wenn wir heute dank der modernen technischen Möglichkeiten länger zurückliegende Mordfälle klären, finden wir den Namen des Täters meistens in den Akten von damals. Ich selbst kann mich an keinen Fall erinnern, in dem ein neuer Name aufgetaucht wäre. Der Täter gehörte zum Umfeld des Opfers, einer meiner Kollegen hatte ihn sogar befragt, allerdings als Zeugen.

Die Mordfälle, die Autoren und Filmemacher erzählen, kommen in der polizeilichen Realität quasi nicht vor. Wenn doch einmal ein solcher Fall geschehen würde, zöge dies ein dermaßen großes Personalaufkommen nach sich, dass eine einzelne KPI völlig überfordert wäre. Ein, zwei Dutzend Kollegen würden da zusammenarbeiten. Im Fernsehen schafft das ein Ermittlerteam. Und mit welcher Eleganz. Und wie pünktlich. Wenige Minuten vor Krimiende taucht überraschenderweise ein Motiv auf, das zur Lösung führt. Die Fernsehkommissare entwickeln keine Strategien, telefonieren kaum, recherchieren wenig und scheinen frei von Berichtspflichten gegenüber der Staatsanwaltschaft. Sie fahren durch die Gegend, reden mit Leuten, die keinen Respekt vor der Polizei haben und sich komisch benehmen, sitzen höchst selten an ihren Schreibtischen, und die sind beneidenswert leer. Sie wissen jetzt, dass das dem Berufsbild der Kripo nicht gerecht wird. Sie kennen die Realität. Sie sind ... einer von uns.

Im kriminalpolizeilichen Alltag benötigt der Mord die geringste Menschenkenntnis. Die Frage nach der Einschätzung des Täters stellt sich nämlich kaum. Es gibt zwei Möglichkeiten. Erstens: Der Täter ist unbekannt, wird ermittelt und gibt die Sache sofort zu. Beziehungsweise: Er hat sie eigentlich

schon zugegeben, weil er mit der Waffe in der Hand neben der Leiche stehend festgenommen wird. Zweitens: Der Täter schweigt. Das führt zum Indizienprozess.
Was würden Sie vermuten, welcher Fall häufiger vorkommt? Vorsicht! Lassen Sie sich von keinem Krimi aufs Glatteis führen! Die Wahrheit ist, dass die meisten Mörder mit der Waffe in der Hand gefunden werden – wenn das auch bildlich gesprochen ist. Meistens ist sehr schnell klar, wer's war. Die Spuren sprechen eine deutliche Sprache, die direkt zum Täter führt.

Und dann gibt es da ja noch die Rechtsanwälte. Während sie ihren Mandanten bei einem »harmlosen« Delikt zum Geständnis raten, weil sich dies strafmildernd auswirken kann, gibt es bei Mord nichts zu mildern. Das Gericht hat hier kaum Spielraum. Deshalb empfiehlt der Anwalt auch kein Geständnis. Reden ist Silber, Schweigen ist Gold.

Bestimmt ahnen Sie nun, warum Ihre Mitarbeit bei einer Mordermittlung nicht dringlich erforderlich ist: Das Geständnis ist da oder nicht. Einen Täter in der Vernehmung zum Geständnis zu bringen – wer das erleben möchte, soll einfach fernsehen und das vernehmungstaktisch ausgefeilte, spitzfindige, psychologisch raffinierte Verfahren der schauspielernden Polizisten genießen, die es immer wieder schaffen, dass ein Täter die Hände vors Gesicht schlägt und mit oder ohne Weinkrampf ein Geständnis ablegt. Toll, oder? Tränen auf Kommando. Das muss man erst mal lernen. Ich seh so was hin und wieder auch gern. Aber mit meinem Beruf hat es nichts zu tun.

In einem Mordfall laufen die üblichen Vernehmungsstrategien ins Leere. Wir brauchen sie nicht. Wir brauchen auch kein erhöhtes Augenmerk in Bezug auf Lügen. Und in der Zeugenvernehmung geht es darum, den Zeugen dabei zu helfen, sich genau zu erinnern. Wie das funktioniert, verrate ich Ihnen vielleicht ein andermal, einen Überstundenzettel würd ich nämlich jetzt nicht unterschreiben wollen.

Ich hoffe, ich desillusioniere Sie nicht, aber die Realität widerspricht zu fast 100 Prozent jedem Krimi. Und deswegen endet unsere Zusammenarbeit nun. Denn ich habe Ihnen keinen Krimi erzählt, sondern Sie mitgenommen in meinen Alltag als Kriminalhauptkommissar im K1.

Eigentlich wissen Sie schon alles, habe ich zu Beginn unserer Zusammenarbeit behauptet, mit der Einschränkung: Sie wissen nur nicht, dass Sie es wissen. Jetzt wissen Sie es. Also: Bis zur nächsten Schicht. Womöglich steht dann Ihr Name als Erster auf der Liste. Wer oben steht, führt die Ermittlungen. Nach allem, was wir miteinander erlebt haben, traue ich Ihnen die Lösung Ihrer nächsten (Problem-)Fälle zu.
Und ... wenn Sie Unterstützung brauchen ... dann melden Sie sich halt bei Personen Ihres Vertrauens ... Miteinander geht's meistens leichter.

Und die Schubladen immer schön offen halten!

Danksagung

Bedanken möchte ich mich
bei Ihnen, weil Sie es bis hierher geschafft haben,
bei allen Kollegen, die die Fehler gefunden haben (es sind mehr als zwei),
bei den Kritikern, die mich leben lassen,
bei meiner Familie, die mir Rückhalt und Zeit für dieses Projekt gab,
bei meiner Tochter 3, die mich immer unterstützt hat,
   … ich wurde gezwungen, das zu schreiben ;-) …
bei Shirley Michaela Seul, ohne die es nie bis hierher gekommen wäre,
und bei allen anderen, die an diesem Buch mitgewirkt haben.

Roland Bleimaier

Der Detektiv

Als Beschatter im Einsatz

Mitarbeiter, die ihren Arbeitgeber systematisch bestehlen; Ladendiebe, die ihr Diebesgut in einer eigenen Lagerhalle horten; eifersüchtige Ehefrauen und -männer, die nicht davor zurückschrecken, ihren Partner bespitzeln zu lassen. Seit sich Roland Bleimaier vor über zwanzig Jahren als Detektiv selbständig machte, erlebte er hochspannende aber auch kuriose Fälle: Er hat über 3.000 Ladendiebe gestellt und als Zeuge bei 180 Gerichtsverhandlungen ausgesagt. Ob es Sex-Agentinnen sind, die vermögende Männer erpressen, oder kriminelle Banden, die im großen Stil Kaufhäuser ausrauben – Bleimaier kriegt sie alle!